Durch Yoga
zum eigenen
Selbst

ANDRÉ VAN LYSEBETH

DURCH YOGA ZUM EIGENEN SELBST

OTTO WILHELM BARTH VERLAG

Der Titel der bei Editeurs Flammarion, Paris,
erschienenen Originalausgabe lautet:
JE PERFECTIONNE MON YOGA
Aus dem Französischen übertragen von
Werner von Grünau

4. Auflage 1980
© André van Lysebeth, 1969
© Copyright der deutschen Ausgabe, 1973
by Scherz Verlag, Bern, München, Wien
für Otto Wilhelm Barth Verlag
Gesamtdeutsche Rechte – auch die des auszugsweisen
Nachdrucks und der fotomechanischen Wiedergabe –
bei Scherz Verlag AG Bern und München

INHALT

Vervollkommnung des Yoga
bedeutet weder Komplizierung noch Akrobatik.

Vervollkommnung des Yoga
bedeutet, so zu handeln, daß der Yoga des Körpers zum Yoga des geheiligten Körpers wird.

Vervollkommnung des Yoga
bedeutet Kommunion mit dem eigenen Körper,
bedeutet, ihn mit Bewußtsein zu erfüllen, ihn umzuformen,
ihn zu vergeistigen.

Während der Materialist seinen Körper vergöttert,
indem er sich mit ihm identifiziert,
während der geistige Mensch ein Hindernis in ihm erblickt
und ihn bestenfalls als ein Instrument betrachtet,
macht der Hatha-Yogi die Worte Sri Aurobindos zu den seinen:
»Vielmehr sollte der höchste Sieg darin liegen,
den Körper zur Vollkommenheit zu führen.«

Wäre es nicht etwas Göttliches, im strengsten Sinne des Wortes,
einen vollkommenen Körper zu besitzen,
der Geschmeidigkeit und Gesundheit, Jugend und Schönheit,
Weisheit und ein langes Leben
in sich vereinte?

In der Vollendung seines Körpers erfüllt der Mensch sein Schicksal.

BRIEF AN EINEN ANFÄNGER

Lieber Freund,

Du kennst mich nicht, aber dennoch – ich kenne Dich: beim Yoga ist vieles verwunderlich! Vor ein paar Wochen, einigen Monaten, vielleicht einem Jahr hast Du angefangen, Hatha-Yoga zu betreiben. Zweifellos hattest Du ein Buch oder einige Beschreibungen darüber, dann hast Du Dich hineingestürzt, fast hätte ich gesagt, Hals über Kopf – welche Ironie! – mit all dem Eifer, der durch die Verlockung alles Neuen und Wichtigen geweckt wird.

Ob Du willst oder nicht, ob Du es glaubst oder nicht, schon besitzt Du eine gewisse Erfahrung. Die anfängliche Erregung hat sich gelegt, und nun stellst Du Dir Fragen. Du hast recht. Ich möchte Dir helfen, und deswegen schreibe ich Dir diesen Brief.

Entsinnst Du Dich des Tages, an dem Du Dich zur ersten Sitzung auf dem Boden niedergelassen hast: der Körper schwer wie Blei, Deine Bewegungen waren unsicher und Deine Gelenke schmerzten? Du hast Dich aber von diesen wenig ermutigenden Anfängen keineswegs abschrecken lassen, Du hast durchgehalten. Dazu brauchtest Du den Glauben! Sei froh: so wenige besitzen ihn. Was suchtest Du in dieser Disziplin, die manche noch immer als eine Spielerei für Snobs ansehen? Gesundheit? Inneres Gleichgewicht? Ein Beruhigungsmittel in Deinem von Erregungen und Spannungen erfüllten Leben? Vielleicht noch eher ein Wissen um Dich selber, geistigen Frieden, das Glück?

Deine großen Erwartungen waren verständlich. Die Lehrbücher versprechen wahre Wunder: »Zehn Minuten Asanas (Stellungen) täglich, und in drei Monaten werden Sie Ihre Freunde durch Ihre blühende Gesundheit, durch Ihre Geselligkeit und die Ausstrahlung Ihrer neuen Persönlichkeit in Erstaunen setzen.« Als ob Yoga ein Allheilmittel wäre, das den Menschen schlagartig von seinen Leiden befreit. Gib zu, daß Du es geglaubt hast! . . .

Und jetzt bist Du ein wenig enttäuscht. Du wagst noch nicht, es Dir einzugestehen, aber die starke Zuversicht aus der ersten Zeit beginnt sich nach und nach zu verflüchtigen.

Du zweifelst an der Wirksamkeit Deines Tuns; Dein Glaube ist wegen des Schnupfens, gegen den Yoga Dich hätte schützen sollen, erschüttert, wegen dieser schmerzhaften Krampfadern, die Du überstanden glaubtest, und wegen jener Worte Deiner Frau: »Seitdem du Yoga betreibst, hat sich dein Charakter bestimmt noch nicht gebessert!« Du zögerst. Zuweilen ertappst Du Dich bei dem Gedanken: »Und wenn dies alles nichts weiter als ein gewaltiger Schwindel wäre?«

Deine Gedanken haben in dem Augenblick, in dem Du anfingst, meinen Brief zu lesen, diese Richtung eingeschlagen. Er kommt gerade zur richtigen Zeit! Er hat nur die Aufgabe, Dir zu erklären: Alles, was Du geglaubt hast, alles, was Du glaubst, ist wahr. Du hast Dich nicht geirrt. Yoga wird Dir alles geben, was Du von ihm erwartest, und zweifellos noch mehr. Mut! Zuversicht! Ganz unter uns, diese Verheißungen eines schnellen, glänzenden Erfolgs reizen mich zum Lachen. Wer bucklig war, bekam nach nur sechs Monaten der Übung einen Rücken, gerade wie ein Lineal. Ein anderer war am Rand der Verzweiflung; nur das Üben hat ihm seelisches Gleichgewicht und Optimismus zurückgegeben. Ein dritter, von den Ärzten aufgegeben, ist heute ein großer Sportler. Liegt darin eine Täuschung? Ist in diesen überschwenglichen Zusicherungen nicht etwa eine endlose Verschwörung der Lüge, eine Ausnutzung des Vertrauens zu sehen? Bestimmt nicht, aber solche Ergebnisse, die phantastisch anmuten, stehen häufig am Ende einer Ausbildung, die sehr viel länger ist, als diese Leute einzugestehen wagen. Bevor man dahin gelangt, gibt es Augenblicke der Leere, Stunden der Unsicherheit und viele falsche Schritte, über die sie hinweggehen! Das ist völlig normal. Das Wissen um den eigenen Körper und seine verborgenen Abläufe ist selten das Ergebnis einer plötzlichen Offenbarung. Es stellt sich als Folge der Erfahrung ein. Yoga ist eine der wenigen Wissenschaften der Welt, die voll und ganz empirisch ist. Dort geschieht nichts, was der einzelne nicht jedesmal von neuem lernt. Die Grundsätze sind niemals als solche anwendbar. Die Erfahrung des anderen ist nichts weiter als ein Faden der Ariadne, und nur das Wissen, das man selber erlangt hat, ist von Bedeutung.

Würden diese Verfasser Dir nicht einen sehr schlechten Dienst erweisen, wenn sie zugäben, daß diese Leistungen sie Jahre des Übens gekostet haben, daß diese oder jene Asana ihre vollständige Wirksamkeit erst unter der Voraussetzung einer geduldigen Sensibilisierung des Körpers erlangt?

Du mußt wissen, daß das Ergebnis möglich, sogar gesichert ist, daß es keinen Fall gibt, in dem jemand mit dem Willen zum Erfolg es versucht hätte und gescheitert wäre. Im übrigen wäre es eine große Kühnheit zu behaupten, daß sich Normen aufstellen lassen, die für alle gelten. Hier spielt, mehr als woanders, der individuelle Faktor eine Rolle. Der eine braucht neun Monate, um den Lotossitz zu beherrschen (gegenüber zwei Monaten bei einem jugendlichen Sportler), aber dafür wird der gleiche Mensch weniger Mühe haben, geistige Disziplin zu wahren, denn da kommt ihm die Reife zur Hilfe. Viele solche Beispiele könnte man aufzählen.

Schärf' Dir immer wieder das einzige Dogma eines Yogi ein: Welche Ziele Du auch verfolgst, Du wirst sie eines Tages erreichen. Wann? Auf Grund welcher Erfahrung? Das weiß niemand. Präg Dir das ein!

Manchmal hast Du den Eindruck, keine Fortschritte mehr zu machen. So lange schon arbeitest Du am Lotos, und Du solltest bereits soweit gekommen sein, ihn wenigstens in seinen Anfängen zu meistern, und wären es nur ein paar Sekunden. Du findest auch, daß Deine Wirbelsäule nur sehr langsam und widerstrebend geschmeidig wird. Vielleicht haben Deine ersten, geduldigen Bemühungen Dich auf einen unzählige Male bestätigten Weg der Wahrheit geführt: beim Yoga tritt das Gesetz des einfachen, stetigen Fortschritts nicht in Erscheinung. Man schreitet nicht jeden Tag ein wenig weiter fort. Die Entwicklung vollzieht sich stufenartig. Nach Wochen, sogar Monaten des Stillstands wird plötzlich etwas ausgelöst, die Erleuchtung, die Entdeckung der neuen Entwicklung stellen sich ein. Es war alles so einfach, aber Dir wollte es nicht gelingen! Was hat sich denn abgespielt? Nur dieses: ohne daß Du es bemerkt hast, hat Dein Geist im Verlauf der vergeblichen Versuche gelernt. Eines schönen Tages hatte er den Kreis des Problems durchschritten und Dir schlagartig das Ergebnis Deines langsamen Fortschreitens offenbart: noch ein Schritt mehr in der Erkenntnis Deines eigenen Ich!

Ich habe einen jungen Mann gekannt, der noch niemals einen Schnupfen hatte. Als er zum erstenmal an einer Asana-Übung teilnahm, bekam er einen so heftigen Schnupfen, daß er einige Zeit auf die Atemübungen verzichten mußte. Und das führt mich dazu, Dir noch eine andere Erfahrung mitzuteilen: Yoga scheint zuweilen zu Ergebnissen zu führen, die in einem völligen Gegensatz zu allem Erwarteten zu stehen scheinen. Überrascht Dich das? Denk nach: die Tiefenbearbeitung eines Muskels, eines Nervenzentrums oder eines wesentlichen Organs macht die entsprechende Stelle so empfindlich, daß an ihr eine starke, zuweilen negative Reaktion einsetzt, und zwar in dem Maße, in dem der Anfänger seine Bemühungen noch nicht richtig zu dosieren versteht. Die Homöopathie erzeugt häufig solche gegenteiligen Reaktionen – im übrigen liegt darin eine ihrer Eigenarten: bevor sie das Asthma heilt, löst sie zunächst einige schwere Anfälle aus! Beunruhige Dich also nicht, wenn Du Dich nervöser (oder weniger nervös) fühlst, als Du erwartet hattest. Mich wundert, daß man meines Wissens in keiner Abhandlung diese Warnung ausgesprochen hat. Das Gesetz der gegenteiligen Wirkungen sollte Dich vielmehr in Deinem Vertrauen zur Wirksamkeit dieses Systems bestärken. Die Extreme berühren sich, und wer das schlechte Ende erwischt hat, ist nicht weit davon entfernt, das gute bald in Händen zu halten.

Es gibt noch einen letzten Punkt, auf den ich gern hinweisen möchte. Beim Yoga muß man sich in allerhöchstem Maße vor jedem Dogmatismus hüten. Weiter oben habe ich gesagt, daß es keine vergleichbaren Fortschritte gibt. Ich füge hier hinzu, daß auch die Wege nicht gleich sind. Anfänglich ist es von Nutzen, den Anweisungen der Lehrbücher ziemlich genau zu folgen. Mit zunehmender Erfahrung wirst Du Dich nach und nach davon befreien müssen, bis Du in bezug auf Ernährung, Auswahl der Übungen, des Stundenplans und der Dauer der Sitzungen blindlings nur noch einem Lehrer gehorchen kannst: Deinem Instinkt (der alles in allem nichts weiter als die physische Seite der Intuition ist). Denn wenn es auch auf diesem Gebiet den Idealzustand einer rein vegetarischen Ernährung und einer intensiven, morgendlichen Übung gibt, muß man doch wissen, daß diese Gipfel nur einigen erreichbar sind und die Wege, die zu ihnen führen, möglicherweise langwierige, seltsame Umwege voraussetzen. Außerdem würde es, nur nachteilige Folgen haben, den zweiten Schritt vor dem ersten zu machen. Dieses Gefühl: »heute keine Lust, Mayurasana zu machen«, oder das jähe Verlangen, auf dem Kopf zu stehen, sind in neun von zehn Fällen sicherere Hinweise als besonders ausgeklügelte, abstrakte Programme. Wie aber soll man den reinen Instinkt von der einfachen Faulheit oder Laune, das Wesentliche von einer Unlust unterscheiden? Indem man Yoga immer nur in einer positiven, optimistischen Stimmung übt. Man kann eine ganze Übungsreihe dadurch verderben, daß man einige Sekunden lang die Vorstellung in sich nährte: »heute wird es nicht klappen«. Denn wenn das Unbewußte das mächtigste Hilfsmittel des Menschen ist, verhält es sich doch, schlecht geführt, als grausamer Zerstörer.

Auf diese wenigen Gesichtspunkte wollte ich heute besonders hinweisen. Meine Botschaft läuft auf folgendes hinaus: beim Yoga muß man glauben, beobachten, handeln und geschehen lassen. Nichts anderes ist von Bedeutung. Hör auf, den Zweifel in Dir zu nähren, und eines Tages wirst Du bemerken, daß er verschwunden ist. Dann wirst Du, von einem starken Glauben erfüllt, der in der Tiefe Deines Ich erstrahlt, wissen, daß die vollkommene Gesundheit, das reine Glück und die absolute Menschlichkeit wirklichkeitsnahe Begriffe sind, deren man sich bedienen soll, wenn man über Yoga spricht. An diesem Tag wirst Du vielleicht gleichfalls zur Feder greifen und in Erinnerung an die Zeiten der harten Anfänge gleichfalls einen Brief schreiben, der mit den Worten beginnt: »Lieber Freund, Du kennst mich nicht, aber dennoch – ich kenne Dich . . .«

Ich sende Dir meine Grüße und ich glaube an Dich.

Jean-Pierre Radu

DAS EDLE DES HATHA-YOGA

»Es wäre ein Fehler, den Wert und die Bedeutung unseres physischen Körpers zu unterschätzen . . .

Für den, der weiß, für den Eingeweihten, ist der Körper der heilige Schauplatz, auf dem sich ein Akt von unbeschreiblicher Tiefe abspielt. Aus diesem Grund ist die Kenntnis dieses Körpers, oder besser, die bewußte Erfahrung mit ihm von entscheidender Bedeutung für den Yogi und für alle, die den Weg der Meditation einschlagen wollen.

Das Hindernis, das das Physische für das Geistige darstellt, ist kein Grund, um das Physische zu verwerfen. Denn das, was unsere größte Schwierigkeit darstellt, ist zugleich die uns gebotene große, günstige Gelegenheit. Der eigentliche Erfolg sollte vielmehr darin liegen, zur Vollkommenheit des Körpers zu gelangen.

Es kann also keinen Integralen Yoga geben, der den Körper unbeachtet läßt, ihn für nichtig erklärt oder verwirft und daraus die unerläßliche Voraussetzung für eine vollkommene Geistigkeit ableitet.«

Sri Aurobindo

Betrachtet man die Entwicklung der Menschheit im Verlauf der Jahrtausende, so wird das wesentliche Ereignis im 20. Jahrhundert zweifelsohne nicht die Vervollkommnung der Computer, auch nicht die Automation, nicht einmal die Entdeckung der Kernspaltung sein, denn diese Entwicklungen, so umwälzend sie auch sein mögen, verändern nur die Umwelt, in der sich der Mensch entwickelt, jedoch nicht sein eigentliches Wesen. Dieses entscheidende Ereignis könnte sehr wohl in der Wiederentdeckung des Yoga und in seiner explosionsartigen Ausbreitung in weltweitem Umfang liegen.

Für die Lehre des Yoga selbst stellt diese plötzliche, kraftvolle Ausbreitung den entscheidendsten Wendepunkt seit jenen fernen Zeiten an den Grenzen der Frühgeschichte dar, in denen die großen Weisen und Rishis des alten Indien ihn zur Vollkommenheit entwickelt haben.

Die einzigartige Gelegenheit, die unser Jahrhundert der Verbreitung des Yoga bietet, stellt für ihn die gefährlichste Prüfung dar: er läuft Gefahr, für immer verfälscht und entstellt zu werden.

Paradoxerweise ist es der Hatha-Yoga, der Yoga des Körpers, der heute im Westen am meisten gefährdet ist. Tatsächlich wird der Hatha-Yoga von zwei Fronten her bedroht, das heißt: vom Materialismus und vom Spiritualismus zugleich.

Der »Materialist« sieht im Hatha-Yoga nichts weiter als eine Supergymnastik, ein außerordentlich wirksames Mittel, um jung und schlank zu bleiben – oder es wieder zu werden, eine vollkommene Gesundheit zu erlangen und lange zu leben. Dieser Hatha-Yoga, schon so vereinfacht, daß man ihn nur noch als eine Gesundheitsübung betrachtet, wird in seinen Augen zu *dem* Yoga überhaupt. Löst er den Hatha-Yoga aus seinem Zusammenhang, indem er ihn in den Schatten der anderen Arten des Yoga verweist, beraubt er ihn seines tiefen Sinnes. Indem er seinen Sieg sichert, verrät er ihn, und für den Hatha-Yoga könnte sich dieser Sockel, auf den der Materialist ihn gestellt hat, leicht in einen Schandpfahl verwandeln. Von seiten des »Spiritualisten« ist die Gefährdung subtiler! Gewiß, die Zeiten sind längst vorbei, in denen man der Ansicht war, daß ein ausgemergelter, abgetöteter, Kasteiungen unterworfener Körper die ideale Voraussetzung für das Aufblühen des Geistigen darstellte, aber indem man den Hatha-Yoga als eine einfache Leibesübung betrachtet, zweifellos nützlich, um den Körper als Instrument in einem perfekten Zustand zu erhalten, ohne darüber hinauszugehen, betrachtet man am Ende den Hatha-Yoga als eine unwesentliche, beiläufige Form des Yoga, geradezu als eine Randerscheinung.

Unterschätzung des Hatha-Yoga bedeutet Unterschätzung des Körpers. In Zukunft könnte sich die Entwicklung der anderen Formen des Yoga im Westen, insbesondere des Raja-Yoga und des Jnana-Yoga, zum Schaden des Hatha-Yoga vollziehen, was ein großer Fehler wäre, der sich in der Geschichte des Yoga, sogar in seiner Heimat, das heißt in Indien, bereits einmal ereignet hat. Selbst der große Vivekananda hat den Hatha-Yoga unterschätzt, als er schrieb: »Der Hatha-Yogi ist ein gesundes Tier, nichts weiter.«

Der Gedanke liegt mir fern, die anderen Formen des Yoga zugunsten des Hatha-Yoga in ihrem Wert herabzusetzen! Ich habe im übrigen den Raja-Yoga ziemlich lange praktiziert, bevor ich überhaupt den Hatha-Yoga entdeckte, und gerade das hat mich davon überzeugt, daß die anderen Yoga-Formen ihren eigentlichen Wert nur erhielten, wenn sie auf dem wohlverstandenen Yoga des Körpers beruhten. Der Hatha-Yoga soll seinen Ehrenplatz wieder einnehmen, den er in der Hierarchie der Yogis zur Zeit der Rishis einnahm, das heißt, den Stamm bilden, aus dem die anderen Formen des Yoga hervorgehen.

Der Yoga erhält seinen Adel vom Adel des Körpers. Nein, der Körper ist nicht das Tier in uns! Der Körper ist unendlich mehr, als unser Verstand es sich vorstellt, und das Ziel des Hatha-Yoga liegt nicht nur darin, seine Bedeutung anzuerkennen, sondern auch ihn zu *verklären,* ihn zu heiligen.

Der Körper ist unendlich mehr als ein wunderbarer biologischer Mechanismus, er stellt eine *wesentliche Dimension* des Menschen dar. Dieser Körper ist der Treffpunkt, die Stelle, an der sich alle Ebenen der menschlichen Existenz überschneiden. Dieser Körper ist jener vom Kosmos bevorzugte Punkt, an dem die schöpferische Energie des Ich mit der Materie in Berührung kommt, sie formt und sie beherrscht. Und diese Schöpfung setzt sich in jedem Augenblick unseres Daseins fort! Ein menschlicher Körper ist verwandelte, zum Leben erweckte, vom Absoluten durchdrungene Materie. Indem der Mensch seinen Körper mit Hilfe von Hatha-Yoga zur Vollendung führt, das heißt, indem er ihn mit Bewußtsein durchtränkt, ihn meistert, ihn zur totalen Erfahrung seines Lebens macht, verwirklicht er in entscheidender Weise einen Aspekt seines Schicksals. In diesem Geist soll man Hatha-Yoga praktizieren. So aufgefaßt, wird eine Asana-Sitzung, anstatt nichts weiter als eine Übung in Supergymnastik zu sein, zum geheiligten Augenblick, in dem der Hatha-Yogi mit seinem Körper kommuniziert; es ist der Augenblick, in dem sich der Verstand, anstatt den Körper seinen Zielen zu unterwerfen, in seinen Dienst stellt und mit ihm verschmilzt.

Durch unseren Körper hindurch nehmen wir seit seiner ersten Erscheinung auf der Erde am Leben teil. Dieses Leben, das in uns pulsiert, hat sich im Verlauf von Millionen von Jahren *ohne Unterbre-*

chung die ganze Evolution hindurch fortgepflanzt, ohne daß ein einziges Glied in dieser unendlichen Kette fehlt.

Das Leben, das unseren Körper durchdringt, ist das Allerewigste in uns, was es auf irdischer Ebene gibt. Durch das endlose Geschlecht unserer Vorfahren hindurch haben wir alle Prüfungen überlebt, sind wir als Sieger aus allen Kämpfen hervorgegangen, und von dieser gesamten Erfahrung ist jeder Mensch durchdrungen.

Unser Körper wird sogar in seinen allereinfachsten organischen Funktionen, die wir dabei als schmutzig zu betrachten geneigt sind, von Klugheit geleitet. Im Gegensatz zu unserer gewöhnlichen, verbalen, urteilskräftigen Intelligenz ist die des Körpers unfehlbar, sein Wissen ist angeboren, er ist unserem Verstand, auf den wir im übrigen so stolz sind, weit überlegen. Nehmen wir zum Beispiel die Verdauung. Im Darm, diesem ungefähr acht Meter langen Schlauch, vollführt die Intelligenz des Körpers biochemische und biophysikalische Vorgänge, die unendlich kompliziert sind, und dies bei einer Temperatur von ungefähr 40° und unter normalem atmosphärischem Druck. Um das zu leisten, was unser Verdauungstrakt vollbringt, müßte man über riesige, mit äußerst perfektionierten Apparaten ausgerüstete Laboratorien verfügen, die bei hohen Temperaturen und unter sehr erhöhtem Druck arbeiten. Um zu ermessen, wie begrenzt unser Intellekt in diesem Bereich ist, sollten wir uns vorstellen, daß noch kein Wissenschaftler auf der ganzen Welt imstande ist, die physikalisch-chemischen Vorgänge während der Verdauung genau und vollständig zu beschreiben, und während sich sein Intellekt durch das Labyrinth der chemischen Formeln schlängelt, vollzieht sie sein eigener Darm munter, fehlerlos und spielend.

Genau betrachtet ist unser Intellekt selber nichts weiter als eine Funktion des Körpers. Er ist ein Instrument wie jedes andere, und sogar das Geistige erhält seinen Sinn nur in Verbindung mit dem Körper. Dies bedeutet nicht, daß der Geist nun eine Begleiterscheinung des Körpers sei, wie dies von einer gewissen zeitgenössischen Richtung in der Biologie behauptet wird. Die Wurzeln unseres Seins ragen tief in die feinen Schichten unserer seelischen Struktur hinab, die sich in den Tiefen des Unbewußten verlieren, dort wo der »Zuschauer« wacht, beobachtet und handelt, während er völlig außerhalb der Handlung bleibt. Wenn der Hatha-Yogi mit seinem Körper kommuniziert, so ist es völlig klar, daß er nicht mit den materiellen Atomen des Sauerstoffs, des

Kohlenstoffs, des Wasserstoffs, des Stickstoffs usw., aus denen sich sein Körper zusammensetzt, kommuniziert. Er kommuniziert mit jener höheren Intelligenz, die er beherbergt, von der er eine Erscheinungsform ist, und er erkennt diese höhere Intelligenz als die seine. Denn es ist nicht irgendein anderer, der meine Nahrung verdaut, sondern *ich* bin es. Für den Yogi bedeutet Intelligenz auch Bewußtsein und psychische Struktur. Unser Körper ist von Bewußtsein und von seiner psychischen Struktur bis in die winzigste Zelle hinein gesättigt. Deswegen praktiziert der Yogi auch die bescheidensten Disziplinen mit der größten Achtung vor seinem Körper. Wenn er eine Asana ausführt, läßt er sein Bewußtsein alle Fasern seines Körpers durchziehen, er nimmt intensiv an dem ursprünglichen Leben seines Organismus teil, er gibt sich den subtilen Kräften hin, die ihn durchlaufen, er *integriert sich mit seinem Körper.* Denn Yoga bedeutet *Integration.*

Jede Zelle stellt zunächst in sich selber ein integriertes Ganzes dar, integriert sich dann mit dem Organ, von dem sie ein Teil ist, und dieses integriert sich seinerseits mit dem menschlichen Organismus. Der Intellekt und der Geist müssen sich ebenfalls mit dem Körper integrieren, sich mit ihrer Umwelt integrieren und schließlich mit dem Kosmos. Diese kosmische Integration geht vom Atom bis zum Stern, indem sie die Zelle durchläuft: darin liegt das eigentliche Wesen des Hatha-Yoga und sogar ganz allgemein des Yoga. Diese harmonische Integration ist erst von der körperlichen Integration ab möglich und umgekehrt; deshalb muß der echte Hatha-Yoga notwendigerweise ohne Unterbrechung in den kosmischen Bereichen einmünden. Es gibt Leute, die es bedauern, daß sich der Westen vor allem für Hatha-Yoga interessiert. Tatsächlich wäre es schade, wenn sich der Westen auf Hatha-Yoga beschränkte, aber es wäre noch bedauerlicher, wenn er nach Entdeckung der anderen Formen dazu gelangte, Hatha-Yoga zu unterschätzen und zu verwerfen. Meiner Auffassung nach kann der Integrale Yoga nur in einer absoluten Integration des Menschen bestehen, einer Integration, die, wie wir eben sagten, auf dem Niveau der Zelle beginnt. Diese ist ein lebendes Wesen, erfüllt mit einer seelischen Struktur, mit Intelligenz, um bei der bewußten und vollkommenen Integration des Menschen im Kosmos zu enden. Im Rahmen dieses Integralen Yoga stellt Hatha-Yoga keinen unwesentlichen beiläufigen Yoga dar, dessen einziges Ziel es wäre, den Menschen zu einem »gesunden Tier« zu machen. In einem gewissen Sinn hat der Spiritualist recht, seinen Körper als ein Hindernis auf dem Weg zur geistigen Harmonisierung zu betrachten. Das Ziel des Hatha-Yoga ist es, den Körper durch seine bewußte Durchdringung zu vergeistigen.

Denken wir über diese Worte von Sri Aurobindo nach:

»Es kann also keinen Integralen Yoga geben, der den Körper unbeachtet läßt, ihn für nichtig erklärt oder verwirft und daraus die unerläßliche Voraussetzung für eine vollkommene Geistigkeit ableitet.

Vielmehr sollte der höchste Sieg darin liegen, den Körper zur Vollkommenheit zu führen.«

Ziel und Wesen des Hatha-Yoga liegen darin, uns die praktischen Möglichkeiten zu bieten, die Vollkommenheit des Körpers im Rahmen des Möglichen zu erreichen. Der Materialist vergöttert seinen Körper; der Spiritualist betrachtet ihn als ein Hindernis; der Hatha-Yogi heiligt ihn.

Das in der Natur lebende Tier – Tiger oder Gazelle – wird durch diese gezwungen, die biologischen Gesetze zu achten, und so verfügt es notwendigerweise, bis zu einem gewissen Grad, über einen fast vollkommenen Körper. Ohne ihn könnte es nicht existieren, aber deswegen sind die Tiere noch lange keine Yogis. Für den Hatha-Yogi ist der Körper also geheiligt, und wenn er auch nur die bescheidenste Stellung ausführt, hat sie für ihn die Bedeutung einer universellen, bewußten kosmischen Integration; er nimmt die in seinem Körper wirkende schöpferische, kosmische Kraft wahr und arbeitet bewußt mit ihr zusammen. Dazu ist das Tier nicht fähig. Unter diesem Gesichtspunkt betrachtet ist Hatha-Yoga ein königlicher Weg, der geradlinig zum Yoga der totalen Integration führt.

Außerdem besitzt Hatha-Yoga für den heutigen Menschen eine besondere Bedeutung, denn es steht ihm kein anderes, ebenso einfaches Mittel zur Verfügung, um den zersetzenden Einfluß unserer technologischen Zivilisation aufzuheben, die darauf abzielt, uns ein Höchstmaß an Bequemlichkeiten zu bieten, uns gegen alle Nöte der Natur wie Kälte, Hunger usw. zu schützen und uns jede körperliche Anstrengung zu ersparen. Die Fortschritte der Medizin, die zu diesem erhöhten Lebensstandard noch hinzukommen, haben auch noch den Ablauf natürlicher Auslese unterbunden, selbst wenn sie nicht, wie es der Vorstellung der Darwinisten entspricht, als die treibende Kraft in der Evolution der Arten angesehen werden kann. Trotz allem bleibt sie das wesentliche Element bei der Erhaltung des hohen biologischen Standes der Arten, da sie die Individuen von geringerer Lebensfähigkeit ausmerzt.

Der Zivilisation ist es offenbar gelungen, den Ablauf dieser natürlichen Auslese zu einem großen Teil zu unterbinden, und darin liegt eine der entscheidenden Ursachen der beschleunigten biologischen Entartung, deren ohnmächtige und häufig nichtsahnende Zeugen wir sind. Die mit Schäden belasteten Individuen erreichen, in unseren klimatisierten Wohnungen geschützt und durch die Kunstgriffe der Medizin am Leben erhalten, anstatt schon im Kindesalter auszufallen, das Erwachsenenalter und vermehren sich. Selbstverständlich ist es undenkbar, das Gesetz des Dschungels wieder einzuführen und der natürlichen Auslese freies Spiel zu lassen. Dennoch gehen wir nur ein Stück zurück, um einen besseren Anlauf zu haben, denn wir unterdrücken es nur scheinbar und zeitlich begrenzt. Nach einer mehr oder weniger kurzen Frist, nach einer Steigerung der Degenerationserscheinungen wird sich eines Tages dieses unerbittliche Gesetz wieder Geltung verschaffen, und die Opfer werden furchtbar sein. Da es – ganz offensichtlich – unmöglich ist, den Menschen in eine natürliche Umwelt zurückzuverpflanzen, ihn von neuem den Unbilden und Nöten eines Lebens in der Wildnis auszusetzen, vermag nur Selbstzucht bis zu einem gewissen Grad das biologische Kapital der Menschheit unversehrt zu erhalten. Hatha-Yoga stellt eine anwendbare und erprobte Form einer solchen Selbstzucht dar: die Erhaltung und Entwicklung des biologischen menschlichen Kapitals kann von seiner richtigen Anwendung abhängen.

Techniken
der Verjüngung
und der Reinigung

JUNG BLEIBEN, EINE AUFGABE

Der Mensch möchte so lang wie möglich leben, aber mit der Senilität findet er sich nicht ab. Das war schon zu Ciceros Zeit so, der schrieb: »Alle wollen alt werden, aber wer ein hohes Alter erreicht hat, beklagt sich darüber in seiner törichten Unbeständigkeit.«

Aber ist die Senilität tatsächlich ein normaler, unvermeidbarer Zustand? Metschnikow hat in seinem Werk *Études sur la nature humaine* erklärt: »Zweifellos ist es ein Irrtum, die Altersschwäche als eine physiologische Erscheinung anzusehen.«

Für die Yogis stellt die Jugend, oder richtiger der Zustand der Reife, der physischen und psychischen Vollkraft, den man auch als die besten Jahre bezeichnet, den normalen Zustand des Menschen dar, den er ohne jeden Verfall bis zum nahenden Ende erhalten sollte. Vom Yogi verlangt das Erreichen körperlicher und geistiger Vollkommenheit so viele Jahre, daß er ein langes Leben für unerläßlich betrachtet.

Yoga lehrt uns, daß der Mensch sein Schicksal nur erfüllen kann, indem er jung und gesund bleibt. Aber was sehen wir? Kaum hat der Mensch ein vernünftiges Alter erreicht – um die fünfzig –, stellen sich auch schon die ersten Anzeichen körperlichen Verfalls ein. Auf der Treppe gerät er außer Atem, er kommt nicht mehr so schnell zu Kräften. Und dieser Fall ist noch einer der günstigeren! Zahllos sind diejenigen unter unseren Mitbürgern, die in diesem Alter bereits schwere Gesundheitsschäden aufweisen, bei denen der Infarkt und die anderen Herz- und Gefäßkrankheiten einen hohen Prozentsatz ausmachen (30 bis 40 Prozent der Todesfälle sind in den Industrieländern auf Schäden des kardio-vaskulären Apparates zurückzuführen: siehe auch den Bericht der Weltgesundheitsorganisation). So erreicht der Mensch, wenn das Leben erst wirklich anfangen sollte, wenn Erfahrung und Vernunft die wahren Freuden von den falschen Vergnügungen zu unterscheiden ermöglichen, wenn die materiellen Probleme gelöst oder auf dem Weg zur Lösung sind, die Schwelle des Lebensabends – der häufig nur das Vorzimmer des Todes ist – mit einem geschädigten Körper. Ungefähr mit 70, selten später, stellt sich die Altersschwäche ein, und die Entwicklung zu einem kraftlosen, faselnden Greis ist unaufhaltsam im Gang, zu einem menschlichen Wrack, zu einer Plage für sich selber und für die anderen. Die Belastung, die die Senilität der Gesellschaft auferlegt, ist unermeßlich. Sie zwingt die jüngeren Generationen, für die Bedürfnisse ihrer alten Eltern zu sorgen und sie zu pflegen, eine pietätvolle Aufgabe, der sie sich gehorsam, aber nicht ohne Murren unterziehen. Wer entsinnt sich nicht seines kindlichen Kummers beim Anblick des ersten grauen Haars seiner Mutter, dieser Mutter, die man als unsterblich betrachtete? Ist es nicht trostlos, daß die Senilität die Menschheit der hervorragenden Dienste beraubt, die ihr die leistungsfähigen Gehirne dieser reifen, erfahrenen Menschen bieten könnten, die imstande sind, sie mit einer weisen, sicheren Hand auf neue Gipfel der Kultur und der Menschlichkeit zu führen, während sie selbst dabei noch aufblühen? Aber sie verlöschen vorzeitig. Dieser Verlust ist nicht zu ermessen. Es ist bedauerlich, wenn man sieht, wie führende Stellungen, die Verantwortung in sich schließen, immer mehr Menschen von geringerer Reife anvertraut werden. Diese Tendenz muß der Entartung der »Altersschwachen« zugeschrieben werden. Wenn die Menschen mit 60, 70 und 80 oder mehr Jahren völlig in Form blieben, würde die Menschheit es erleben, wie ihr Schicksal sich veränderte. Was nun das Problem der Übervölkerung betrifft, eins der schwierigsten, das die kommenden Generationen zu lösen haben, so wird die Menschheit sie nicht dadurch lösen, daß sie die Menschen, die bereits auf der Welt sind, daran hindert, ihr Schicksal zu erfüllen. Jung bleiben zu wollen ist also kein lächerlicher Einfall, keine der Eitelkeit entspringende Leichtfertigkeit, sondern ganz im Gegenteil eine Pflicht gegenüber sich selber und den anderen. Ist es nicht weit sozialer, jung zu bleiben, als seinen Kindern oder seinen Mitbürgern die Bürde der Senilität aufzuerlegen, dieser Folge einer falschen Lebensweise? Ist es nicht weitaus barmherziger, ein tätiger, froher, leistungsfähiger und vitaler Großvater zu sein, als eine Ruine, deren flackernde Lebensflamme man nur mit Mühe erhält? Liegt nicht unsere Pflicht in erster Linie darin, unseren Körper zu pflegen, ihm seine Gesundheit zu erhalten und ihn bis zu der vom Schöpfer uns zugewiesenen Grenze zu führen?

Aber wo liegt diese Grenze? Bogomoletz erklärt, er sei noch »keinem Autor begegnet, der bei der Untersuchung des Problems der möglichen Langlebigkeit nicht versichert hätte, daß der Tod des Menschen vor Erreichen von 100 Jahren stets auf ein Zusammentreffen ungünstiger Umstände zurückzuführen ist: Krankheit, Überanstrengung, individuelle oder soziale Unzulänglichkeit der Hygiene. Das gleiche Wort auf russisch«, fügt Bogomoletz hinzu, »bedeutet Alter, Jahrhundert und Lebensdauer.«

Aus ausreichend bestätigten Fällen, einige von ihnen aus unserer Zeit, geht hervor, daß Menschen ein Alter von 130, sogar 150 Jahren oder mehr erreicht haben. Ein Jahrhundert zu leben sollte also nichts Außergewöhnliches sein. Wie dem auch sein mag, das Wichtigste liegt darin, sich bis zum Ende die Vitalität und die Jugendlichkeit zu erhalten, selbst wenn wir dadurch unserem Dasein nicht einen einzigen Tag hinzufügen.

In diesem Geist zeigen wir in den folgenden Kapiteln die Methoden, um jung zu bleiben oder es sogar wieder zu werden, denn der Organismus weist erstaunliche Möglichkeiten der Erneuerung auf. Yoga setzt uns als Ziel nicht nur unsere volle Entfaltung, sondern bietet uns auch die Mittel, sie zu erreichen, im Verlauf von Jahrtausenden erprobte Mittel.

KAYA KALPA – DIE YOGISCHEN
METHODEN DER VERJÜNGUNG

Als Dr. Faust den Pakt mit dem Teufel unterzeichnet hatte, verlangte er in erster Linie die Rückgewinnung der Jugend. Mephisto hatte ihn in die Höhle einer Hexe geführt. Als Faust auf dem Herd den Kessel erblickte, in dem der Zaubertrank brodelte, packte ihn der Ekel:

Faust zu Mephisto:

> »Mir widersteht das tolle Zauberwesen;
> Versprichst du mir, ich soll genesen
> In diesem Wust von Raserei?
> Verlang ich Rat von einem alten Weibe?
> Und schafft die Sudelköcherei
> Wohl dreißig Jahre mir vom Leibe?
> Weh mir, wenn du nichts Besseres weißt!
> Schon ist die Hoffnung mir verschwunden.
> Hat die Natur und hat ein edler Geist
> Nicht irgendeinen Balsam ausgefunden?«

Mephisto , höhnisch:

> »Mein Freund, nun sprichst du wieder klug!
> Dich zu verjüngen, gibts auch ein natürlich Mittel;
> Allein es steht in einem andern Buch,
> Und ist ein wunderlich Kapitel.«

Faust:

»Ich will es wissen.«

Mephisto:

»Gut! Ein Mittel, ohne Geld
Und Arzt und Zauberei zu haben:
Begib dich gleich hinaus aufs Feld,
Fang an zu hacken und zu graben,
Erhalte dich und deinen Sinn
In einem ganz beschränkten Kreise,
Ernähre dich mit ungemischter Speise,
Leb' mit dem Vieh als Vieh, und acht' es nicht für Raub,
Den Acker, den du erntest, selbst zu düngen;
Das ist das beste Mittel, glaub',
Auf achtzig Jahr' dich zu verjüngen!«

Faust:

»Das bin ich nicht gewöhnt, ich kann mich nicht bequemen,
Den Spaten in die Hand zu nehmen.
Das enge Leben steht mir gar nicht an.«

Mephisto:

»So muß denn doch die Hexe dran.«

In Faust erkennen wir den heutigen machtlüsternen Menschen, der zwar den Wunsch hat, wieder jung zu sein, jedoch sich nicht damit anfreunden kann, die Stadt zu verlassen, um aufs Land zurückzukehren. Faust – das ist jeder einzelne von uns. Werden auch wir unsere Zuflucht zur Hexe nehmen? Kann Yoga uns hier helfen?

Der Mensch findet sich eher mit dem Tod als mit der Senilität ab, die ihm entwürdigend und ungerecht erscheint, und so lange er schon diesen Planeten bewohnt, träumt er von einem Jungbrunnen, der ihm diesen Schatz zurückerstatten könnte, den man besonders würdigt, sobald man ihn verloren hat: die Jugend! Betrachten wir zunächst einmal die wissenschaftliche Seite dieser Frage.

Altern und sterben erscheinen uns als unausweichlich, da dies schon immer das Los aller war. Aber handelt es sich tatsächlich im Grunde um ein unausweichliches Gesetz? Der Mensch setzt sich aus Billionen Zellen zusammen, und die einzelligen Wesen sind unsterblich! Das Tier, das aus einer einzigen Zelle besteht, das Infusionstierchen, weiß ebenso wie die Amöbe nichts von Alter und Tod. Das Infusionstierchen kann von Feinden vernichtet werden, an Nahrungsmangel oder durch Verseuchung der Umwelt sterben, aber außerhalb dieser Unglücksfälle erzeugt es unermüdlich lebende Materie, und sobald es genügend Lebensreserven angehäuft hat, teilt es sich in zwei Teile. Dank ihres außerordentlichen Potentials würden die Infusorien die ganze Erde in kurzer Zeit überschwemmen, wenn sie keine Feinde hätten. Metschnikow vom Pasteur-Institut hat einmal gesagt: »Die Generationen folgen einander mit großer Schnelligkeit, ohne daß ein einziger Todesfall eintritt: in der zahllosen Menge wimmelnder Infusorien würde man vergeblich nach einem Leichnam suchen.« Wenn ihre unglaubliche Vitalität infolge der Verarmung der Umwelt, in der sie leben, abnimmt, was tun sie dann? Sie verjüngen sich! Verschmelzend nähern sie sich einander, finden so zu ihrem jugendlichen Eifer zurück und pflanzen sich von neuem fort. Diese Tatsache ist schon seit langem bekannt: zu Anfang des Jahrhunderts hat Metalnikow, auch er vom Pasteur-Institut, ein Infusionstierchen beobachtet, das 1908 in einem Aquarium gefunden wurde; nach dreizehn Jahren hatte dieses Urtierchen 5000 Generationen ohne jede Veränderung oder ohne jeden Verlust von Vitalität hervorgebracht!

Unsere Zellen sind nun diesen Einzellern ähnlich! Menschliche Zellen, die vom Körper getrennt und in eine Nährlösung getaucht werden, sind ebenso unsterblich und wissen nichts vom Altern. Warum nun altern und sterben sie, wenn sie eine Gesellschaft bilden? Warum altert und stirbt der Mensch, eine Gemeinschaft, die sich aus Milliarden von potentiell unsterblichen einzelligen Wesen zusammensetzt?

Unter diesem Gesichtspunkt betrachtet stellen Alter und Tod eher unerklärliche wissenschaftliche Absurditäten dar als selbstverständliche Naturgesetze. Gewiß ist es begreiflich, daß die Art den Tod der Individuen verlangt, denn ihre ständige Ablösung ist die unvermeidliche Voraussetzung für ihre Evolution, was jedoch für das Altern nicht zutrifft. Warum also altert das vielzellige Wesen?

Die Lösung für alle großen Probleme des Lebens, der Krankheit und des Todes muß man auf der Ebene der Zelle und nirgendwo anders suchen.

Die Antwort wird vielleicht durch jene gleichen Infusorien gegeben, die sterben, sobald sich ihre Umwelt mit giftigen Abfallstoffen anreichert, die zum Beispiel aus ihrem eigenen Stoffwechsel herrühren. Das vielzellige Wesen ist ein wanderndes Aquarium, in dem die Zellen in einer Nährflüssigkeit eingetaucht sind, aus der sie ihre Nahrung beziehen, aber in die sie auch die von ihnen durch ihr Leben erzeugten Gifte abführen. Wenn diese nährende Umwelt, also die zwischengewebliche Flüssigkeit, im gleichen Verhältnis gereinigt wird, dürfen die Zellen vom Altern nichts wissen. Die angemessene Nahrung ist also ein entscheidendes Element, aber das Ausscheiden der aus dem Stoffwechsel herrührenden Gifte ist die Kehrseite der Angelegenheit, vergessen wir das nicht!

Das Altern ist eine Folge der langsam fortschreitenden Verschmutzung des Organismus, die auf das unvollständige Ausscheiden der Abfallstoffe zurückzuführen ist: unsere innere Umwelt wird für unsere Zellen giftig. Ernähren wir uns also richtig, vor allem aber entschlacken wir unsere Gewebe, lassen wir überall das saubere Blut zirkulieren, diesen Träger des Lebens, diese magische Flüssigkeit, wenn man so sagen darf, und wir bleiben jung; und sollte dieser Fall vorliegen, werden wir die Jugend wiederfinden.

A. Bogomoletz hat dieses Problem sehr klar umrissen: »Die Verjüngung der Umwelt ist, ebenso wie die Veränderung der Umwelt bei den künstlich angelegten Kulturen, von gewaltigem Einfluß auf die Lebensfähigkeit der Zellen. Dieser Faktor scheint uns der medizinischen Wissenschaft in ihrem Kampf um die Langlebigkeit neue, weite Perspektiven zu eröffnen; die Medizin steht vor einer Aufgabe von ungeheuerer Bedeutung: sie muß lernen, den Zustand dieser inneren Umwelt, in der die Zellelemente leben, zu verändern und Methoden zu finden, um sie gesünder zu machen, sie zu reinigen und sie systematisch aufzufrischen.« Er hätte Ziel und Zweck einer dreiwöchigen Heilbehandlung mit Hilfe von Kaya Kalpa nicht besser formulieren können.

Hier haben wir den echten Jungbrunnen!

Wir lassen hier die Frage der »Diät« beiseite, der wir in »Yoga für Menschen von heute« bereits einige Kapitel gewidmet haben. Wir wollen hier auch nicht auf die Bedeutung der Atmung eingehen, die den

Zellen die Nahrung heranführt, die sie am notwendigsten braucht, nämlich den Sauerstoff, während sie zugleich eine Menge Giftstoffe abführt.

Während wir uns nun der bisherigen Ausführungen bewußt bleiben, erkennen wir, daß die Yogis dank ihrer genialen Intuition die für das Erreichen eines solchen Ergebnisses wirksamen Mittel gefunden haben. Die Gesamtheit dieser Techniken, die die Yogis und die Ayur-Vedischen Ärzte entdeckt haben, stellt eine Wissenschaft dar, die man Kaya Kalpa nennt. Aber ist es auch das gleiche Ziel, unterscheiden sich doch die von den Yogis gewählten Mittel erheblich von denen der Ayur-Vedischen Medizin. Bei meiner letzten Reise nach Indien habe ich mich mit einem Yogi unterhalten können, der nicht nur die Techniken des Kaya Kalpa kannte und sie bei sich selber durchgeführt hat: mit 45 Jahren ist sein Körper der eines Mannes von kaum dreißig.

Vergleichen wir die Ayur-Vedische Methode mit den Verfahren des Hatha-Yoga, so sehen wir, daß die Ayur-Vedische Auffassung der unserer allopathischen Medizin ähnelt. Um alten Menschen die Jugend wiederzugeben, verwendet die Ayur-Vedische Pharmakopöe Heilmittel auf der Grundlage von Quecksilber, Gold, verkohlter und pulverisierter kleinen Perlen und Heilkräutern. Wochenlang schließt sich der Patient in einem dunklen Raum ein; unter der Einwirkung der Medikamente lockern sich seine Zähne und fallen ebenso aus wie die Haare. Sein Körper wird gereinigt. Nach der Behandlung wachsen die Haare nach, die Haut regeneriert sich und sogar die Zähne bilden sich erneut: mit anderen Worten, sein verjüngter Körper hat seine Lebenskraft zurückerlangt. Das wird in der Überlieferung behauptet. Ich muß jedoch eingestehen, daß mir kein echter, bestätigter Fall einer Verjüngung durch diese Mittel bekannt geworden ist. Ich bin noch niemand begegnet, der mir die Zusammensetzung eines solchen Zaubertranks hätte nennen können. Es muß hier auch betont werden, daß die echten Ayur-Vedischen Ärzte in Indien heute selten sind.

Wie Faust habe ich also zu erfahren versucht, ob »ein edler Geist nicht irgendeinen Balsam ausgefunden«? Worauf die Hatha-Yogis mit einem »ja« antworten!

Dieses Heilmittel ist Kaya Kalpa; seine Heilbehandlung nach hatha-yogischen Methoden dauert drei Wochen.

Schon lange vor La Rochefoucauld hat Yoga die Behauptung aufgestellt: »Das Alter hat eine lange Zeit der Vorbereitung, eine lange

Zeit.« Der Hatha-Yogi setzt seine Hoffnungen nicht auf ein Wunder-heilmittel, das »die Jahre nicht wiedergutzumachender Schäden auslö-schen« könnte. Er weiß, daß man rechtzeitig damit anfangen muß, und wenn es zutrifft, daß Yoga Methoden der Verjüngung entwickelt hat, so läuft ihnen eine langwierige Vorbereitung voraus, die aus der täglichen Übung der Asanas, der Entspannung, dem Pranayama, einer gesunden einfachen Kost, bejahenden edlen Gedanken und dem Feh-len aller Angst besteht. Vom 45. Lebensjahr an bereitet sich der Ha-tha-Yogi auf die Verjüngungskur vor, indem er 60 Tage im Jahr ein auf Milch und Obst beruhendes Fasten durchführt, während er min-destens viermal im Jahr Schank Prakschalana betreibt, das wesentliche Element der Reinigungskur von drei Wochen, das ich weiter unten be-schreibe. Diese Methode ist wissenschaftlich begründet, und Kaya Kalpa ist, obwohl es spektakuläre Ergebnisse erzielt, alles andere als »Magie«. Die Gesetze der Physiologie werden dabei nicht verletzt. Wenn die vollständige Kur von drei Wochen im Westen nicht durch-führbar ist, weil sie die Anleitung durch einen Fachmann voraussetzt, kann man doch unter Anwendung der yogischen Methoden der Reini-gung des Organismus, der Dhautis, zu den gleichen Ergebnissen gelan-gen, allerdings weniger schnell, aber ohne jede Gefahr und zu Hause. Im folgenden Kapitel werde ich Schank Prakschalana, eine der we-sentlichen Übungen des Kaya Kalpa, im einzelnen beschreiben. Sie be-steht darin, Wasser durch den Mund aufzunehmen, es durch den Ver-dauungstrakt zu leiten und es durch den Anus wieder auszuscheiden, bis es ebenso klar den Körper verläßt, wie es aufgenommen wurde.

Hier wird der Leser vielleicht enttäuscht sein: es scheint sich hier um eine Gewaltkur zu handeln, die nur den erfahrenen Yogis vorbe-halten bleibt, um ein schwieriges, unangenehmes und sogar ein wenig abstoßendes Verfahren. Das wäre ein Irrtum! Schank Prakschalana läßt sich ganz im Gegenteil leicht durchführen, sogar von Personen, die geringe Erfahrungen in Yoga besitzen; er setzt keine besonderen Vorbereitungen und keine unerreichbaren Stellungen voraus. Das Ver-fahren ist nicht einmal unangenehm. Gehen wir auf die Einzelheiten ein: bei der dreiwöchigen Kur von Kaya Kalpa erzielt man die voll-ständige Reinigung des Organismus mit allen Mitteln, über die Yoga verfügt: Spülungen des Magens (Vamana Dhauti – vergl. a. S. 70 ff.), Fasten, Atemübungen. Im Westen ist eine wöchentliche Fastenzeit von 24 Stunden zu empfehlen. Niemals sollte man ohne Anleitung eine Fastenzeit von mehr als 3 Tagen durchführen. Die »yogische Sauna« wird ebenfalls angewendet. Im nördlichen Indien streckt sich der Eingeweihte in der Mittagssonne aus und bedeckt den Körper mit großen Bananenblättern, bis der Schweiß reichlich fließt. Im südlichen Indien verfolgt man eine andere Methode. Der Eingeweihte überzieht seinen Körper mit einer dicken Schicht reinen Rizinusöls und setzt sich dann der tropischen Sonne aus. Das Rizinusöl aus dem ersten Preßvorgang ist sehr klebrig, verstopft die Poren und verhindert jeden Schweißausbruch. Die Hitze staut sich im Körper, der eine gewisse Überwärmung durchmacht, wonach das Öl wieder entfernt wird, indem man sich den Körper mit dem Pulver der »soap nut«, der Seifennuß, abreibt. Es handelt sich dabei um eine pulverisierte Nuß, die eine Verseifung des Öls herbeiführt, ohne die Unannehmlichkeiten gewöhnlicher Seife, die die Haut auf brutale Weise reinigt und ihren pH-Wert verändert. Nach Entfernen des Öls öffnen sich die Poren, und der folgende starke Schweißausbruch schwemmt die Giftstoffe aus dem Organismus.

Die geringe von der Haut aufgenommene Ölmenge macht diese geschmeidig und gesund.

Im Westen kann man das gleiche Ergebnis durch regelmäßige Benutzung der Sauna erzielen, die ich wärmstens empfehle. So wird der menschliche Motor drei Wochen lang einer Entschlackung unterzogen, die dazu bestimmt ist, seine Kompression wiederherzustellen. Nach dieser Entschlackung, dieser Ausscheidung aller Schlacken auf allen natürlichen Reinigungswegen (Haut, Gedärme, Nieren, Lungen), die der Organismus trotz der schon früher getroffenen Vorsichtsmaßnahmen angesammelt hat, ist der Verdauungstrakt sauber, frei von allen Ablagerungen, und der Körper findet, nun im Vollbesitz seiner Assimilationskräfte, seine Jugend wieder wie eine verkümmerte Pflanze, die erneut frisches Wasser erhält, das ihr vorenthalten wurde. Die Haut, deren Zustand ein Spiegel der Gesundheit ist, gewinnt ihre Geschmeidigkeit und ihren Glanz zurück, das Haar seine natürliche Farbe, und der Mensch strotzt wieder vor Kraft und Energie, wie sie der Jugend eigen sind.

Fassen wir zusammen: das vielzellige Wesen – ich sagte es schon – ist ein Aquarium, in dem die Zellen wie Fische leben. Ist es verwunderlich, daß sich, wenn das Aquarium gut gesäubert und das Wasser erneuert und durchlüftet wurde, die Fische dort wohl fühlen und glücklich sind, wie anscheinend alle Fische der Welt?

Abschließend empfehle ich die regelmäßige Anwendung der in diesem Buch beschriebenen Verfahren, die in Ermangelung der vollständigen Kur von drei Wochen die gleiche Entschlackung und die gleiche Verjüngung des Körpers bieten.

SCHANK PRAKSCHALANA

»Einer der Schlüssel zur Gesundheit befindet sich im Darm. Der Organismus wird das ganze Leben hindurch ununterbrochen systematisch vergiftet. Er vergiftet sich entweder durch Substanzen, die ihm aus der Außenwelt mit der Nahrung zugeführt werden, die nicht immer von sehr Hoher Qualität ist, und mit der ungenügend reinen Luft oder Infolge von Verstößen gegen die Diät oder schließlich – und vor allem – durch die Stoffe, die bei der fauligen Gärung der Nahrungsreste im Darm, bei den chronischen Verdaungsschwächen anfallen.«

A. Bogomoletz:
Wie verlängert man das Leben

Eine der Hauptursachen vorzeitigen Alterns, mit einem anderen Wort, der Senilität, liegt in der Anhäufung von Giftstoffen im Organismus durch Selbstvergiftung. Jede Zelle erzeugt in ihrem Leben Giftstoffe, für die die Natur Ausscheidungswege vorgesehen hat: die Haut, die Nieren und die Lungen. Es ist von entscheidender Bedeutung, die Unversehrtheit dieser Organe zu bewahren, denn wenn sie ihre Funktionen nicht tadellos erfüllen, wird der Körper langsam, aber sicher vergiftet.

Jedoch gibt es eine noch schädlichere Selbstvergiftung: sie wird durch die Gifte hervorgerufen, die durch die Darmwand sickern und den ganzen Organismus verschlacken. Daher die Bedeutung einer überlegten Ernährungsweise, gewiß, aber vor allem eines peinlich sauberen Darms. Mancher Leser wird hier den Kopf schütteln und sagen: »Ja natürlich, die Verstopfung! Daß sie zahlreichen Krankheiten zu-

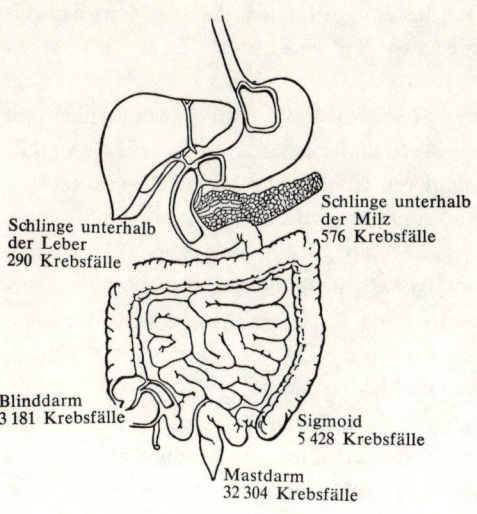

Schlinge unterhalb
der Leber
290 Krebsfälle

Schlinge unterhalb
der Milz
576 Krebsfälle

Blinddarm
3 181 Krebsfälle

Sigmoid
5 428 Krebsfälle

Mastdarm
32 304 Krebsfälle

grunde liegt und vielleicht sogar die Ursache fast aller unserer Leiden ist, verkündet man uns schon seit langem.« Nun aber ist die Sache die, daß sogar die Menschen, die *nicht* an Verstopfung leiden oder zumindest es glauben, trotz allem, ohne es zu ahnen, in ihrem Dickdarm eine ständige Quelle der Selbstvergiftung haben. Tatsächlich schließt eine tägliche Entleerung des Darms nicht aus, daß die Schleimhaut von Ablagerungen verkrustet sein kann; sie haben sich nach und nach festgesetzt und werden niemals ausgeschieden. Sie führen zu fauligen Gärungen, deren Giftstoffe sich Tag und Nacht unbemerkt im ganzen Körper ausbreiten. Darüber hinaus kann die ständige Reizung der Darmschleimhaut die Ursache zahlreicher Krebserkrankungen sein. Oder doch zumindest der erste Schritt dazu. Diese Fälle von Darmkrebs schlagen, verglichen mit denen der anderen Körperorgane, alle Rekorde. Wenn wir ihre Lage betrachten, stellen wir fest, daß, ebenso wie es auf den Straßen besondere Unfallkurven gibt, auch der Darmkrebs bevorzugte Stellen hat. Es handelt sich genau um die Bereiche, in denen die Windungen des Grimmdarms eine Verlangsamung der »Strömung« des Darminhalts verursachen, also an den für »Versteinerungen«, für die Verkrustung der Schleimhaut günstigsten Stellen. Das oben dargestellte Schema des Verdauungstrakts zeigt dies deutlich.

Aber der Krebs ist nicht das einzige Leiden, das die Menschen mit einem von nicht ausgeschiedenem Kot verkrusteten Darm zu fürchten haben.

In einem in den *Cahiers Médicaux* 1937 erschienenen Artikel gibt Dr. Becher auf S. 147 eine Aufstellung jener Krankheiten, die unmittelbar auf Selbstvergiftung, deren Ursache der Darm ist, zurückzuführen sind: »Leberzirrhose, chronische Arthritis (Gelenkrheumatismus), perniziöse Anämie, chronische Ruhr, Rhinopatia (eine Erkrankung der Blutgefäße der Nase), verschiedene Nervenentzündungen, verschiedene Allergien, Hypertrophien der Leber und der Milz, verschiedene psychische Störungen, Psychosen, Depressionen, gewisse Herzleiden, eine Unzahl von Hautkrankheiten usw.«

Tatsächlich ist die Verstopfung ein Zustand, in dem der Darm nicht völlig sauber und frei von Kotverkrustung ist. Es kann also jemand durchaus regelmäßig jeden Tag Stuhlgang haben und dennoch, ohne es zu wissen, chronisch verstopft sein, mit all den Konsequenzen, die ein solcher Zustand nach sich zieht.

In seinem Buch *La mort vient de l'intestin* entwirft Dr. Keller, ein Schweizer Arzt, das Bild der Folgen der Verstopfung.

MAGEN:
Verlust des Tonus des Magens, Magensenkung, Geschwüre, Krebsbildungen. Häufig ist die Verstopfung auch die Ursache schlechten Atems.

NIEREN:
Steinbildungen, Koliken.

NERVENSYSTEM:
Schlaflosigkeit, Depressionen, Reizbarkeit, Hysterie.

BEINE:
Ischias, Stauungen in den Venen, die zur Bildung von Krampfadern führen.

DARM:
Hämorrhoiden, Krebsbildungen (siehe oben).

LEBER:
Stauungen des Blutkreislaufs in der Leber, Gallensteine, durch Leberentzündung verursachte Vergiftung.

BLINDDARM:
Chronische oder akute Blinddarmentzündung.

BLUT:
Anämie, krankhafte Veränderungen des Blutbildes (was *alle* Organe und Zellen des Körpers beeinflußt).

UNTERLEIB:
Verschiedene Blutstauungen, chronische Infektionen der Geschlechtsorgane (Gebärmutter, Eierstöcke, Eileiter), Gebärmuttersenkung.

HAUT:
Verschiedenartige Ausschläge.

Das wirklich Gefährliche bei dieser Verstopfung durch Verkrustung liegt darin, daß es keine Reinigungsorgane zwischen der Darmwand und dem Blutkreislauf gibt: die Gifte treten dadurch unmittelbar in das Blut ein und verbreiten sich im ganzen Organismus, bevor sie zu den bereits erwähnten Stellen der Ausscheidung (Haut, Nieren, Lungen) gelangen. Wenn die auf diese Weise im Darm ausgeschiedenen Gifte während vieler Jahre in das Blut einsickern, wie dies häufig der Fall ist, kann man sich die durch sie verursachten Schäden und ihre Wirkungen auf das Alter vorstellen.

Die Durchlässigkeit der Darmwand ist sehr groß; deswegen werden Medikamente auch als Zäpfchen verordnet, denn sie gelangen auf diese Weise unmittelbar ins Blut. Was nun die Abführmittel betrifft, so handelt es sich bei ihnen nur um oberflächlich wirkende Arzneien, die man im übrigen nur auf ärztliche Verordnung hin nehmen sollte. Die sitzende Lebensweise ist eine der wesentlichsten Ursachen der Verstopfung; die Asanas und eine richtige Ernährung wirken ihr in vielen Fällen entgegen, aber für »Entschlackung« des Darms reichen sie noch nicht aus. Spülungen schaffen gelegentlich wirksame Abhilfe, reinigen jedoch die Schleimhaut nicht gründlich, und, wird ihre Anwendung zur Gewohnheit, so heilen sie keineswegs die Verstopfung, sondern machen sie ganz im Gegenteil unheilbar, indem sie den Darm weiten und die Peristaltik durcheinanderbringen.

Befassen wir uns also mit den Lösungen des Yoga.

Für eine regelmäßige Reinigung des Darms verfügen die Yogis über eine Methode der Selbstspülung, die wir hier nur erwähnen wollen: Basti. Um Basti anwenden zu können, der darin besteht, Wasser durch den Anus aufzunehmen, um es dann wieder auszuscheiden, muß man zum Nauli fähig sein, was nicht allen möglich und vor allem sehr schwer zu erlernen ist. Diese Selbstspülung weist nicht die Unannehmlichkeiten einer gewöhnlichen Spülung auf, weil das Wasser nicht unter Druck, sondern durch Einsaugen einläuft, also den Darm nicht weitet.

Die ideale Methode ist jedoch Schank Prakschalana. Sie ist einfach, jedem zugänglich und von einzigartiger Wirksamkeit. Abgesehen vom Blinddarm, der bei dieser Methode gründlich gereinigt wird, werden auch die Ablagerungen im gesamten Verdauungstrakt völlig abgebaut, vom Magen bis zum Anus, was man nicht mit Spülungen, nicht einmal mit Basti erreichen kann.

Das durch den Mund aufgenommene Wasser läuft in den Magen und rinnt dann, von einfachen Bewegungen geleitet, die im Bereich aller Meister des Yoga, sogar der Anfänger liegen, durch den ganzen Darm bis zum Ausgang. Diese Übung betreibt man, bis das Wasser ebenso klar herausläuft, wie es aufgenommen wurde. Diese Methode bietet keine größeren Schwierigkeiten, enthält keinerlei Gefahr und ist allen zu empfehlen, allerdings unter der Voraussetzung, daß die Technik genau befolgt wird (die wenigen Kontra-Indikationen werden auf S. 47 aufgeführt).

Schank Prakschalana oder *Varisara* wird durch das große Muschelhorn veranschaulicht, denn das Wasser durchläuft den Verdauungstrakt wie die Windungen einer Muschel. Es handelt sich dabei um eine grundlegende yogische Übung. Es ist verwunderlich, daß in der (bereits sehr umfangreichen) Literatur des Westens, die sich mit Yoga befaßt, darauf überhaupt nicht eingegangen wird; man findet dort nicht einmal die Andeutung einer Beschreibung des Verfahrens. Dies beweist wieder einmal, daß die eigentliche Entdeckung des Yoga noch bevorsteht!

Die hier beschriebene Technik stellt eine Synthese verschiedener

Lehrmethoden dar. Wir haben die von Dhirendra Brahmachari aus Delhi, die des Yoga-Forschungsinstituts von Lonavla, des Yoga-Krankenhauses (in der Nähe von Bombay) und schließlich die von Swami Satyananda von der Bihar School of Yoga in Monghyr miteinander verglichen.

VORBEREITUNGEN

Man erwärmt Salzwasser, im Verhältnis von 5 bis 6 Gramm auf den Liter, was etwas unterhalb der Konzentration des physiologischen Serums liegt (ein kleiner gestrichener Suppenlöffel auf einen Liter Wasser). Das Wasser muß gesalzen sein, denn wäre es rein, würde es infolge der Osmose durch die Schleimhaut hindurch absorbiert und auf dem normalen Weg in Form von Urin und nicht durch den Anus ausgeschieden. Wenn einem beim Kosten das Wasser zu salzig erscheint, darf man die Salzkonzentration, bis sie erträglich wird, herabsetzen.

DER GÜNSTIGE ZEITPUNKT

Der günstigste Zeitpunkt ist der Morgen, noch nüchtern. Man muß sich darüber klar sein, daß die gesamte Reinigung länger als eine Stunde dauert. Der Sonntagvormittag ist für ein solches Vorhaben zu empfehlen! An diesem Tag keine Asanas, keine anstrengenden Übungen, übrigens auch nicht am nächsten Tag. Berücksichtigt man den Ausfall der Asana-Sitzung, wird einem diese Übung nicht mehr so lang erscheinen. Wie soll man vorgehen? Im folgenden gebe ich das Schema für den vollständigen Ablauf der Reinigung wieder, mit Ausnahme der Bewegungen, die für den Durchlauf des Wassers durch den Verdauungstrakt erforderlich sind und die weiter unten angegeben und beschrieben werden.

1. Ein Glas warmes Salzwasser trinken (seine Temperatur sollte der einer warmen Suppe entsprechen).
2. Gleich darauf die vorgeschriebenen Bewegungen ausführen.
3. Noch ein Glas Wasser trinken, danach die übliche Reihenfolge der Bewegungen. Dies fortzusetzen, das Trinken des Wassers und die Übungen einander abwechseln lassen. Dies steht im Gegensatz zu Vamana Dhauti, wobei sich das Wasser im Magen ansammelt (was ein Gefühl der Übelkeit erzeugen würde), während bei

Schank Prakschalana das Wasser sofort den Verdauungstrakt erreicht, ohne Übelkeit zu erzeugen.

Abwechselnd so weitermachen: Wassertrinken – Bewegungen, bis insgesamt sechs Gläser Wasser getrunken sind.

Das ist der richtige Augenblick für den Stuhlgang.

Normalerweise kommt es fast umgehend zu einer ersten Entleerung. Dem normalen, geformten Kot folgen weichere, dann flüssigere (gelblichere) Entleerungen.

Sollte dies nicht sogleich oder spätestens nach einem Ablauf von fünf Minuten eintreten, Wiederholung der Bewegungen, ohne erneut Wasser zu trinken. Dann Rückkehr zum WC. Sollte sich ganz ungewöhnlicherweise das Ergebnis noch nicht einstellen, müßte man die Entleerung durch eine Spülung mit einem halben Liter, der mit den üblichen Mitteln (Klistierspritze oder Irrigator) eingeführt wird, einleiten. Sobald die Ausscheidung begonnen hat, das heißt, sobald die ersten Entleerungen stattgefunden haben, erfolgt alles übrige automatisch.

Ein Ratschlag: nach jedem Stuhlgang und nach Benutzung des üblichen Papiers sollte man den Anus mit lauwarmem Wasser abwaschen, ihn abtrocknen und ihn eventuell mit Olivenöl (oder anderem Öl) einreiben, um eine Reizung durch das Salz zu verhindern. Manche »empfindliche« Personen haben mit dieser harmlosen Unannehmlichkeit zu tun, die man aber leicht vermeiden kann.

NACH DIESEM ERSTEN STUHLGANG SOLLTE MAN:
Ein Glas warmes Salzwasser trinken, die Bewegungen durchführen, dann zum WC zurückkehren, und jedesmal wird es eine Entleerung geben. So fortfahren: trinken-Übungen-WC, bis das Wasser ebenfalls so klar ausgeschieden wird, wie es getrunken wurde, was je nach Verkrustung des Grimmdarms einer Aufnahme von 10 bis 14 Gläsern entspricht, selten mehr.

Ist man mit dem Ergebnis zufrieden, das heißt, wenn das Wasser nach eigener Meinung klar genug ist, kann man:

entweder nichts mehr tun; in diesem Fall noch ein paarmal während der folgenden Stunde das WC aufsuchen; das ist die einzige Unannehmlichkeit;

oder 3 Gläser lauwarmes, *nicht salziges,* Wasser trinken und Vamana Dhauti machen (s. S. 70 ff.). Das beendet die Entleerung und entleert den Magen völlig. Es gehört zur Tradition, daß die Yogis dem Schank Prakschalana stets Vamana Dhauti folgen lassen.

URSACHEN DES MISSLINGENS

Sollte man, nachdem man zum Beispiel vier Gläser getrunken hat, das Gefühl haben, daß der Mageninhalt nicht auf normale Weise den Verdauungstrakt erreicht, was ein Völlegefühl hervorruft, das bis zur Übelkeit führt, bedeutet dies, daß sich der Pförtner am Pförtnerkanal nicht so öffnet, wie er es sollte. Das Mißlingen ist noch aufzuhalten: ohne erneut Wasser zu trinken, sollte man die Reihe der Übungen zwei- oder dreimal erneut beginnen. Das Verschwinden der Übelkeit zeigt an, daß sich der Pförtner geöffnet hat. Sobald die Entleerung begonnen hat, gibt es keine Probleme mehr, und man kann den ganzen Vorgang ablaufen lassen. Es kann jedoch vorkommen, daß bei manchen Personen eine auf Gärungen zurückzuführende Gasstauung den Beginn der Entleerung verhindert. In einem solchen Fall genügt es, mit den Händen auf den Bauch zu drücken oder außer den vier anderen Übungen es mit Sarvangasana zu versuchen. Im ungünstigsten Fall, das heißt, sollte das Wasser den Magen überhaupt nicht verlassen, eröffnen sich zwei Möglichkeiten:

Vamana Dhauti machen (s. S. 70 ff.), das heißt, den Magen entleeren, indem man die Zungenwurzel mit drei Fingern der rechten Hand kitzelt, um den Reflex des Erbrechens auszulösen. Die Erleichterung ist radikal und tritt sofort ein; oder ... nichts tun; das Wasser wird von allein in Form von Urin ausgeschieden.

Nach der Übung sollte man sich ausruhen und darauf achten, sich nicht zu erkälten.

DIE ERSTE MAHLZEIT

Nach Schank Prakschalana sollte man *unbedingt* diese Anweisungen befolgen:

Frühestens eine halbe Stunde nach der Übung und spätestens eine Stunde nach Beendigung etwas essen. Es ist streng verboten, den Verdauungstrakt länger als eine Stunde leer zu lassen. Die erste Mahlzeit sollte folgendermaßen zusammengesetzt sein:

Weißer Reis (also kein Vollkornreis, dessen Zellulose die Schleimhaut des Darms reizen würde) in Wasser gekocht und sogar stark gekocht: die Körner sollten im Mund zergehen. Man kann ihn mit einer schwach gesalzenen Tomatensauce, aber ohne Pfeffer, essen. Dazu kann man Linsen oder weichgekochte Mohrrüben geben. Mit dieser Mahlzeit muß man mindestens 40 Gramm Butter zu sich nehmen. Man kann sie auf dem Reis schmelzen lassen oder mit dem Löffel essen. In Indien bleibt einem keine Wahl, und man nimmt »ghee« (eine Art Butterschmalz), das man mit dem Reis vermischt.

Der Reis läßt sich durch Weizen- oder Haferbrei oder auch durch Teigwaren (Makkaroni, Spaghetti), mit geriebenem Käse bestreut, ersetzen.

WICHTIGER HINWEIS

Der Reis darf nicht in Milch gekocht werden. Während der 24 Stunden, die der Übung folgen, darf man weder Milch trinken noch Joghurt essen.

Außerdem sind während der gleichen 24 Stunden säurehaltige Nahrungsmittel oder Getränke (das ist einer der Gründe für das Joghurt-Verbot), rohes Obst und rohes Gemüse verboten.

Bei der zweiten Mahlzeit nach der Übung darf man auch Brot essen. Alle Käsesorten (Hart- und Schnittkäse) sind erlaubt. Zum Beispiel Schweizer und Edamer Käse usw. Weißkäse und die Weißschimmelkäse Brie und Camembert sind nicht erlaubt.

Nach 24 Stunden darf man zur normalen Ernährung zurückkehren, wobei man jedoch jedes Übermaß an Fleisch vermeiden sollte.

GETRÄNKE

Die Absorption von Salzwasser wird durch Osmose einen Teil der Flüssigkeit des Organismus in den Verdauungstrakt abgeleitet haben. Das gehört mit zur Entschlackung. Es ist also ganz normal, nach dieser Übung einen starken Durst zu verspüren. Man sollte nun aber keine Flüssigkeit vor der ersten Mahlzeit zu sich nehmen, nicht einmal klares Wasser, denn damit hält man nur weiterhin die Ausscheidung in Gang. Hingegen kann man während und nach der ersten Mahlzeit Wasser oder leichte Kräutertees trinken: Lindenblüte oder Pfefferminz, auch wenig oder nicht kohlensäurehaltige Mineralwasser. Eigentlich erübrigt es sich, hier zu erwähnen, daß Alkohol, von dem man schon in normalen Zeiten abrät, während der 24 der Übung folgenden Stunden streng verboten ist.

Daß der Stuhlgang erst 24 oder 36 Stunden nach der Übung wieder einsetzt, wird niemanden überraschen. Er wird goldgelb und geruchlos sein wie der eines Säuglings.

Diese Übung sollte mindestens zweimal im Jahr durchgeführt werden. Die Durchschnittshäufigkeit wird sich auf viermal im Jahr, beim Wechsel der Jahreszeiten, belaufen. Wer die Sache gründlich betreiben will, wird sich der Übung einmal im Monat unterziehen. Dhirendra Brahmachari empfiehlt sogar, diese Übung alle vierzehn Tage zu machen. Es ist also für jeden Geschmack gesorgt und es bleibt dem Mut des einzelnen überlassen. Diese Übung ist nicht eigentlich unangenehm, obwohl es gewiß vergnüglichere Zerstreuungen gibt. Die Schilderung sollte nicht abschrecken: das Unangenehmste bei der ganzen Sache ist das Trinken des warmen Salzwassers, alles übrige ist einfach. Jedoch schlagen wir für Leute mit verwöhntem Geschmack vor, eine leichte Suppe aus Porree oder anderen Gemüsen zuzubereiten, die bestimmt besser schmeckt als das warme Salzwasser. Ein Eingeweihter hat uns sogar anvertraut, daß er Bouillonwürfel benutzt hat.

Leute mit Verstopfung können Schank Prakschalana einmal in der Woche anwenden, jedoch mit nur 6 Gläsern Wasser. In diesem Fall durchläuft man die ganze Übung in ungefähr einer halben Stunde. Das ist für die Eingeweide die beste Umerziehung: durch sie werden die Wandungen des Grimmdarms nicht geweitet.

GÜNSTIGE AUSWIRKUNGEN

Die erste Wirkung liegt im Bereich der Ausscheidung, denn die in der Schleimhaut des Mastdarms verkrusteten Ablagerungen werden voll und ganz abgeführt. Es ist erschreckend, wie verstopft ein solcher Darm sein kann!

Leute, die sich dank einer fast täglichen Entleerung der Täuschung hingaben, nicht verstopft zu sein, fanden zu ihrer Überraschung im ausgestoßenen Kot einen Kirschkern, den sie einige Monate früher verschluckt hatten! Und alles übrige! Im Yoga-Krankenhaus von Lonavla, wo die Patienten unter der Anleitung von Ärzten nach der

Yoga-Methode behandelt werden, ist man häufig entsetzt, wenn man sieht, was alles Monate und sogar Jahre hindurch die Wandungen der Eingeweide bedecken kann. Es ist nicht zu glauben, daß Menschen soviel Unrat in ihren Eingeweiden mitschleppen, wie dies leider häufig der Fall ist! Ist es da überraschend, daß zahlreiche Krankheiten die Folge sind? Ist es überraschend, daß sich der ganze Organismus durch in dieser Weise erzeugte Gifte selber vergiftet – und das im buchstäblichen Sinn? Fürchten wir uns nicht vor den Worten! Wenn es auch wenig appetitlich ist, sich diese Situation vorzustellen, so ist es das bestimmt noch weniger, unter ihr zu leiden. Praktiziert also Schank Prakschalana und entledigt euch aller Ablagerungen, die euren Verdauungstrakt verschlacken. Die günstigen Auswirkungen stellen sich nicht von heute auf morgen ein; die unmittelbaren Wohltaten sind nicht auffällig. Aber sie offenbaren sich schon bald in der Frische des Atems, in besserem Schlaf und im Verschwinden von Ausschlägen im Gesicht und am Körper. Unter der Voraussetzung einer giftarmen Ernährungsweise, also ohne ein Übermaß an Fleisch, verschwinden die Körpergerüche, die zuweilen sehr stark sein können. Der Schweiß wird geruchlos, die Haut klarer. Diese Übung ist nicht nur negativ, das heißt, ihre Wirkung liegt nicht im »Ausscheiden« allein: sie wirkt auch wie ein Stärkungsmittel. Sie regt die Leber an – dies erkennt man an der Färbung der ersten Stuhlgänge – und auch die anderen Drüsen, die mit dem Verdauungstrakt in Verbindung stehen, insbesondere die Bauchspeicheldrüse. Leichte Fälle von Diabetes wurden von den Ärzten von Lonavla mit Erfolg behandelt, indem sie zwei Monate lang die Patienten jeden zweiten Tag Schank Prakschalana praktizieren ließen; dies ging mit einer entsprechenden Ernährungsweise Hand in Hand und wurde mit Pranayama und mit anderen Yogatechniken verbunden.

Es scheint, daß die Langerhansschen Inseln, die in der Bauchspeicheldrüse liegen, unter der Einwirkung der allgemeinen Stimulation dieser Drüse mehr Insulin ausscheiden. Die Reinigung des Verdauungstrakts führt zu einer richtigen Assimilation der Nahrung und läßt daher die Mageren dick werden und die anderen, die einige Kilo zu verlieren haben, abmagern.

KONTRA-INDIKATIONEN

Es gibt nur wenige Kontra-Indikationen.

Personen, die an einem Magengeschwür leiden, sollen sich selbstverständlich dieser Übung enthalten und erst ihre Heilung abwarten. Das gleiche gilt für Personen, die an akuten Erkrankungen des Verdauungstraktes leiden: Ruhr, Durchfall, starke Colitis (eine chronische Colitis kann durch Übung außerhalb der Anfallsperioden gebessert werden), akute Blinddarmentzündung und – ganz besonders – schwere Krankheiten wie Darmtuberkulose und Krebs.

Diese Kontra-Indikationen scheinen keine absolute Geltung zu haben. So kenne ich zumindest einen Fall von Ruhr, der durch Schank Prakschalana völlig geheilt wurde, dabei war der Kranke monatelang erfolglos nach den konservativen Methoden behandelt worden. Es wäre für unsere Medizin vielleicht interessant, sich dieses Verfahrens zu bedienen.

Diese Übung ist auch zur Vervollständigung der Behandlung der Oxyuriasis sehr zu empfehlen. Tatsächlich werden die Würmer ebenso wie ihre Eier hinausbefördert, da der gesamte Inhalt der Eingeweide ausgestoßen wird. Jedoch sind die Darmzotten so zahlreich, daß das eine oder andere Ei selbst bei dieser Behandlung noch entkommen kann.

HINWEIS

Beim Kaya Kalpa, der drei Wochen währenden radikalen Verjüngungskur, wird Schank Prakschalana täglich angewendet. In den ersten drei Tagen nimmt man reines Salzwasser. Dann wird Schank Prakschalana mit Abkochungen verschiedener Gemüse (Zwiebeln, Porree, um nur einige zu nennen) fortgeführt, um den Organismus mit Mineralsalzen wieder anzureichern. Gewisse Pflanzen werden verwendet, um den Vorgang der vollkommenen Reinigung des Organismus zu stimulieren. Der Leser wird einsehen, daß dies den Verdauungstrakt stark beansprucht und daher die ständige Überwachung durch einen Fachmann unerläßlich ist.

Ausgangsstellung: aufrechte Haltung, die Füße etwa 30 cm auseinander, die Finger ineinander verschlungen, die Handflächen nach oben gewandt. Den Rücken gut strecken, normal atmen.

Erste Phase: Ohne Drehung des Oberkörpers diesen zuerst nach links beugen und dann, ohne in der Endstellung zu verweilen, sich wieder aufrichten und sich sofort zur anderen Seite beugen. Diese Doppelbewegung viermal wiederholen, also achtmal den Körper abwechselnd nach links und nach rechts beugen, was insgesamt ungefähr 10 Sekunden beansprucht. Diese Bewegungen öffnen den Pförtner, und bei jedem Beugen verläßt ein Teil des Wassers den Magen in Richtung Zwölffinger- und Dünndarm.

Um das Wasser durch den Verdauungstrakt bis zum Ausgang zu leiten, genügt es, die folgenden Bewegungen durchzuführen. Jede Bewegung soll viermal abwechselnd nach jeder Seite hin in ziemlich raschem Rhythmus wiederholt werden: die vollständige Folge nimmt nicht mehr als ungefähr eine Minute in Anspruch.

Diese Bewegung läßt das Wasser in den
Dünndarm laufen.

Die Ausgangsstellung ist die gleiche, also
aufrecht, die Füße auseinander; den rechten Arm waagerecht ausstrecken und den
linken anwinkeln, bis Zeigefinger und Daumen das rechte Schlüsselbein berühren.
Dann Drehung des Rumpfes, indem man
den ausgestreckten Arm so weit wie möglich nach hinten führt; der Blick ist auf die
Finger gerichtet. Nicht in der Endstellung
verweilen, sondern sofort zur Ausgangsstellung zurückkehren, dann die Bewegung
in der anderen Richtung durchführen. Diese Doppelbewegung wird viermal wiederholt. Gesamtdauer der 4×2 Bewegungen
= 10 Sekunden.

50

Durch die folgende Bewegung bedingt, rinnt das Wasser in den Dünndarm: es wird die auf der Abbildung dargestellte Variante der Kobra durchgeführt. Nur die Zehen und die Handflächen berühren den Boden, die Schenkel bleiben daher in der Luft. Die Füße sind ungefähr 30 cm auseinander (wichtig). Sobald diese Stellung eingenommen ist, läßt man den Kopf, die Schultern und den Rumpf sich drehen, bis man die entgegengesetzte Ferse sehen kann (wird rechts begonnen, Blick auf die linke Ferse richten). Nicht ruhig verweilen, sondern sogleich zur Ausgangsstellung zurückkehren und auf der anderen Seite wieder anfangen. Diese Doppelbewegung wird viermal wiederholt. Gesamtdauer: 10 bis 15 Sekunden.

Das an das Ende des Dünndarms gelangte Wasser muß mit Hilfe der vierten und letzten Bewegung durch den Grimmdarm geleitet werden. Dies ist die schwierigste Bewegung dieser Reihe, obwohl sie von allen ausgeführt werden kann, mit Ausnahme jener Personen, die einen Knie- oder Meniskusschaden haben. Diese Personen werden sich der am Ende beschriebenen Variante bedienen.

Ausgangsstellung: a) in Hockstellung anfangen, die Füße ungefähr 30 cm auseinander, wobei sich die Fersen außerhalb der Schenkel und nicht unter den Hinterbacken befinden; die Hände ruhen auf den etwa 50 cm auseinandergespreizten Knien; b) den Rumpf drehen und mit dem linken Knie vor dem rechten Fuß den Boden berühren. Die Handflächen drücken abwechselnd den rechten Schenkel nach links

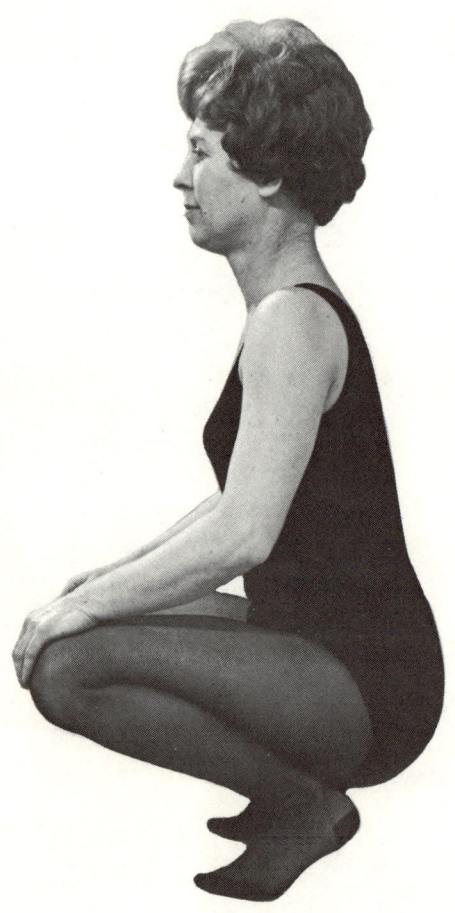

und den linken nach rechts, um eine Hälfte des Bauches zusammenzupressen und Druck auf den Grimmdarm auszuüben. Nach hinten blicken, um die Drehung des Rumpfes zu verstärken und Druck auf den Unterleib auszuüben.

Während es bei den vorhergehenden Übungen unwesentlich war, ob man links oder rechts begann, ist es bei dieser zu empfehlen, zuerst die rechte Seite des Unterleibs zusammenzupressen, um zunächst Druck auf den aufsteigenden Grimmdarm (Colon ascendens) auszuüben.

Abbildung 3 zeigt die nach der anderen Seite durchgeführte Bewegung. Wie bei den vorhergehenden Übungen soll diese Doppelbewegung viermal durchgeführt werden. Gesamtdauer: 15 Sekunden.

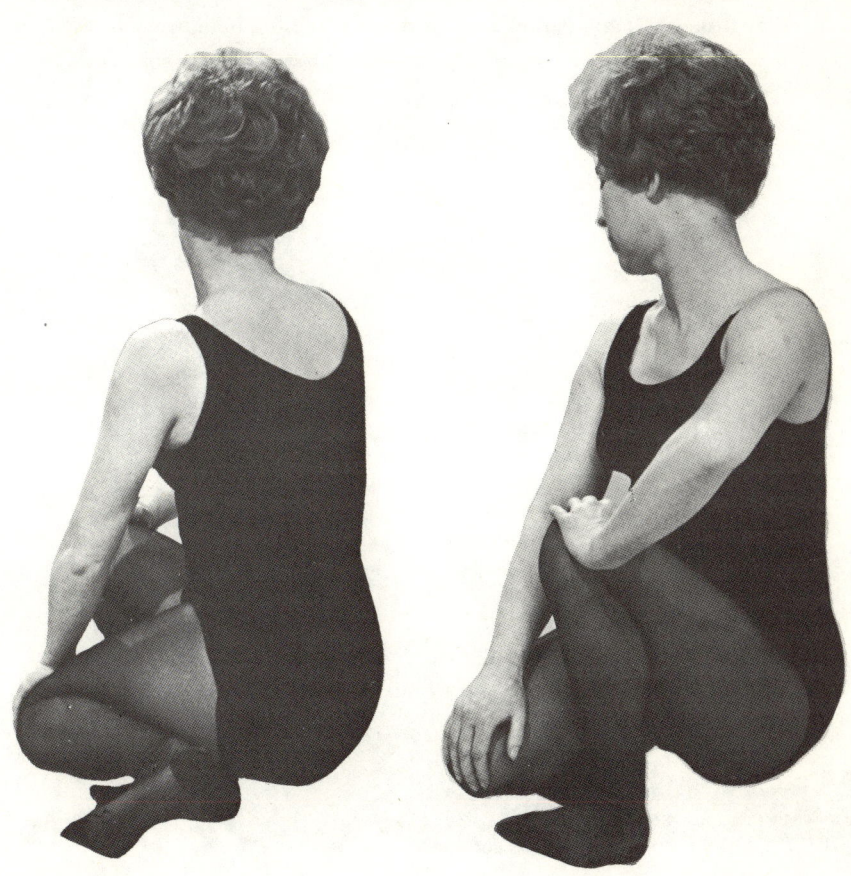

Läßt sich die vierte Bewegung nicht durchführen, kann man ein ähnliches Ergebnis durch die im Yoga-Krankenhaus von Lonavla angewandte Variante erzielen. Dort habe ich Kranke gesehen, die niemals zuvor Yoga geübt hatten und denen Schank Prakschalana auf diese Weise recht leicht gelang. Diese Bewegung ist von Ardha Matsyendrasana abgeleitet. Man betrachte die Abbildung aufmerksam: der Fuß wird einfach an die Innenseite des Schenkels gedrückt und nicht wie bei der vorbereitenden Stellung von Ardha Matsyendrasana auf die andere Seite gezogen. Die Schulter wird nicht so stark wie möglich dem angewinkelten Knie genähert; der Rumpf wird im Gegenteil leicht nach hinten geneigt. Der an das angewinkelte Knie angedrückte Arm dient als Hebel, um die Wirbelsäule zu drehen und den Schenkel gegen den Unterleib zu drücken. Im Unterschied zu Ardha Matsyendrasana zielt diese Übung darauf ab, nur den Unterleib zusammenzudrücken, daher sollte man es vermeiden, mit dem angewinkelten Bein die Rippen zu berühren.

Bevor man mit Schank Prakschalana beginnt, sollte man die einzelnen Übungen erlernen, was nur ein paar Minuten dauert, denn sie sehen nur schwierig aus. Keine Angst und ... erfolgreiche Reinigung!

ZUSAMMENFASSUNG DES GESAMTEN ABLAUFS

1. Ein Glas warmes Salzwasser trinken, Salz im Verhältnis von einem kleinen Suppenlöffel auf einen Liter Wasser.
2. Die vollständige Reihe der Bewegungen durchführen.
3. Ein zweites Glas trinken, Übungen folgen lassen.
4. So weitermachen, bis sechs Gläser getrunken sind.
5. Zum WC gehen und warten, bis eine erste Entleerung erfolgt. Sollte sie nicht innerhalb von fünf Minuten eintreten, die Reihe der Übungen wiederholen, ohne erneut Wasser zu trinken. Läßt das Ergebnis weiterhin auf sich warten, wird ein kleiner Einlauf die Peristaltik des Darms anregen und die Entleerung herbeiführen.
6. Noch ein Glas trinken, die Übungen durchführen, zum WC zurückkehren.
7. In der Reihenfolge Wasser-Übungen-WC fortfahren, bis das Ergebnis befriedigt. Die Yogis setzen diesen Vorgang so lange fort, bis das Wasser ebenso klar ausgeschieden wird, wie es getrunken wurde.
8. Zum Abschluß – dies bleibt dem einzelnen überlassen – das ganze noch im Magen befindliche Wasser durch Anwendung von Vamana Dhauti ausstoßen, nachdem man noch zwei Gläser Wasser, diesmal nicht salzig, getrunken hat. Vamana Dhauti entleert den Magen, schlämmt Leber, Gallenblase und Milz aus und beendet die Entleerung. Verzichtet man auf Vamana Dhauti, sollte man eine Stunde lang in der Nähe eines WC bleiben, damit man es im Bedarfsfall aufsuchen kann.
9. Mindestens eine halbe Stunde warten, bevor man eine Mahlzeit zu sich nimmt, jedoch nicht mehr als eine Stunde verstreichen lassen, bis man dem Verdauungstrakt wieder Nahrung zuführt.
10. Mindestens bis nach dem ersten Essen dem Durst widerstehen.

VERJÜNGUNG

Bis jetzt haben wir die Verjüngung auf negative Weise betrachtet, das heißt, wir haben die Ursachen des vorzeitigen Alterns bekämpft. Jetzt wollen wir ein Verfahren aktiver Verjüngung beschreiben, bei dem sich die Wirkkraft mit Einfachheit und Unschädlichkeit verbindet. Das Ziel besteht darin, die Erzeugung normaler männlicher Hormone anzuregen, zu erhalten und sogar wiederherzustellen. Alle sind sich über die enge Wechselbeziehung zwischen dem Zustand der Geschlechtsorgane, die diese Hormone erzeugen, und dem Allgemeinzustand des Organismus im klaren, auch darüber, in welchem Umfang die Geschlechtsdrüsen unsere Entwicklung beeinflussen. Wenn es zutrifft, daß wir die unserem Alter entsprechenden Geschlechtsdrüsen haben, so ist unser Organismus ebenso alt wie diese.

Der Greis ist ein Geschöpf, das die Natur langsam kastriert, es sei denn, daß die Senilität nicht weitgehend auf eine Schwäche der Geschlechtsdrüsen zurückzuführen ist.

Während der Mensch bei seiner Geburt über ein Gehirn verfügt, das fast 9/10 seiner Entwicklung erreicht hat und dessen Umfang im Verlauf der späteren Entwicklung des Menschen nicht mehr zunimmt, folgt im Gegensatz dazu die Entwicklung der Geschlechtsorgane unserer physischen Entwicklung, bestimmt sie sogar, ebenso wie die Ausbildung der sekundären Geschlechtsmerkmale, unserer Gefühle und unserer Intelligenz.

Die Bedeutung der Drüsen ist so groß und ihre Einwirkung auf die Intelligenz so offensichtlich, daß diese Vorgänge der Menschheit nicht lange verborgen geblieben sind. Zu allen Zeiten hat der Mensch die Wirkungen der Kastration beobachten können: kastriert verliert der

Stier seine Kampflust, seine Arglist, seine Lebhaftigkeit und wird zum friedlichen, dem Menschen gehorsamen Ochsen. Seit Tausenden von Jahren haben die Eunuchen die Menschheit mit den physischen und psychischen Auswirkungen der Kastration beim Mann bekanntgemacht. Weiß man viel über geniale Männer, Künstler, Gelehrte und große Staatsmänner, die Eunuchen waren? Selbst in bezug auf das innere religiöse Leben darf die Bedeutung der männlichen Unversehrtheit nicht unterschätzt werden: wie viele Heilige waren Eunuchen? Die Kirche hat dies so genau erkannt, daß kein Eunuch die Priesterweihe erhalten kann, und wenn auf dem Konzil von 1640 das Verbot erlassen wurde, einen der Manneskraft beraubten Mann zum Priester zu weihen, so war es ganz offensichtlich nicht der sexuelle Aspekt oder der der Fortpflanzung, der dabei ins Auge gefaßt wurde, sondern ganz das Gegenteil. Für den Eunuchen stellt der Zölibat keine Schwierigkeiten dar ... und dies aus gutem Grund. Die Kirche hat dieses Verbot ausgesprochen, weil normal funktionierende Geschlechtsdrüsen sogar für die Entwicklung des geistig-religiösen Lebens von wesentlicher Bedeutung sind – und dies sogar in besonderem Maße.* Die Genies waren Männer in der ganzen Bedeutung dieses Wortes und haben es bis in ein sehr hohes Alter hinein durch sexuelle Aktivität bewiesen; nennen wir hier Goethe und Victor Hugo. Männer von großer Langlebigkeit haben ihre Manneskraft dadurch bestätigt, daß sie noch über das Alter von 100 Jahren hinaus Kinder gezeugt haben.** Im Augenblick ist es die Rolle der Gonaden als Drüsen mit innerer Sekretion, deren Sekrete alle Funktionen des Organismus und vor allem seine Jugendlichkeit beeinflussen, die uns hier interessiert. Fortschritte in der Chirurgie haben gewisse Experimente am Tier ermöglicht. So hat man Untersuchungen an alternden Tieren, vor allem an Ratten und Stieren vornehmen können. Wenn man die Hoden eines jungen Tiers auf eine alte Ratte überträgt, wachsen ihre Haare nach, das trübe Auge wird wieder lebhaft, ihre Bewegungen werden schneller, ihre ursprüngliche Schlauheit kehrt wieder und ihr Dasein wird sogar über die normale Grenze ihrer Art hinaus verlängert. Der Mensch wurde sofort von der Hoffnung erfaßt, auch er könnte sich dank solcher Verpflanzung verjün-

*Vergl. »Auswirkungen auf der geistigen Ebene«, S. 68
**1809 starb Desfournel, Autor von *Nature dévoilée,* im Alter von 119 Jahren. 1792 heiratete er im Alter von 102 Jahren ein junges Mädchen von 26 Jahren, mit dem er mehrere Kinder zeugte.

gen, und so entstand die berühmte Methode des Dr. Voronoff; eine Hoffnung, in der man im übrigen bald enttäuscht wurde. Trotz dieser Enttäuschungen ist es sehr lehrreich, sich mit den Ergebnissen zu befassen. Die Methode wurde aufgegeben, da der Organismus nach einer unbestreitbaren, auffälligen Wiedererlangung der Jugendlichkeit doppelt so schnell verfiel wie ohne diese Verpflanzung. Ist die Wirkung des Peitschenhiebs verpufft, stellt sich die Altersschwäche beschleunigt und unwiderruflich ein: man kann einen auf seiner Weide gealterten Widder nicht mit einem altersschwachen Greis vergleichen, dessen Organismus durch eine widernatürliche Lebensweise zerrüttet wurde. Welches waren nun die von Voronoff erzielten Ergebnisse? Wenden wir uns seinem berühmtesten »Fall« zu, den H. Ghilini in seinem Buch Le Secret du Dr. Voronoff anführt:

»Ich möchte einen besonders typischen Fall von Verjüngung zitieren: den von Sir Arthur Evelyn Liardet, den ich kennenlernen durfte und über den ich aus besonderer Kenntnis des Falles heraus sprechen kann. Dieser Mann gehörte einer sehr alten englischen Familie an. Seine Verwandten, seine Freunde und seine Nachbarn können über den Zustand der Altersschwäche, in dem er sich vor dem 2. Februar 1921 befand, dem Datum, an dem man ihm die Geschlechtsdrüsen eines Schimpansen einsetzte, Angaben machen. Er war ein Greis von fünfundsiebzig Jahren, entkräftet, fettleibig und verbraucht; er konnte sich auf einen Stock gestützt kaum schleppen und wies alle Anzeichen völliger Senilität auf.

Im Oktober 1846 geboren, hatte er dreißig Jahre seines Lebens in Indien in einem besonders angreifenden Klima gelebt. Am Morgen der Operation, dem 2. Februar 1921, versagte der Fahrstuhl der Klinik, und er konnte die Treppe zum Operationssaal nicht hinaufgehen, so daß zwei Krankenpfleger ihn in einem Stuhl sitzend hinauftragen mußten.

Neunzehn Monate nach der Transplantation sah ich ihn in einem Hotel in der Avenue Kléber, wo er mich freundlicherweise empfing. Er wirkte wie ein Mann von fünfzig Jahren mit seiner frischen Haut, seinem geröteten Gesicht und seinen lebhaften Augen. Seine Bewegungen waren flink, sein Gang jugendlich und seine Haltung aufrecht; sein Fett war verschwunden. Wir saßen einander gegenüber.

›Fühlen Sie sich stark?‹ fragte ich ihn. Statt jeder Antwort hielt er mir seine Hand hin, ergriff die meine und zwang mich durch ein Anziehen seines Armes fast, mich von meinem Sitz zu erheben. Dann ließ er mit einer bei jungen Sportsleuten bekannten Bewegung seinen Bizeps spielen. Dieser Greis hatte die Armmuskulatur eines jungen Mannes.

›Zur Zeit lese ich sogar ohne Brille‹, vertraute er mir an. ›Das Denken fällt mir leicht: mein langsam arbeitendes Gehirn, in dem alles verschwamm, ist wieder wie neu. Ich erkenne mich selber nicht mehr. Zum Zeitpunkt der Verpflanzung‹ – und als Liardet diese Worte sprach, wandte er sich seiner Frau zu, die anwesend war und an unserer Unterhaltung teilnahm – ›hatte ich seit zwölf Jahren aufgehört, ein Mann zu sein. Heute ist das nur noch eine böse Erinnerung, und ich habe zu meiner Frau von neuem die gleichen Beziehungen wie vor dreißig Jahren.

Ich beneide niemanden mehr um etwas. Ich habe meine Gesundheit und meine Rüstigkeit früherer Jahre wiedergefunden, und täglich spüre ich meine Kräfte zunehmen. Ich bin fast den ganzen Tag auf den Beinen, ohne zu ermüden, ich, dem die Beine jeden Dienst versagten. Ich war voller Falten: mein Gesicht ist nun voll und fest. Ich hatte Rheumatismus: seit eineinhalb Jahren habe ich ihn nicht mehr. Ich, der ich an Gicht litt, reite und fahre mit dem Rad; ohne zu ermüden, steige ich die Treppen hinauf, und sehen Sie mal, das Seltsamste, auf meinem Kopf, der völlig kahl war, wachsen die Haare nach! Ich bin ein junger Mann von sechsundsiebzig Jahren! Und Sie dürfen meinen Namen veröffentlichen: ich schäme mich nicht.‹

Am 29. Juni traf Dr. Voronoff wieder mit Liardet zusammen. Dieser hatte sich nicht nur alle günstigen Auswirkungen der Übertragung bewahrt, die bereits zweieinhalb Jahre zurücklag, sondern auch sein Allgemeinzustand hatte sich gebessert. Es ist bedauerlich, daß dieser Mann es nicht verstanden hat, seine tief wurzelnde Maßlosigkeit zu beherrschen, und die Übertragung sein Laster nicht hat mildern können. Ein Anfall von Delirium tremens, der ärztlich festgestellt wurde und nicht der erste war, raffte ihn am 4. September 1923, zweieinhalb Jahre nach seiner Operation dahin. Dennoch bleibt er eins der überraschendsten Beispiele für Ergebnisse, die man durch Transplantation bei einem Greis zu erzielen vermag.«

Die Hauptursache der Rückschläge ist auf die Einpflanzung eines Organs zurückzuführen, das zwar jung, aber doch ein Fremdkörper ist – also fast ein Parasit. Obwohl diese Versuche über einen längeren

Zeitraum negativ verlaufen, beweisen sie dennoch, daß der Zustand der Gonaden den Allgemeinzustand des Organismus bestimmt. Sie haben bewiesen, daß der Mensch, wenn er die normale Tätigkeit seiner eigenen Geschlechtsdrüsen durch physiologische Mittel unversehrt erhalten könnte, damit einen entscheidenden Schritt in Richtung auf die Erhaltung der Jugendlichkeit, ja sogar auf eine sichere Verjüngung tun würde. Wir wollen hier nicht die synthetischen Hormone anführen, denn unsere Drüsen erzeugen für jedes Individuum spezifische Hormone; diese sind den leblosen Erzeugnissen der Chemie stets überlegen.

Welche Möglichkeiten gibt es nun, die Erzeugung von Hormonen innerhalb der physiologischen Grenzen durch natürliche Verfahren zu gewährleisten? Wo stehen wir gegenwärtig in dieser Hinsicht? Bogomoletz erklärt dazu:

»Im Mittelalter hat man viele Versuche gemacht, besonders das Elixier des ewigen Lebens zu finden, das war die Zeit der Suche nach dem *Stein der Weisen*, die Zeit abergläubischer Vorstellungen und der Alchimisten, der Zauberer und anderer Scharlatane. Im 16. Jahrhundert pries Deutschland den Arzt Paracelsus; sein Unsterblichkeitselixier, etwas in der Art der Hoffmannstropfen, hat ihn nicht davor bewahrt, mit 50 Jahren zu sterben.

Aber auch im 18. Jahrhundert hat es nicht an Scharlatanen gefehlt. Es genügt, den berühmten Grafen von Saint-Germain zu nennen, dessen Elixier für ein langes Leben aus Sandelholz, Sennes- und Fenchelblättern bestand; Mesmer mit seinem *animalen Magnetismus;* Grahams *himmlisches Bett:* dabei handelte es sich um eine komplizierte Konstruktion, in der elektrischer Strom, Musik und schöne Düfte verwendet wurden, um die sexuelle Erregung hervorzurufen; dieser Gegenstand geriet übrigens rasch in Mißkredit, und das *himmlische Bett* wurde auf einer Auktion verkauft. Die zeitgenössische Wissenschaft stellt, wie wir gesehen haben, den Vorgang des Alterns als eine allmähliche Schwächung der Reaktivierung der Zellen dar, der biochemische und biophysische Veränderungen des Protoplasmas zugrunde liegen, das heißt: die Veränderungen seiner physikalisch-chemischen Struktur, der fortschreitende Verlust der Zellen bezüglich ihrer Möglichkeiten der Vermehrung und der Erneuerung ihrer biochemischen strukturellen Elemente, die Verschmutzung der Zellen durch ihr eigenes Protoplasma, Teilchen, die gewachsen sind, sich verändert haben und phsyiologisch träge geworden sind.

Von da an eine Reihe zeitgenössischer Versuche der Verjüngung von Organismen, die auf konkreten physiologischen Tatsachen beruhen. Im allgemeinen verbindet man den Anfang dieser Versuche mit dem Namen Brown-Séquard. Diesem französischen Wissenschaftler verdanken wir die Lehre von der inneren Sekretion der Geschlechtsdrüsen und die Entdeckung des verjüngenden Einflusses ihrer Extrakte. Er hat der sexuellen Erregung die gleiche Bedeutung zugeschrieben. Diese Erregung soll, indem sie die Funktion der inneren Sekretion der Geschlechtsdrüsen verstärkt, nach Brown-Séquard den Tonus des Nervensystems steigern. Aber der von Brown-Séquard geäußerte Gedanke kann keinen Anspruch auf Ursprünglichkeit erheben. Hundert Jahre früher schrieb Hufeland, daß infolge des Mißbrauchs der Tätigkeit der Geschlechtsdrüsen diese mit der Zeit immer weniger Sekrete absonderten; daher gelangten weniger von ihnen ins Blut, und dies gereiche uns offensichtlich zum Schaden. Er unterstreicht die Richtigkeit einer alten Beobachtung: ein maßvolles Sexualleben verstärkt die Lebenskräfte, ein übersteigertes Sexualleben schwächt sie. Die von Brown-Séquard vorgeschlagenen Extrakte haben die in sie gesetzten Hoffnungen nicht gerechtfertigt, jedenfalls als Mittel des Kampfes gegen das Altern, aber sie haben in der Medizin in Form verschiedener Präparate auf der Grundlage von Geschlechtsdrüsen (Spermine und andere) als Stärkungsmittel eine gewisse Bedeutung behalten. In einer Reihe zeitgenössischer Versuche der Verjüngung des Organismus wird das Altern als eine Auswirkung der Unzulänglichkeit der Drüsen mit innerer Sekretion betrachtet und insbesondere als eine Auswirkung des Erlöschens der Funktion der inneren Sekretion der Sexualdrüsen.

Um diese Sekretion neu zu beleben hat Steinbach vor fünfundzwanzig Jahren vorgeschlagen, den Samenstrang des Hodens zu durchschneiden, um auf diese Weise den Verlust von Energie zu verhindern, die für die Herstellung von Spermatozoen erforderlich ist, die dem Organismus verlorengehen, und um den Zustrom der inneren Sekretion in das Blut zu verstärken. In letzter Zeit haben mehrere Autoren verschiedene Eingriffe an der Arterie vorgeschlagen, die die männliche Sexualdrüse ernährt, dies mit dem Ziel, den Blutkreislauf zu erhöhen und auf diese Weise die innere Sekretion des Organs anzuregen.

Diese Versuche haben gezeigt, daß die von den männlichen Sexualdrüsen ausgeschiedenen Substanzen geeignet sind, die den biochemischen Vorgängen im Organismus innewohnenden Kräfte anzuregen.«

Ich bin der Ansicht, daß der zuletzt geschilderte Gedanke, wenn nicht auch das Verfahren, also die Aktivierung des Blutkreislaufs in den Gonaden, der Wahrheit sehr nahe kommt, und auf dieser Aktivierung beruht die in diesem Kapitel beschriebene Methode.

Stellen wir gleich zu Anfang fest, daß die Geschlechtsdrüsen nicht allein im Spiel sind und das endokrine System als ein Ganzes betrachtet werden muß. Die Auswirkung der Hypophyse auf das gesamte endokrine System ist wohlbekannt. Nun aber ist die Stellung im Kopfstand eine von denen, bei denen diese Drüse am besten durchblutet wird. Schirschasana stellt also ein wesentliches Element für die Erhaltung der Tätigkeit des gesamten endokrinen Systems, einschließlich der Sexualdrüsen, dar. Es ist jedoch möglich, auf eine sehr einfache und sehr wirksame Weise *unmittelbar* auf die letzteren einzuwirken.

Betrachten und vergleichen wir nach ihrer äußeren Erscheinung die Geschlechtsdrüsen des jungen, kräftigen Mannes und die des Greises. Ich bitte um Entschuldigung dafür, daß ich hier in anatomische Einzelheiten eintrete, die manche als unschicklich betrachten könnten, aber sie sind für das Verständnis des Ablaufs und der Wirksamkeit des in diesem Buch beschriebenen Verfahrens unerläßlich. Tatsächlich entschuldige ich mich auch nur der Form halber, denn persönlich kenne ich keinerlei Rangordnung zwischen den verschiedenen Teilen des Körpers; im Wirken der Natur gibt es weder »Schändliches« noch »Unanständiges«. Scham und Unanständigkeit existieren nur im Geist dessen, der solche Gedanken hegt. »Ehrlos sei, wer Schlechtes dabei denkt.«

Wenn wir also das äußere Bild der Geschlechtsteile eines jungen, kraftvollen Mannes betrachten, stellen wir fest, daß der Hodensack ein festes Gebilde ist und die Hoden nicht schlaff herabhängen; sie werden fest zusammengehalten und drängen sich dicht an die Schambeinfuge. Die griechischen und römischen Bildhauer zeigen uns dafür vollkommene Beispiele, so der Hermes des Praxiteles. Im Gegensatz dazu beobachten wir beim Greis ein Hängen der Hoden, das auf ein Erschlaffen der Muskulatur zwischen Hodensack und Damm zurückzuführen ist. Dieses Hängen der Hoden verringert erheblich die Durchblutung und setzt allmählich die normale Erzeugung von Hormonen herab. Beim Greis vollzieht sich eine Hypertrophie der Hoden, die eine Drehung des Hodensacks zur Folge hat: diese Merkmale sind so typisch, daß man das physiologische Alter eines Individuums nur nach dem Äußeren seiner Geschlechtsteile bestimmen könnte. Es ist von wesentlicher Bedeutung, den Tonus der Muskulatur des Hodensacks zu erhalten oder wiederherzustellen, um die Organe an dem ihnen zukommenden Platz zu halten; dies ist eine entscheidende Voraussetzung für ihre gute Durchblutung, also für ihre Gesundheit. Wäre die Muskulatur des Hodensacks quergestreift, genügte es, sie durch Übungen zu stärken, um ihr ihre Kraft zu erhalten und das gewünschte Ergebnis zu erzielen. Leider aber gehört sie zur glatten Muskulatur, deren Kontraktion der Beherrschung durch den Willen entzogen ist; wir müssen also indirekt über den Weg des Reflexes auf sie einwirken.

Wir nehmen daher unsere Zuflucht zur:

a) *Stärkung durch kaltes Wasser, das eine sympathikotonische Reflexwirkung auslöst.*

Die Methode zur Erreichung dieses Ergebnisses ist ebenso einfach wie wirkungsvoll. Sie besteht morgens und abends in einem kurzen Kaltwasserguß auf die Hoden. Ein Versuch wird überzeugend sein, und zu diesem Zweck ist eine Handdusche sehr geeignet. Es ist darauf zu achten, daß das Wasser sehr kalt ist. Schon Kneipp hat gesagt: »Kurz und kalt!« Nach einigen Sekunden setzt eine starke Zusammenziehung des gesamten Geschlechtsapparats ein. Am praktischsten ist es, sich in der Badewanne hinzuhocken und den Strahl kalten Wassers auf den Damm zu richten, vom After ausgehend, um dann zu den Hoden aufzusteigen, die am längsten dem Strahl ausgesetzt bleiben sollen, um dann kurz die Eichel zu streifen und dann den Vorgang zu wiederholen, bis das Ergebnis erreicht ist.

Man kann zunächst sehr warmes Wasser nehmen, gefolgt von kalten Güssen, aber ebenso wie bei der schottischen Dusche muß man stets mit kaltem Wasser die Behandlung beenden. Nach einem sehr heißen Bad sollte man immer den Körper kurz mit kaltem Wasser abbrausen und mit dieser Hodendusche abschließen. In einem solchen Fall muß das Abbrausen sehr viel länger dauern, um zu dem gleichen Ergebnis zu gelangen. Man kann die Hoden auch mit der Hand überspülen.

Zusätzlich beugt diese Behandlung der Bildung von Hämorrhoiden vor; sie stärkt die Muskulatur des Gewebes um die Aftervenen, wenn es bereits eine übermäßige Dehnung aufweist, das heißt das Anfangsstadium von Hämorrhoiden. Dies ergänzt die entsprechende ärztliche Behandlung, selbstverständlich ohne sie zu ersetzen, wenn sich das Leiden bereits festgesetzt hat. Die Hodensackmuskulatur wird durch die kräftige Zusammenziehung gestärkt und hebt die Hoden zur Schambeinfuge; durch Gefäßverengung wird der Umfang verringert. Diese Zusammenziehung des Geschlechtsapparats drückt das Blut teilweise aus den Hoden heraus wie bei einem Schwamm und reichert das Blut mit Hormonen an! Der durch die folgende Reaktion herbeigeführte Zustrom von Blut läßt die Muskulatur nicht wieder erschlaffen, die zu ihrem normalen Tonus ohne Dehnung zurückfindet, wodurch die Erzeugung von Hormonen ebenso wie ihre Verteilung im ganzen Organismus angeregt wird. Diese lokale Kräftigung wirkt sich auf die Funktion *aller* endokrinen Drüsen, von den Nebennieren bis zur Hypophyse, aus: indirekt entgeht keine Zelle unseres Körpers ihrer Einwirkung. Im Gegensatz zu den Auswirkungen bei der Behandlung mit chemischen Mitteln ist weder eine Überproduktion von Hormonen noch Übererregung zu befürchten.

Es handelt sich hier also nicht um ein Sitzbad, sondern um eine örtlich angewandte kalte Dusche, beschränkt auf den Hodensack, die sich zusätzlich auf den gesamten Geschlechtsapparat ausdehnt. Man darf sie auch nicht mit Kuhnes Friktionsbad verwechseln, das sich auf die Eichel beschränkt. Jedoch gelten die von diesem Autor erkannten Wirkungen auch, und in besonderem Maße, für die von uns vorgeschlagene Methode. Kuhne hat erklärt:

»Die Sitz-Friktionsbäder stärken im übrigen, in einem bisher unbekannten Ausmaß, die Nerven und die Lebenskraft des gesamten Körpers. In keinem anderen Teil des Körpers treffen so viele wichtige Nerven zusammen wie an dem Ort, an dem die Sitz-Friktionsbäder angewendet werden. Es sind vor allem die äußersten Enden einer großen Zahl von Nerven des Rückenmarks und des Sympathikus, die die Hauptnerven des Unterleibs bilden und die es durch ihre Verbindung mit dem Gehirn ermöglichen, auf diese Weise eine Wirkung auf das gesamte Nervensystem auszuüben. Nur von den Geschlechtsteilen des Mannes aus kann man das gesamte Nervensystem des Organismus beeinflussen. Dort liegt sozusagen die Wurzel des Lebensbaums. Spülungen mit kaltem Wasser kräftigen die Nerven erheblich, und die Lebenskraft des Körpers wird dadurch bis in die kleinsten Teile hinein neu belebt.«

Was für Kuhnes Bäder gilt, trifft um so mehr noch für die Ganzdusche zu. Wir wollen jedoch noch einmal auf den grundlegenden Unterschied zwischen der Hodensackdusche und Kuhnes Bädern hinweisen:

bei den letzteren wird die Eichel als das wesentliche Element betrachtet, während die Hodensackdusche darauf abzielt, die Muskulatur des Hodensacks zu kräftigen und unmittelbar auf die Hoden einzuwirken. Kuhne geht es in erster Linie um das Nervensystem, und vor allem um *die Erzeugung von Hormonen.* Im Gegensatz zu dem, was man befürchten könnte, beginnt man bei einem solchen kalten Guß nicht zu frösteln und hat nicht das Gefühl einer Unterkühlung: ein Versuch wird davon überzeugen.

b) Kontraktion des Damms

In gewissem Umfang ist es möglich, durch die Anwendung von Mula Bandha unmittelbar und gezielt auf diese Muskulatur einzuwirken, indem man den Schließ- und Anziehmuskel des Afters zusammenzieht; dadurch kommt es zu einer Zusammenziehung des Damms, was sich auf die männlichen Geschlechtsdrüsen auswirkt. Man kann dies während der Phase des Atemverhaltens beim Pranayama machen oder ganz unabhängig zu jedem beliebigen Zeitpunkt des Tages.

WIRKUNGEN AUF DIE SEXUALITÄT

Die männlichen Geschlechtsdrüsen sind zwar endokrin, gewiß, aber dienen auch der Fortpflanzung der Art, und so beeinflussen diese Übungen das sexuelle Verhalten. In welchem Sinn? Kurz gesagt: durch Normalisierung.

Unsere erotisch aufgeladene Zivilisation führt häufig zu einer fast krankhaften sexuellen Übererregung, die eher zur Erschöpfung des Organs führt, als daß sie sein gutes Funktionieren begünstigt. In einem solchen Fall beseitigen die kalten Duschen die Übererregung. Bei den Männern, die unter einem »Verlust schneller Reaktion« oder vielmehr der Potenz leiden, bringen Yoga und die oben angegebenen Praktiken Verjüngungswirkungen wie bei den Verpflanzungen Voronoffs hervor, dies jedoch auf eine physiologische und milde Art, ohne schädliche Nachwirkungen. Sie ermöglichen es, bis in ein sehr hohes Alter ein normales Sexualleben zu führen. Hingegen erhalten sie bei denen, deren Beruf jedes Sexualleben ausschließt, wie zum Beispiel bei den Priestern und Mönchen, die Drüsen in tadellosem Zustand, während sie gleichzeitig die Enthaltsamkeit, die Keuschheit und die Sublimierung der ungenutzten Energien erleichtern. Diese Methoden führen auf sexuellem Gebiet weder zur Ausschweifung noch zur Übererregung; sie gewährleisten die normale physiologische Tätigkeit dieser Drüsen wie vom Schöpfer gewollt und geplant.

AUSWIRKUNGEN AUF DER GEISTIGEN EBENE

Wir möchten hier die Aufmerksamkeit auf die Rückwirkungen dieser Praktiken auf der geistigen Ebene lenken. Die Intensität des geistigen Lebens ist von einer Differenz im Potential zwischen den beiden Polen des Menschen abhängig: zwischen dem Pol der Art und dem des Individuums. Die Sexualzellen stellen genau ein Viertel der Menge der Zellen im menschlichen Körper dar, da im Verlauf der Entwicklung des Embryos nur drei Viertel der Zellen ihre normale Entwicklung verfolgen, während das andere Viertel für die Sexualität zurückbehalten wird. Die Art erzeugt Individuen und manifestiert sich in ihnen, und umgekehrt sind die Individuen die Träger der Art. Die Geschlechtsorgane bilden so eine richtige Enklave der Art im Körper des Individuums; sie stellen also den Pol der »Art« dar. Hauptsitz des bewußten individuellen Lebens liegt im Gehirn, das damit zum Pol des »Individuums« wird. Diese beiden Pole sind durch die Wirbelsäule und das Rückenmark miteinander verbunden. Ebenso wie die Stärke eines elektrischen Stroms vom Potentialgefälle zwischen den negativen und positiven Polen herrührt, hängt die »geistige Stromspannung« zu einem großen Teil von der normalen Entwicklung der Pole »Art/Geschlechtsteil« und »Individuum/Gehirn« ab. Je mehr die beiden Zentren entwickelt werden, desto stärker wird der pranische »Strom«, der sich zwischen beiden bilden wird, wobei das Endziel des Yoga in der Harmonisierung und Integrierung der beiden Zentren und der gesamten menschlichen Persönlichkeit liegt.

Aber die Wirkungen zeigen sich nicht nur auf der physiologischen Ebene, sondern erstrecken sich auch in den pranischen Körper, in dem jedes Organ und jedes Nervenzentrum seine Entsprechung besitzt. Das bedeutet nicht, daß ein Eunuch nun kein echtes geistiges Leben haben könnte, aber es wird diesem doch an Lebendigkeit und Intensität fehlen. Erwähnen wir hier am Rande, daß sich unter den größten Heiligen der katholischen Kirche einige berüchtigte Wüstlinge befanden (zum Beispiel der Heilige Augustinus), bevor sie den Weg zu einem inneren religiösen Leben einschlugen, woraus hervorgeht, daß dieser Pol Geschlechtsteil/Art bei ihnen stark entwickelt war.

LANGFRISTIGE WIRKUNGEN

Wir müssen hier auf die Tatsache hinweisen, daß die Erhaltung der Jugendlichkeit oder die Verjüngung mit Hilfe der Auffrischung der männlichen Geschlechtsdrüsen ein Vorhaben auf lange Sicht ist. Es gibt nur eine Lösung: diese Behandlung in die tägliche Reinigung des Körpers mit einzubeziehen. Diese Dusche, die im übrigen nur eine Minute dauert, ist unschädlich und ohne Kontra-Indikationen. Nach wenigen Wochen beginnen sich die Wirkungen zu zeigen.

UND DIE FRAUEN?

Die Anordnung der weiblichen Geschlechtsorgane ist dergestalt, daß sich diese Methoden nicht anwenden lassen.

Stellen wir hier nur noch fest, daß es nach der Statistik ungefähr dreimal soviel Hundertjährige bei den Frauen als bei den Männern gibt.

VAMANA DHAUTI

Der westliche Mensch verrät häufig eine gewisse Angst, die einem heftigen Widerwillen nahekommt, gegenüber den yogischen Methoden der inneren Reinigung, vielleicht mit Ausnahme des Neti – der Reinigung der Nase.

Das ist bedauerlich, denn diese Methoden der Reinigung sind ein wesentlicher Bestandteil des Yoga. Sie verdienen es um so mehr, praktiziert zu werden, als sie in der Tat nicht so erschreckend sind, wie ihre Schilderung es vermuten lassen könnte. So hat mir zum Beispiel jemand bezüglich Vamana Dhauti, das darin besteht, den Magen mit Wasser zu füllen, um es später wieder von sich zu geben, versichert: »Würde ich diesen Dhauti anwenden, wäre ich hinterher acht Tage lang krank, wie jedesmal, wenn ich mir den Magen verdorben habe!«

Welch irrige Einstellung! Tatsächlich lassen sich das einer Magenverstimmung folgende Erbrechen und das freiwillige Ausstoßen des Wassers, ohne dabei krank zu sein, nicht miteinander vergleichen. Im erstgenannten Fall übergibt man sich, weil man krank ist, und es ist vor allem die Magenverstimmung, die unangenehm ist; das Erbrechen an sich stellt eine Befreiung dar.

Stecken Sie bis zum Ende dieses Abschnitts Ihre Vorurteile in eine Schublade und holen Sie sie nach der Lektüre wieder hervor, es sei denn, daß Sie sie dann als das betrachten, was sie sind: nämlich unbegründet!

ETYMOLOGIE

Vamana = Mitte, im Sanskrit
Dhauti = Reinigung

Vamana Dhauti bedeutet also: »Die Reinigung der Mitte (des Körpers)«, das heißt des Magens. Diese Reinigungsübung wird zuweilen auch »Kunjala« oder die Bewegung des Elefanten genannt.

Im Lehrbuch Bhaktisagara Grantha heißt es in bezug auf diesen Dhauti: »Was man unter der Bezeichnung Bewegung des Elefanten kennt, immunisiert den Körper gegen alle Krankheiten. Sie besteht darin, den Magen mit Wasser zu füllen, um es dann mühelos wieder von sich zu geben. Ebenso wie der Elefant das Flußwasser mit seinem Rüssel einsaugt, es dann auch durch seinen Rüssel wieder ausstößt und dadurch seinen Körper vor jedem Unbehagen schützt, kann auch der Mensch seinen Körper vor jeder Krankheit bewahren. Ebenso wie man einen irdenen Krug mit Wasser säubert, können wir den Magen mit warmem Wasser ausspülen.« (Astangayogavarnanda)

TECHNIK

Zwei Liter Wasser auf etwas mehr als Körpertemperatur erwärmen – wenn man will, einen Löffel voll Meersalz und einen Löffel voll doppeltkohlensaures Natron hinzufügen, um die Reinigung noch wirksamer zu machen.

STELLUNG BEIM TRINKEN:
Die richtige Stellung ist die Hockstellung auf den Fersen; die Knie müssen gespreizt sein, um den Magen nicht zusammenzudrücken. Das Salzwasser ohne Unterbrechung bis zur Sättigung des Magens trinken. Sie müssen mindestens einen Liter, wenn möglich sogar eineinhalb Liter aufnehmen. Unter Umständen kann man reines Wasser trinken, wenn warmes Salzwasser anwidert. Wenn dies ein Gefühl der Übelkeit erzeugt, um so besser!

Sobald Sie soviel Wasser wie möglich aufgenommen haben, richten Sie sich auf.

WIE BEIM »BUTTERN«:
Bevor Sie das Wasser ausstoßen, lassen Sie es einige Zeit im Magen und führen zehn- bis zwanzigmal Uddijana Bandha durch. Dies hat eine unvergleichliche innere »Reinigung« zur Folge, die der Hauptphase, dem Ausstoßen des Wassers, vorangeht.

AUSSTOSSEN

STELLUNG:
Um das Wasser auszustoßen, müssen Sie einige Anweisungen sehr genau befolgen.

Niemals sollten Sie versuchen, es mit aufgerichtetem Oberkörper von sich zu geben.

Man geht folgendermaßen vor:

Die Fersen aneinanderdrücken und . . .

den Rumpf vorwärtsbeugen, um ihn in einen Winkel von 90° im Verhältnis zu den Beinen zu bringen, mit anderen Worten: waagerecht;

vor dem Ausstoßen des Wassers drücken Sie die linke Hand auf die Magengegend, während Sie gleichzeitig den Bauch wie bei Uddijana Bandha ein wenig einziehen. Dieser Druck der Hand erleichtert die Entleerung und macht sie vollständiger, denn er läßt das Wasser im Magen bereits bis zu der Stelle ansteigen, an der die Speiseröhre einmündet, was die Entleerung einleitet. Auf diese Weise vollzieht sich die Entleerung mit geringerer Mühe und mit einer geringeren Anzahl von Pumpenhüben, da die jedesmal ausgestoßene Wassermenge größer sein wird;

Zeige, Mittel- und Ringfinger der rechten Hand aneinanderlegen (die Nägel kurz schneiden, um sich nicht den Schlund zu verletzen; wenn Sie Ihre Nägel nicht opfern wollen, bedecken Sie die Finger mit einer Mullbinde); den Mund öffnen und die drei Finger soweit wie möglich in den Rachenraum einführen. Im allgemeinen genügt ein Druck auf die Zungenwurzel in der Nähe des Zäpfchens, um den Brechreiz auszulösen. Sonst müssen Sie das Zäpfchen selber berühren; jetzt den Rachenraum kitzeln, während Sie sich im Geist etwas Ekelerregendes vorstellen. Anfänglich wird das Wasser in kleinen Stößen hervorkommen, aber nach zwei oder drei Versuchen werden bei jeder Kontraktion größere Mengen ausgestoßen;

wenn Sie die Muskeln des Unterleibs zusammenziehen, um von unten nach oben einen Druck auf den Magen auszuüben, werden Sie leichter erbrechen.

Zwischen zwei »Pumpenhüben« sollten Sie sich ein wenig ausruhen, ruhig atmen und sich die Finger und das Gesicht waschen.

Zweifellos werden Sie sich aus Neugier das erbrochene Wasser genau ansehen und dabei feststellen, daß es schaumig und gelblich geworden ist. Solange Wasser herauskommt, fahren Sie fort. Bei den letzten Pumpenhüben werden Sie in der Kehle einen bitteren Geschmack bemerken, der anzeigt, daß das Übermaß an Galle ausgeschwemmt wurde und Sie eine gute »Reinigung der Mitte« erreicht haben. Sie können dann für ein endgültiges Ausspülen ein letztes Glas Wasser trinken.

Und schon ist die Sache überstanden!

Ruhen Sie sich einige Minuten aus, bevor Sie auf die Asanas übergehen. Vor Ablauf einer halben Stunde sollten Sie nichts essen.

ZU WELCHEM ZEITPUNKT?

Vamana Dhauti führen Sie nüchtern durch. Der Morgen ist der günstigste Augenblick; jedoch wird er in bestimmten Fällen auch mit vollem Magen praktiziert. Tatsächlich kommt es doch vor, daß familiäre oder gesellschaftliche Verpflichtungen uns zwingen, an allzu üppigen Essen teilzunehmen, oder die Höflichkeit verlangt von uns, mehr – viel mehr – zu essen und zu trinken als nötig. Nach Hause zurückgekehrt, fürchten Sie, eine schlechte, von Alpträumen erfüllte Nacht zu verbringen, mühsam zu verdauen und sich beim Aufstehen ganz elend zu fühlen, unfähig zu jeder ernsthaften Arbeit. Die übermäßige Nahrung gärt und bringt das gesamte Verdauungssystem in Unordnung. Die Lösung liegt darin, die Zuflucht zu Vamana Dhauti zu nehmen, um so schnell und so vollständig wie möglich dieses Übermaß auszustoßen. Das ist die klügste Entscheidung.

UND WENN MAN NICHTS ODER ZU WENIG ERBRICHT?

Was geschieht, wenn Sie nicht leicht erbrechen und das Wasser im

Magen bleibt, ohne daß Sie es auf dem Weg, auf dem es hereingekommen ist, ausstoßen können? Keine Angst: es wird auf dem normalen Entleerungsweg der Flüssigkeiten ausgeschieden!

Halten Sie durch: mit ein wenig Übung wird es Ihnen immer besser gelingen, nur mit weniger Anstrengung und ohne das geringste Unbehagen. Diese Übung wird Sie bald keine Überwindung mehr kosten.

HÄUFIGKEIT

Manche Yogis praktizieren Vamana Dhauti täglich, aber im Westen ist vielleicht davon abzuraten. Bei Dhirendra Brahmachari führen ihn die Neulinge 45 Tage lang täglich durch, dann während des gleichen Zeitraums alle zwei Tage und so weiter, um allmählich zu einer wöchentlichen Reinigung zu gelangen, was bei einer ausgeglichenen Ernährungsweise, die nur wenige Fäulnisstoffe enthält, absolut ausreichend ist. Im Westen kann man diesen Rhythmus von Anfang an übernehmen.

KONTRA-INDIKATIONEN

Personen mit Schädigungen des Magens oder des Verdauungstrakts (Geschwüre, Krebs usw.) werden sich dieser Übung enthalten, ebenso alle, die an Herzschädigungen oder an stark erhöhtem Blutdruck leiden.

HYGIENISCHE WIRKUNGEN VON VAMANA DHAUTI

Im Evangelium ist von übertünchten Gräbern die Rede, und wir haben geglaubt, dies bezöge sich nur auf die Pharisäer. In Wirklichkeit unterhält jeder Fleischesser, der täglich zwei- oder dreimal Fleisch verzehrt (manche verbrauchen bis zu 500 Gramm!), in seinem Körper eine ständige Verwesung. Er glaubt sich sauber, weil er täglich ein Bad nimmt, sich die Zähne putzt und die Wäsche wechselt, sobald sie schmutzig ist. Tatsächlich jedoch ist er ein wandelnder Sarg. Er trägt in seinem Innern Tierkadaver mit sich herum, also hoch verwesliche

Stoffe. Er ist ein »übertünchtes Grab«. Die äußere, sichtbare Sauberkeit muß die innere ergänzen, und im Zweifelsfall ist die letztere die wichtigere.

WARUM MUSS MAN DEN MAGEN REINIGEN?

Wenn wir annehmen, daß die Natur den Magen automatisch reinigt und keinerlei Veranlassung vorliegt, ihn zu säubern, so irren wir. Warum putzen Sie Ihre Zähne? Der Magen muß periodisch ausgespült werden, nicht etwa aus einem Hang zur Sauberkeit, sondern aus ganz anderen Gründen und in erster Linie um seiner Schleimhaut willen.

Betrachten Sie einmal Ihre Zunge. Ist sie belegt? Wenn ja, ist die Gefahr groß, daß das gleiche für die Magenwand gilt. Der zähe Schleim, der die Schleimhaut bedeckt, verklebt Millionen von Drüsen, die Magensäfte ausscheiden, und hindern sie an ihrer Tätigkeit; die Verdauung kann nicht ungestört verlaufen. Die Assimilation wird um so besser sein, je sauberer die Magenwände sind.

Darüber hinaus verlangt unsere schlechte Angewohnheit, zu schnell zu essen, unsere Tachyphagie, um uns der wissenschaftlichen Bezeichnung zu bedienen, unbedingt danach, über einen Magen »in Höchstform« zu verfügen, damit die Verdauung unter erträglichen Bedingungen ablaufen kann.

»Werde ich nicht dick, wenn mein Magen besser verdaut?« Gerade weil Sie die Nahrung schlecht, also nicht richtig umwandeln, sind Zellulitis oder überschüssiges Fett die Folge, und nicht weil Ihr Magen zu gut verdaut. Wenn Ihr Verdauungssystem gut funktioniert, wenn Sie sich richtig ernähren, ohne ein Übermaß von Nahrungsmitteln, die das Dickwerden begünstigen (Fett, Zucker, Alkohol) und wenn Ihre Atmung normal ist, wird Ihr Gewicht stabil bleiben – diese Stabilität ist im übrigen ein Kennzeichen von Gesundheit und biologischem Gleichgewicht.

Andererseits ist es unerläßlich, in periodischen Abständen die Rückstände aus dem Magensack zu entfernen, dessen Form wohl allen von Abbildungen in Büchern über Anatomie bekannt ist. Bei vielen zivilisierten Menschen ist der untere Teil anormal. Sie haben einen deformierten Magen, durch ein Übermaß an Nahrung ausgeweitet (vor allem die großen Suppenesser). Sogar manche Vegetarier, die zuviel Gemüse

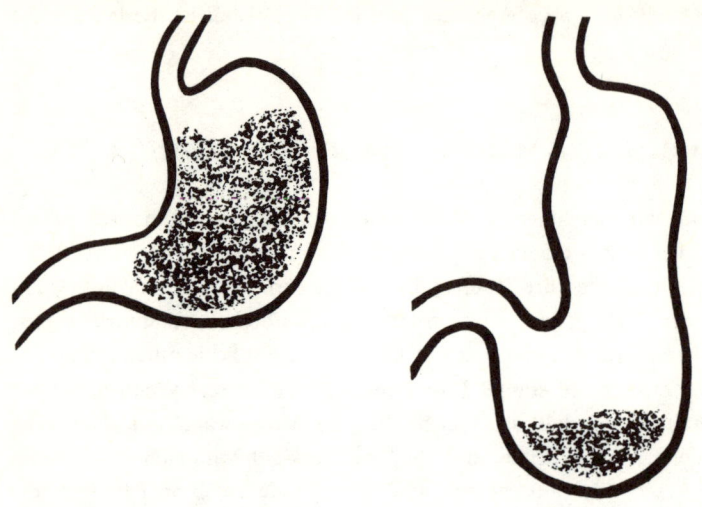

Der Boden der großen Krümmung entleert sich niemals. Dort gären die Verdauungsrückstände, werden sauer und vermischen sich bei der nächsten Mahlzeit mit frischen Nahrungsstoffen.

essen, können eine solche Deformation aufweisen. Daraus ergibt sich, daß sich der Magen niemals ganz entleert und dauernd Rückstände enthält, die sauer werden und Säurebildung hervorrufen. Bei der nächsten Mahlzeit vermischen sich diese Rückstände mit den frischen Nahrungsstoffen, was den Verdauungsvorgang beeinträchtigt und schließlich zu einer Reizung der Schleimhäute in Magen und Darm führt. Mit Hilfe gewisser Asanas und besonders durch Stellungen mit dem Kopf nach unten korrigieren die Yoga-Übungen diesen Zustand. Ihre Wirkungen müssen durch die Bewegung des Elefanten, jenes radikale, unvergleichliche Mittel, vervollständigt werden. Alle Rückstände werden so ausgestoßen, und der Magen wird völlig gereinigt. Die Erfahrung zeigt, daß dadurch viel für die Gesundheit gewonnen wird.

WEITERE GÜNSTIGE FOLGEN

Es ist durchaus möglich, sich nach einer Magenresektion einer verhältnismäßig guten Gesundheit zu erfreuen. Die moderne Chirurgie hat es
bewiesen.

Aber da wir nun einmal einen Magen besitzen, sollte er sich in tadellosem Zustand befinden. Duldet man jedoch antiphysiologische Zustände – was bei allen Personen der Fall ist, deren Magen geweitet ist
und bei dem eine Senkung vorliegt –, so wird dadurch fortwährend der
chemische Ablauf der Verdauung verfälscht.

In Fällen von Blähungen, Verdauungsschwäche und Übersäuerung
des Magens wirkt sich Vamana Dhauti günstig aus. Die moderne Medizin hat das begriffen: auch sie führt Magenspülungen durch, jedoch
mit Hilfe einer Sonde (was bei Krankenhauspatienten bestimmt das
richtige ist); jedoch stellt Vamana Dhauti in allen anderen Fällen die
bessere Methode dar. Tatsächlich wird unter dem Einfluß von Uddijana Bandha das Spülwasser im Magen kraftvoll in alle Richtungen
geschleudert und besprengt sogar den Magengrund, während bei der
Spülung mit Hilfe einer Sonde vor allem die unteren und mittleren
Teile des Magens ausgespült werden. Außerdem werden bei einer solchen Spülung nicht die starken, weiter oben beschriebenen, auf Refle-
xen beruhenden Reaktionen ausgelöst. Auch reizt Vamana Dhauti
nicht die Speiseröhre wie die Gummischläuche der Sonden und erfordert weder einen Apparat noch die Hilfe durch eine andere Person.
Wenn man will, kann man ihn zu Hause durchführen.

WIRKUNG AUF DIE MUSKELN

Der Reflex des Erbrechens wird durch ein Zentrum ausgelöst, das im
Mittelhirn liegt, aber der Inhalt des Magens wird durch kräftige Kontraktionen des Zwerchfells, der Bauchwand sowie anderer Muskeln
gestoßen, die dadurch gestärkt werden.

WIRKUNGEN AUF DIE FETTLEIBIGKEIT

Paradoxerweise verhindert die bessere Assimilation der Nahrungs-stoffe als Folge der Ausübung von Vamana Dhauti die Bildung von Fettgeweben und die Entstehung von Zellulitis (vergl. weiter oben).

WIRKUNGEN AUF LEBER, EINGEWEIDE, NIEREN ETC.

Die kräftige Kontraktion des Zwerchfells wirkt unmittelbar und me-chanisch auf die Leber ein. Aber Vamana Dhauti reguliert auch durch reflektorische Aktion die Leberfunktionen. Die Eingeweide werden (gleichfalls durch reflektorische Aktion) angeregt, und auch die Nieren sind an der allgemeinen Aktivierung beteiligt, daher Steigerung der Harnausscheidung. Sogar Herz und Lungen, obwohl höher gelegen, profitieren von der Kontraktion des Zwerchfells, das ihren Tonus stei-gert. Diese kräftige Auswirkung könnte im übrigen für gewisse Herz-krankheiten günstig sein (vergl. »Kontra-Indikationen«).

SCHLUSSFOLGERUNG

Vertrauen Sie nicht Ihrer natürlichen – und verständlichen – Abnei-gung gegenüber Vamana Dhauti, die mit unangenehmen Erinnerungen an frühere Magenverstimmungen verbunden ist. Praktizieren Sie Va-mana Dhauti wöchentlich, Ihr Magen wird es Ihnen danken; er wird Sie durch eine verbesserte, erleichterte Verdauung belohnen, ganz ab-gesehen von all den anderen hygienischen Vorzügen, die weiter oben im einzelnen dargestellt wurden.

DANTA DHAUTI

Der gewissenhafte, ordentliche, zivilisierte Mensch ist der Meinung, daß er, wenn er sich die Zähne morgens und abends mit einer guten Zahnpasta putzt und zweimal im Jahr bei seinem Zahnarzt erscheint, den Gipfel der Zahnhygiene erreicht hat. Trifft das wirklich zu?

Bevor wir darauf antworten, wenden wir uns Are Waerland zu, dem berühmten schwedischen Diätetiker, der zu Anfang des Jahrhunderts in Nordschweden unter robusten Bauern und Holzfällern lebte, die in weltabgeschiedenen Dörfern wohnten. Diese Menschen führten ein als »primitiv« bezeichnetes Dasein, die Bequemlichkeiten und der Luxus der Städte waren ihnen unbekannt; auf den Feldern und im Wald plagten sie sich redlich ab. Are Waerland war von ihrem erstaunlich guten Gesundheitszustand beeindruckt. Selbst in einem Alter von 80 und 90 Jahren war ihr Körper noch immer stark und geschmeidig, die Augen waren klar, ihre Wangen kräftig gerötet, und sie hatten dichtes Haar. Ihr vollständiges Gebiß, ohne jede Spur von Karies, überraschte ihn am meisten.

Eines Tages erzählte ihm ein kräftiger Neunzigjähriger, der auf einem Stamm vor seinem Blockhaus saß, die Geschichte seines Bruders Anton, der auf den Hof zurückgekehrt war, nachdem er zehn Jahre in Narvik gelebt hatte. Während der langen Winterabende berichtete er den anderen beim Flackern des Holzfeuers von den Wunderdingen in der Stadt. Die ganze Familie lauschte ihm schweigend und andächtig.

Eines Tages bemerkte die Mutter, daß Anton mit langen Schritten im Stall auf und ab ging, das Gesicht verzerrte und seltsame, weitausholende Armbewegungen machte. Sie rief den Vater herbei, und beunruhigt fragten sie Anton nach dem Grund, der ihnen mit Tränen in den Augen erklärte: »Ich habe Zahnschmerzen!« Vater und Mutter brachen in Lachen aus: »Zähne können nicht wehtun! Zähne sind wie Kiesel, und Kiesel haben keine Schmerzen!«

»Das war unsere erste Bekanntschaft mit Zahnschmerzen«, sagte der alte Mann abschließend. »Bis dahin hatten wir noch niemals etwas davon gehört.«

Das alles hat sich seit dem Tag geändert, an dem die Herren der Regierung in Stockholm, nachdem sie von dem primitiven Leben dieser inmitten von Wäldern verlorenen Dörfer gehört hatten, abgeschnitten vom übrigen Land, den Bau von Straßen beschlossen.

Nachdem sie gebaut waren, benutzte sie als erster ein Kaufmann, der sich im Dorf niederließ und auf schweren Wagen von weither schönen weißen Zucker, Schokolade, Tabak, Zigaretten, Alkohol usw. heranführte. Dann ließ sich ein Bäcker nieder und holte vor den Augen der erstaunten Dorfbewohner Brot aus seinem Ofen, das ebenso weiß war wie der Schnee, der im Winter auf den Fichten lag, und Gebäck, bei dessen Anblick den Leuten das Wasser im Mund zusammenlief.

Seltsames Zusammentreffen: bald folgte ihnen eine Krankenschwester, die mit einer kleinen Apotheke ausgerüstet war; einige Jahre später ließ sich ein Zahnarzt mit seinen Zangen, seinen Bohrern und seinem weißen Kittel nieder. Als Are Waerland fünfzig Jahre später, etwa 1950, in das Dorf zurückkehrte, trugen viele junge Mädchen, die jünger als zwanzig Jahre waren, bereits ein Gebiß.

Ich möchte hier eine Kindheitserinnerung einfügen. In der Schule der kleinen Provinzstadt, die von Jungen aus der Stadt und Bauernsöhnen besucht wurde, hatte ich einen Freund, Pierre, ein lustiger Kerl, mit dem ich unzählige Streiche begangen habe, bei denen den Müttern der Schreck in die Glieder gefahren wäre, hätten sie davon gewußt. Eins erschien mir bei Pierre rätselhaft und unverständlich: wenn er lachte, entblößte er Zähne, die so weiß waren, daß ich ihn darum beneidete, und dabei war die Zahnbürste für ihn etwas Unbekanntes, während meine Mutter streng darauf achtete, daß ich mir zweimal täglich die Zähne putzte. Und Pierres Zähne blieben »trotz« des schwarzen, harten Brotes, in das er bei der Mittagspause mit größtem

Appetit hineinbiß, weiß. Es war das Brot, das seine Mutter allwö chentlich aus dem Mehl im Backofen backte, das der Vater auf einen knarrenden Karren aus der alten Wassermühle holte. Ich empfand es als ungerecht, daß Pierre, ohne etwas für seine Zähne zu tun, niemals Zahnschmerzen hatte, während mich mein Vater, ohne auf meine Tränen und meine Proteste zu achten, schon mehrmals zum Zahnarzt geschleppt hatte.

Welche Gemeinsamkeit besteht zwischen meinem Freund Pierre und den schwedischen Bauern? Das Brot! Die schwedischen Bauern ernährten sich von Brot, das sie zwei- oder dreimal im Jahr in großen Mengen auf dem Bauernhof backten. Sie stellten Laibe von zwei Zentimeter Dicke her, mit einem Loch in der Mitte, um sie auf langen dünnen Holzstangen aufzureihen und sie in der Küche zu trocknen. Nach einigen Wochen waren diese Laibe hart wie ein Holzscheit; um sie zu zerbrechen, mußte man sie mit beiden Händen packen und mit aller Kraft gegen die Eisenstange des Kamins schlagen. Are Waerland behauptet, niemals köstlicheres Brot gegessen zu haben. Mit Butter und Käse vom Hof stellte es eine vollständige Mahlzeit dar, bei der viel Speichel abgesondert wurde, jedoch brauchte man feste Zähne und kräftige Kinnbacken, um sie mit Genuß zu verzehren.

Damit hätten wir das A und O der Zahnhygiene: eine feste Nahrung, die zum Kauen zwingt, die die Zähne arbeiten läßt und dabei das Zahnfleisch massiert.

Aus diesem Grund führt auch die heutige Ernährung – aus weichen gekochten Nahrungsmitteln bestehend, bei denen die Zähne keinen Widerstand finden – zur Entartung unseres Gebisses. Wir leben zwar nicht mehr im Dorf, aber wer hindert uns daran, Vollkornbrot aus Sauerteig zu essen, das altbacken und hart ist und dem Messer wie den Zähnen Widerstand entgegensetzt? Sie werden mit Vergnügen dieses schmackhafte Brot essen, während Ihre Zähne damit ihre tägliche Gymnastik erhalten. Sie werden dieses gut gekaute, gut eingespeichelte Brot wie durch Zauberei verdauen. Essen Sie also hartes Schwarzbrot, kauen Sie Mohrrüben: das wird Ihnen viele Sitzungen bei Ihrem Zahnarzt ersparen.

In diesem Zusammenhang hat mir eine gewissenhafte Zahnärztin – es gibt von ihnen sehr viel mehr als man denkt, aber die Leute hören nicht auf ihre Ratschläge! – eines Tages anvertraut: »Wenn man die Zahnbürsten und die Zahnpasten abschaffte, würde ich die Hälfte mei-

ner Patienten verlieren!«

Haben Sie sich jemals gefragt, woraus eigentlich diese unter Aufwand großer Werbung verkauften Zahnpasten bestehen, die wir so arglos kaufen?

Um uns »weiße Zähne und einen frischen Atem« zu bescheren, enthalten sie eine Schmirgelsubstanz, die den Schmelz blank scheuert und auf die Dauer angreift. Der Hersteller fügt ein Verdünnungsmittel hinzu, das zwar die Zahnpasta in die Zwischenräume zwischen den Zähnen eindringen läßt, aber auch in alle Risse des Schmelzes. Dieses Verdünnungsmittel aktiviert die Reinigungsstoffe, die die Zahnpasta und die zum Bleichen des Schmelzes bestimmten Stoffe enthalten und die ihn unweigerlich angreifen, denn seine natürliche Tönung ist leicht elfenbeinfarben. Wer ist schuld? Zu einem großen Teil ist es die Allgemeinheit selber, denn sie bevorzugt die Zahnpasten, die die Zähne auf Hochglanz bringen. Reden wir hier nicht einmal von den Stoffen, die der Zahnpasta eine Färbung geben, auch nicht von den synthetischen Essenzen, die sie parfümieren (was dem Verbraucher zusagt) und die weiter oben genannten chemischen Stoffe tarnen sollen (was den Hersteller interessiert). Dieser chemische Cocktail bleicht die Zähne in so vollkommener Weise, nur indem er sie abbimst und abschmirgelt; auf die Dauer reizt er das Zahnfleisch, bringt die Schleimhäute zum Schwellen und schwächt die natürlichen Abwehrkräfte des Mundes. Durch Veränderung des pH-Wertes der Mundhöhle begünstigt er die Vermehrung der Bakterien; durch Senkung der Oberflächenspannung des Speichels lassen die Verdünnungsmittel die Schmirgelstoffe bis in die kleinsten Risse eindringen, das Zahnfleisch entzündet sich, blutet und zieht sich allmählich zurück, wodurch der Zahnhals entblößt wird. Auf diese Weise werden die Zähne langsam, aber unerbittlich gelockert. Gewisse Zahnpasten, angeblich medizinisch, sind nicht weniger schädlich, denn über die erwähnten Stoffe hinaus enthalten sie Desinfektionsmittel, die die Zellen des Zahnfleisches reizen. Tatsächlich soll doch jedes antiseptische Mittel – seiner Bestimmung entsprechend – die Mikroben abtöten, und diese sind nichts anderes als lebende Zellen. Wie könnte ein Desinfektionsmittel die Bakterien ausrotten und zugleich keine Wirkung auf die Zellen des Zahnfleischs und der Schleimhäute des Mundes ausüben?

DIE ZAHNBÜRSTEN

Reden wir jetzt einmal von den Zahnbürsten. Ich entsinne mich einer Werbung, in der ein Bürstentyp aus unverwüstlichem Nylon angepriesen wurde, unverwüstlich im Vergleich zu gewöhnlichen Zahnbürsten. Um die Widerstandkraft dieser beiden Bürstenarten auf die Probe zu stellen, bediente man sich einer sinnreichen Vorrichtung, die aus der Nachbildung eines menschlichen Gebisses aus Edelstahl bestand; ein Mechanismus setzte eine Bürste auf diesem Gebiß in eine reibende Bewegung. Nachdem der Hersteller die völlige Abnutzung der »gewöhnlichen« Zahnbürste nach x-Stunden des Bürstens vorgeführt hatte, zeigte er stolz die seine, die nach Hunderten von Stunden noch völlig intakt war. Dabei »vergaß er«, daß die Zähne nicht aus Edelstahl bestehen, obwohl ihr Schmelz der härteste Stoff ist, den der Organismus hervorbringt.

Wie viele natürliche Gebisse sind auf diese Weise unwiderruflich durch Zahnbürsten aus Nylon mit scharfen Borsten beschädigt worden! Jedoch reizt auch die beste Bürste das Zahnfleisch – oder sie bürstet nicht!

DIE ZAHNPASTA SIVANANDA

Da wir nicht bei jeder Mahlzeit harte, Widerstand fordernde Nahrungsmittel zu uns nehmen, ist ein Reinigen der Zähne notwendig. Die yogischen Verfahren der Reinigung sind – leider! – nicht alle unverändert im Westen brauchbar.

Mit Erfolg bedienen wir uns der Vorschrift Swami Sivanandas, dessen Rezept ich hier wiedergebe:

Erstens: werfen Sie die Zahnbürsten und die Zahnpastatuben in den Abfalleimer (sind Sie ein vorsichtiger, skeptischer Mensch, dann warten Sie damit einige Wochen, bis Sie sich von der Wirksamkeit der anderen Methode überzeugt haben).

Zweitens: waschen Sie sich die Hände.

Drittens: bereiten Sie die Zahnpasta des »Doktor Sivananda« zu, die aus Öl und Meersalz besteht.

Gießen Sie einige Tropfen Tafelöl in eine Tasse; fügen Sie eine Prise feines Salz hinzu, rühren Sie mit dem Zeigefinger um, und schon ist die Zahnpasta gebrauchsfertig.

Viertens: mit Hilfe eines Zahnstochers aus Holz oder einem anderen Material, das den Zahnschmelz nicht angreifen kann, entfernen Sie die Nahrungsreste zwischen den Zähnen, und dann benutzen Sie die beste Zahnbürste: Zeige- und Mittelfinger!

Tauchen Sie diese Fingerspitzen in das gesalzene Öl und massieren Sie dann munter Zähne und Zahnfleisch mit der Kuppe der beiden ersten Fingerglieder, zunächst von oben nach unten, dann von unten nach oben und schließlich in Längsrichtung. Ein leichtes Handgelenk unterstützt dieses Verfahren und erhöht seine Wirkung. Vergessen Sie auch nicht, die Innenseite der Zähne zu reiben. Die Finger säubern den Schmelz zur Vollkommenheit und massieren das Zahnfleisch, das sie durch Aktivierung der Blutzirkulation kräftigen. Wenn Ihr Zahnfleisch blutet und wenn Ihre Zähne sich lockern, massieren Sie sacht von der Wurzel zum Zahnhals. Setzen Sie dies fort, bis Sie ein Geräusch vernehmen, das dem ähnelt, das ein nasser, über ein Glas gleitender Finger erzeugt, also bis zu dem Augenblick, in dem »die Zähne singen«, was anzeigt, daß sie sauber sind. Gesamtdauer: 2 Minuten. Sie werden überrascht sein, wenn Sie feststellen, wie schnell und gut Ihre Finger den Schmelz säubern und ihm seinen natürlichen Glanz zurückgeben.

Wissen Sie, daß Ihre Zähne und die Schuppen des Blauhais auf einer im wesentlichen gleichen Grundlage beruhen und daß, wenn man die einen beschreibt, dies auch für die anderen gilt? Ganz gewiß aber wird nicht das Meersalz aus diesem Grund für die Zahnpflege empfohlen! ... Ohne ein Reinigungsmittel zu sein, säubert das Salz gründlich, und dank seiner osmotischen und hygroskopischen Eigenschaften begünstigt es die Durchblutung des Zahnfleischs. Das Salz aktiviert auch die Speichelbildung, und der Speichel ist nun einmal das beste aseptische Mittel für die Mundhöhle. Die Massage und das Meersalz lösen die toten Zellen der Schleimhäute ab; die Ablagerungen an den Zähnen werden abgebaut. Das Meersalz löst den feinsten Belag, verhindert die Ablagerung von Zahnstein und erhält oder stellt das normale physiologische Gleichgewicht im Mund wieder her. Die Gesundheit des Zahnfleisches gewährleistet die Gesundheit der Zähne. Nach einigen Tagen wird das entzündete, aufgeschwemmte blutige Zahnfleisch wieder rosig und fest, steigt zum Zahnhals auf und umschließt fest die Zähne, die von Zahnfleischschwund bedroht waren. Wenn Sie wollen, können Sie dem gesalzenen Öl grünen Nährton hinzufügen, um einen

Teig daraus zu machen, auch Pflanzenasche, was eine bessere Reinigung ohne Schmirgeleffekt herbeiführt. Falls Sie die Möglichkeit hätten, Auberginen zu verkohlen und dann die Asche zu pulverisieren, könnten Sie ein ausgezeichnetes Tonikum für das Zahnfleisch hinzufügen. Das Aussehen einer solchen Zahnpasta, schwarz wie Anthrazit, ist wenig verlockend, aber sie ist dafür sehr wirkungsvoll; auch stellt sie ein ausgezeichnetes Desodorans für den Atem dar. Um die desodorisierende Wirkung des Salzes zu prüfen, geben Sie doch jemandem mit schlechtem Atem ein Kristall aus Meersalz zum Lutschen: in wenigen Sekunden wird der Geruch verschwunden sein. Gewiß, dadurch wird die Ursache nicht beseitigt, die behandelt werden muß und bei der es sich zum Beispiel um schlechte Verdauung, kariöse Zähne oder um einen Zahnabszeß handeln kann. Das in der »Zahnpasta Sivananda« enthaltene Meersalz gewährleistet ebenso lange wie jede andere im Handel erhältliche Zahnpasta einen frischen Atem.

WAS IST ZU VERMEIDEN ...

Um die Gesundheit der Zähne zu gewährleisten, muß man außerdem die folgende Regeln beachten:

1. Hüten Sie sich vor Zucker. Ein Schweizer Spezialist versichert: »Kein Zucker, keine Karies!« Durch Veränderung der chemischen Vorgänge in der Mundhöhle begünstigt der Zucker die Zahnfäulnis, und wir brauchen auch die Ursache für die erschreckende Entartung des Gebisses unserer Kinder nicht woanders zu suchen. Nicht selten sieht man noch sehr kleine Kinder, die bereits zahlreiche Stellen mit fortgeschrittener Karies aufweisen. Besonders schädlich sind klebrige Bonbons, denn der Zucker bleibt lange mit den Zähnen in Berührung. Nach einem süßen Nachtisch sollten Sie den Mund sorgfältig mit reinem Wasser spülen.

2. Ersparen Sie den Zähnen übermäßige Temperaturunterschiede, zum Beispiel dadurch, daß Sie dem Speiseeis einen heißen Kaffee folgen lassen. Das kann den Schmelz beschädigen und zu Rißbildungen führen.

WAS IST ZU TUN . . .

1. Wenn die Sonne scheint, nutzen Sie dies aus, um sich nicht nur die Sonne in die Augen scheinen zu lassen (mit geschlossenen Lidern, wenn die Sonne hoch über dem Horizont steht), sondern öffnen Sie auch weit den Mund, indem Sie die Lippen von den Zähnen zurückziehen, um das Zahnfleisch zu entblößen, und lassen Sie so die Sonnenstrahlen ganz in den Mund eindringen; die ultraviolette Strahlung durchdringt den Schmelz und reinigt die Gewebe in der Tiefe, ohne sie zu reizen. Neigen Sie den Kopf nach hinten, um auch den Rachenraum der Sonne auszusetzen: gurgeln Sie mit Sonne!

2. Pressen Sie während des Tages gelegentlich die Backenzähne des unteren Kiefers gegen die des oberen, wobei die unteren Schneidezähne ein wenig hinter den oberen zurückstehen; dann ziehen sie die Kaumuskeln zusammen. Drücken Sie kräftig die Kiefer zusammen und entspannen Sie sie wieder: so dringen die Zähne rhythmisch in ihre Zahnhöhlen ein. Auf diese Weise massieren Sie das Gewebe in der Tiefe, was die Massage des Zahnfleischs vervollständigt und die Durchblutung sogar im Inneren der Zähne stimuliert, die ein zartes, aber wichtiges Blutgefäßsystem besitzen. Wiederholen Sie die Übung mehrmals am Tag. Eine oder zwei Minuten genügen für jede Sitzung, um eine ausgezeichnete Durchblutung des gesamten Gebisses zu gewährleisten, und tragen dazu bei, es in tadellosem Zustand zu erhalten. Sie verlieren dabei keine Zeit, und Sie können dies sogar am Steuer Ihres Wagens durchführen!

EINE BESTÄTIGUNG VON ANDERER SEITE

Wir geben im folgenden einen Auszug aus der Spalte »Medizin« der Zeitschrift *Express* (Juni 1966) wieder, deren Schlußfolgerungen den unseren erstaunlich nahekommen.

VORSICHT VOR DEN ZAHNPASTEN!
Mißbrauch von Zahnpasta verdirbt die Zähne. Dies wurde im National Engineering Laboratory in East Kilbride, Schottland, unter der Leitung von K. H. Wright wissenschaftlich nachgewiesen.

Ein soeben gezogener menschlicher Zahn wird durch Bestrahlung radioaktiv gemacht. Danach taucht man ihn in einen mit Zahnpasta gefüllten Becher und bürstet ihn mit einem Apparat. Die Abnutzung des Schmelzes wird an der Radioaktivität der Paste mit einer Genauigkeit von einem Millionstel Gramm gemessen.

Je stärker die Zahnpasta ist (zum Beispiel Zahnpasta für Raucher), je intensiver das Bürsten, desto größer sind die Schädigungen.

Wäre es also falsch, unsere Zähne morgens und abends zu putzen, wie es die traditionelle Hygiene verlangt?

»Bestimmt«, antwortet Dr. Cherchève, Chefarzt am Krankenhaus Lariboisière und Generalsekretär des Internationalen Forschungszentrums für Zahneinpflanzungen. »Seit zwanzig Jahren befasse ich mich mit diesem Problem und stehe sprachlos vor den Fehlern, die begangen werden.«

OLIVENÖL

Nachdem Dr. Cherchève die gewöhnlichen Zahnbürsten in Grund und Boden verdammt hatte, empfiehlt er die Massage des Zahnfleischs. Man muß sie mit den Fingern, die Zähne zusammengebissen, durchführen. Man taucht die Fingerspitze in Öl (vorzugsweise Olivenöl, da es vitaminreicher ist) und geht von der Mitte des Mundes aus, indem man mit dem rechten Zeigefinger links und mit dem linken Zeigefinger rechts massiert usw. Man sollte jeden Kiefer massieren, indem man langsam von eins bis dreißig zählt. Sechzig für jede Seite.

»Zwei Minuten täglich, das ist nicht zuviel verlangt, um sich gute Zähne zu erhalten«, sagte Dr. Cherchève, wobei er seine eigenen blitzenden Zähne entblößte. »Ich garantiere Ihnen für ein gutes Ergebnis.« Aber seine Schlußfolgerungen bezüglich der Zahnpasten sind noch erstaunlicher. »Die gefährlichsten sind die medizinischen Zahnpasten«, versichert er. »Mit Antibiotika angereichert, zerstören sie das Gleichgewicht der Mundflora. Wenn sie Desinfektionsmittel enthalten, führen sie bald zu einer Reizung. Eine der bekanntesten, in Apotheken verkauften Zahnpasten auf der Basis von Novarsenobenzol, ein Nebenprodukt des Arsens, schädigt auf die Dauer das Zahnfleisch. Das ist so, wie wenn man täglich eine Seidenbluse in Chlornatron wäscht. Womit nicht gesagt sein soll, daß die medizinischen Zahnpasten nutzlos wären. In einem ganz bestimmten Fall und innerhalb eines begrenzten Zeitraums sind sie von großem Wert. Auf der Basis von Formaldehyd zum Beispiel wirken sie wunderbar beruhigend bei Schmerzen, die durch Karies des Zahnhalses hervorgerufen werden, indem sie zu einer Art Beizung der Zahnsubstanz führen, wodurch die Empfindlichkeit herabgesetzt wird. Auch die Zahnpasten mit Salz setzen den Blutandrang herab und stärken den Tonus des Zahnfleisches.«

Atmung und Entspannung

VORSICHT VOR DEM STRESS

Wenn Sie ...
... von Sorgen niedergedrückt, von Widerwärtigkeiten gequält, von dauernder Angst verfolgt werden,
wenn Sie ...
... beim Klingeln des Telefons zusammenzucken,
wenn Sie ...
... an Herzklopfen, kalten Schweißausbrüchen oder plötzlicher Blässe leiden,
wenn Sie ...
... ein unangenehmes Spannungsgefühl in der Magengegend verspüren,
wenn Sie sich »am Boden zerstört« fühlen ...
Sehen Sie sich vor, denn
... dann steuern Sie genau in einen Erschöpfungszustand, in eine nervöse Depression hinein. Sie betreiben einen langsamen Selbstmord, und dazu haben Sie *kein Recht.* Sie müssen reagieren, nicht nur sich selber gegenüber und weil diese negativen Gemütsbewegungen *Sie* zerstören, sondern auch, weil Sie Ihren »Streß« auf *andere* übertragen, auf Ihre Umgebung, auf Ihre Untergebenen: die negativen emotionellen Zustände sind ebenso ansteckend wie die Pocken.

Selbstverständlich haben Sie selber nur den einen Wunsch, diesen Zustand zu überwinden. Aber wie?

Bevor wir dem abzuhelfen suchen, wollen wir dem Übel, seinem Ursprung und seinen Auswirkungen ins Gesicht sehen. Ahmen wir die indischen Denker nach, die jeder Darlegung die Definition der in ihr verwendeten Begriffe voranschicken. Was ist das eigentlich genau, der

»Streß«? Dieses englische Wort, das in unserer Sprache keine Entsprechung besitzt, bedeutet wörtlich: »Anstrengung, Spannung«. Das ist der Zustand, in dem sich der Mensch befindet, der von einer übermäßigen Müdigkeit, dauernder Angst, schockartigen Emotionen, verschiedenartigen psychischen Traumata usw. befallen ist. Er zieht eine Reihe von Störungen des Stoffwechsels und im Verdauungstrakt des Organismus nach sich. Selye, der diesen Zustand 1936 beschrieben hat, betrachtet ihn als ein Anpassungssyndrom. Der Organismus vergeudet unter Streß seine Kraftreserven – bis zu ihrer völligen Erschöpfung, wenn der Streß von Dauer ist – und weist pathologische Veränderungen im Nervensystem und in den Organen auf. Das bereits als klassisch geltende, an Affen durchgeführte Experiment Bradys läßt uns die Bösartigkeit des Streß ermessen.

Zur Durchführung dieses Experiments werden zwei Affen, jeder in einem gesonderten Käfig, eingesperrt, und jeden Tag wird ihnen sechs Stunden lang alle 20 Sekunden ein unangenehmer, aber unschädlicher elektrischer Schlag in den Fuß versetzt. Die Lebensumstände der beiden Affen sind selbstverständlich gleich: gleiche Nahrung, gleiche Unterbringung usw. Beide haben einen Schalter vor sich. Der eine der beiden Affen, den wir als den Verantwortlichen bezeichnen wollen, hat gelernt, daß der Stromstoß nicht erfolgt, wenn er den Schalter vor Ablauf der 20 verhängnisvollen Sekunden betätigt, und daß sein Nachbar in der gleichen Weise verschont bleibt. Wenn er es unterläßt, den Schalter zu betätigen, erhält er den Schlag in den Fuß, im übrigen ganz wie sein Nachbar. Was nun den »Nachbar« betrifft, so hat er keine Möglichkeit, in die Ereignisse einzugreifen, da sein eigener Schalter nicht angeschlossen ist. Was auch geschieht, die beiden Affen erhalten genau die gleiche Zahl von Schlägen. Wie geht es weiter? Nach ungefähr dreiundzwanzig Tagen stirbt der »Verantwortliche«, der für das Schalten zu sorgen hatte. Obduktion: Magengeschwür. Dieses Experiment ist unzählige Male mit stets gleichem Ergebnis durchgeführt worden.

WIRKUNGEN DES STRESS AUF DIE ORGANE

Betrachten wir zunächst, was im menschlichen Organismus unter Einwirkung der Angst vor sich geht, die eine sehr nützliche Abwehrreaktion darstellt, wenn uns eine unmittelbare Gefahr bedroht. Die Angst löst automatisch eine Reihe von physiologischen Veränderungen aus, die den Organismus befähigen, sich der Gefahr zu stellen. Die Blutzirkulation verändert sich tiefgreifend: die Gefäße, die das Verdauungssystem versorgen (Magen, Eingeweide etc.), verengen sich, während sich die der Muskeln von Rumpf und Gliedern weiten, wodurch sie den Körper auf eine starke muskuläre Anstrengung vorbereiten, um schneller zu entfliehen oder besser zu kämpfen. Das Herz erhöht die Zahl seiner Schläge, und es kommt zu einer Erweiterung der Arterien. Die Atmung wird keuchend, oberflächlich, die Kehle zieht sich zusammen, und der Mund wird trocken. Die Nebennieren scheiden in den heftigen Strom des Blutkreislaufs zusätzliche Mengen des Aktionshormons Adrenalin aus.

Jede der Milliarden Zellen, aus denen wir uns zusammensetzen, befindet sich in Alarmzustand, bereit zur Tat, um das Vaterland zu verteidigen, das heißt den bedrohten Organismus.

Wenn die mobilisierten Kräfte entweder in der Flucht oder im Kampf verbraucht werden, erleidet der Organismus keinerlei Schaden, und bald kehrt die alte Ordnung zurück, sobald nur die Gefahr verschwunden ist. Wenn sich hingegen die Angst zu einer verschwommenen, dauernden Unruhe entwickelt, wie es jene ist, die so viele Männer und Frauen des 20. Jahrhunderts verfolgt, beginnt sie am Menschen zu nagen.

Im Laufe der Zeit führt sie zu verschiedenen krankhaften Veränderungen, unter anderem zu:

Tachykardie, Herzklopfen, abwechselndem Erröten und Erbleichen, oberflächlicher keuchender Atmung; ein unangenehmes Gefühl in der Magengegend zeigt an, daß das Sonnengeflecht unter Blutandrang leidet. Die Folgen können ebenso verschiedenartig wie schwierig zu beheben sein, solange die Ursache andauert: Magengeschwüre, Gefäßkrankheiten (insbesondere Hypertonie), bestimmte Formen des Asthmas, der Arthritis oder des Rheumatismus, Störungen der Nieren, der Leber und sogar Fettleibigkeit.

Im äußersten Fall kommt es zu einer Selbstzerstörung.

Wie kann man Abhilfe schaffen?

Viele zivilisierte Menschen suchen ihr Heil in Beruhigungsmitteln. Trotz aller Bewunderung für die Wissenschaftler, die diese Mittel auf Grund langer, schwieriger Forschungen entwickeln, muß man sich doch darüber im klaren sein, daß die echte Lösung nicht auf diesem Weg zu suchen ist, denn die Drogen beheben nicht die Ursache, das heißt, sie lassen den negativen emotionellen Zustand bestehen und hindern nur sein Opfer daran, seine Leiden zu spüren. Außerdem gewöhnt sich der Organismus auf die Dauer daran, unaufhörlich muß die Dosis gesteigert werden, und diese Gifte sind nicht frei von schädlichen Nebenwirkungen. Greifen Sie *niemals* zu Beruhigungsmitteln, es sei denn auf ärztliche Verordnung hin.

Dies ist der Augenblick, die Lehre aus Bradys Experiment zu ziehen und zu unserem Schimpansen zurückzukehren. Wie hätte der Verantwortliche der beiden Affen dem Tod entgehen können? Dies ist zugleich sehr einfach und sehr schwierig. Er hätte den Geschehnissen gegenüber die gleiche neutrale geistige Haltung einnehmen können wie sein Nachbar, um dem Tod zu entgehen. Sich Sorgen zu machen, hat ihm nicht einen einzigen Stromstoß erspart. Es gibt dafür nur ein einziges spezifisches Heilmittel: man muß die negativen Emotionen ausschalten, indem man gegenteilige positive Emotionen weckt. Auch Sie können mit Ihrem Willen auf Ihre Gemütsbewegungen einwirken. Kultivieren Sie Freude und Vertrauen. Das sei leicht gesagt, werden Sie mir vorwerfen. Vielleicht, und anfänglich wird es Ihnen nur schrittweise gelingen, aber es ist der einzige Weg. Zuallererst müssen Sie sich darüber klarwerden, wie nutzlos es ist, »sich aufzuregen«, »sich zu grämen«.

Die unumgängliche Schlußfolgerung:

Was der Anlaß auch sein mag, nehmen Sie es sich niemals zu Herzen. Seien Sie stets »cheerful«, das heißt, guter Laune und fröhlich, wie die äußeren Umstände auch aussehen mögen. Sie tragen die notwendige Kraft in sich, um alle Hindernisse zu überwinden. Swami Sivananda hat gesagt: »Werde so sorglos wie die Vögel, hab Vertrauen zu deinem inneren Ich. Verlaß dich auf dein Ich. Du bist nicht dieser vergängliche Körper. Du bist das alles durchdringende glückselige Ich. Selbst wenn du nichts zu essen hast, selbst wenn du nichts anzuziehen hast, weiche nicht einen Zoll von dieser Stellung zurück. Gesegnet der, der sorglos ist, stets lächelt, lacht und Freude auf andere ausstrahlt.«

Ändern Sie Ihre Einstellung. Betrachten Sie die Ereignisse mit anderen Augen und unter einem anderen Gesichtspunkt. Entwickeln Sie sich zum unheilbaren Optimisten.

IN DER PRAXIS

Bevor Sie Ihre Emotionen völlig beherrschen und stets guter Dinge sein können, werden Sie Hilfsmittel brauchen, um den gemütsbedingten Streß zu überwinden.

Wie wir gesehen haben, führen die negativen Emotionen zu pathologischen Veränderungen im Organismus: das ist eine Behauptung der Psychosomatik, und sie kann es beweisen. Das Gegenteil ist ebenso richtig, das heißt, indem Sie auf Ihren Körper einwirken, können Sie Ihre Emotionen verändern, denn diese wechselseitige Beeinflussung von Seele und Körper wirkt in beiden Richtungen. Um dies zu erreichen, flüchten Sie in einen abgelegenen Raum, in dem es so still ist wie möglich und wo Sie sicher sein können, nicht gestört zu werden. Schließen Sie die Tür ab! Setzen Sie sich im Lotossitz, Siddhasana, auf ein Kissen oder ganz einfach im »Schneidersitz«. Die Wirbelsäule soll möglichst gerade sein: falls notwendig, lehnen Sie sich an, den Kopf gut im Gleichgewicht auf dem Gipfel der Wirbelsäule, die Hände im Schoß, die rechte Hand auf der linken, die Handflächen nach oben gewandt. Entspannen Sie sich so vollständig wie möglich, ohne die Muskeln des Unterkiefers zu vergessen (lassen Sie nicht den Mund sich öffnen). Die Wangen werden einem weichen Teig ähnlich, das Gesicht ist ausdruckslos und die Lider senken sich über die Augäpfel. Lassen Sie die Schultern fallen, entspannen Sie Arme, Handgelenke und die Hände. Atmen Sie ganz ruhig. Wenn Sie sich bedrückt fühlen, führen Sie eine vollständige tiefe Atmung durch, indem Sie auf völlige, langsame Ausatmung.*

Bleiben Sie so, regungslos und schweigend, sitzen, Ihrer Atmung bewußt, den Blick auf die Nasenspitze gerichtet, jedoch mit geschlossenen Augenlidern. Die Lippen können ein Lächeln andeuten. Tun Sie dies jeden Tag ein paar Minuten lang, morgens und abends. Und nun eine andere Übung, die Erziehung zum Lächeln:

Sie beruht auf der Tatsache, daß jede Gefühlsregung sich durch den entsprechenden körperlichen Ausdruck offenbart (Haltung des Körpers, Gesten, Mienenspiel). Das Gegenteil trifft ebenso zu.

Lassen Sie sich wie oben angegeben nieder, diesmal jedoch vor einem Spiegel, und sehen Sie sich an. Machen Sie doch kein so mürri-

---

*Vergl. »Die entspannende Ausatmung«, S. 98 ff.

sches Gesicht! Lächeln Sie! ... Lassen Sie dieses schwache, anfänglich recht zaghafte Lächeln sich in ein schönes, freies Lächeln verwandeln. Betrachten Sie Ihr lächelndes Gesicht, auch und vor allem, wenn Sie gar keine Lust haben zu lächeln. Die lächelnde Stellung der Jochbogenmuskeln, das heißt also jener, die das Lächeln und das Lachen herbeiführen, wird in Ihrem Geist die entsprechende Gefühlsregung wecken. Begnügen Sie sich nicht mit dem Lächeln der Lippen, lächeln Sie auch mit den Augen. Verlassen Sie sich nicht auf mein Wort, sondern setzen Sie diese Anweisung auf die Probe.

Unter den miteinander gekoppelten Einwirkungen der Regungslosigkeit, der Entspannung, der ruhigen, tiefen Atmung und des Lächelns löst sich das Gefühl der Bedrücktheit auf wie der morgendliche Nebel in der Sommersonne. Und lächeln Sie nicht nur vor dem Spiegel: »keep smiling«. Lächeln Sie oft, nicht jenes Werbelächeln für Zahnpasta, sondern ein freundliches, von Herzen kommendes Lächeln.

Wenn Sie wirklich inmitten von schmerzlichen, sogar tragischen Erlebnissen stehen, versuchen Sie trotz allem zu lächeln, und wiederholen Sie sich im Geist, wobei Sie jedem Wort Nachdruck verleihen: »Alles geschieht ... alles renkt sich ein ... alles versinkt in Vergessenheit! ... Alles geschieht ... alles renkt sich ein ... alles versinkt in Vergessenheit! ...« Das ist wahr.

Achtung! Ich predige nicht die Passivität angesichts von Schwierigkeiten. Ich ermutige nicht zu Gleichgültigkeit oder Nachlässigkeit unter dem Vorwand, »man sollte sich keine Sorgen machen«. Werden Sie nicht zum Spielball der Ereignisse. Im Gegenteil, kämpfen Sie, setzen Sie sich zur Wehr. Befinden Sie sich in einer schwierigen Lage, welcher Art sie auch sein mag, verlieren Sie nicht den Kopf, geraten Sie nicht in Panik. Analysieren Sie sie in aller Ruhe, wägen Sie die Risiken ab, werden Sie sich über die negativen Möglichkeiten klar, fassen Sie ins Auge, was an noch Schlimmerem geschehen könnte, und befassen Sie sich kaltblütig mit dieser Eventualität, nicht etwa, um sie als unvermeidlich hinzunehmen, sondern um Ihre entsprechenden Maßnahmen zu treffen. Denken Sie an Unannehmlichkeiten in der Vergangenheit: sieht nicht alles aus gewissem Abstand viel weniger ernst aus? Betrachten Sie Ihre gegenwärtigen Sorgen mit den gleichen Augen, mit denen Sie sie in fünf Jahren ansehen werden. Dann entwerfen Sie einen Aktionsplan, indem Sie erst die unmittelbaren Ziele, dann die weiter entfernten fixieren. Teilen Sie die Schwierigkeiten auf, tun Sie das mit aller Ruhe und ohne jede Überstürzung, wobei Sie nur dieses erste begrenzte Ziel ins Auge fassen. Dann erst beginnen Sie zu handeln. Was nun das betrifft, was nicht geändert werden kann, so muß man sich in Ruhe damit abfinden, aber Sie werden feststellen, daß die verzweifelten Situationen häufig nur nach außen diesen Anschein erwecken und es fast immer eine Lösung gibt. Überlegen Sie ruhig, als ob es sich um jemand anderen handelte. Bewahren Sie sich auch im Handeln die gleiche neutrale Haltung, und Sie werden erleben, daß sich der Wind zu Ihren Gunsten dreht. Denken Sie bejahend: Sie werden damit den Gang der Ereignisse ändern. Üben Sie sich in Konzentration, und Sie werden Ihre Möglichkeiten des Handelns vervielfachen. Üben Sie sich in der Meditation, und mit dem inneren Frieden werden Sie zu heiterer Gelassenheit gelangen: das Gespenst des Streß wird endgültig verschwinden.

DIE ENTSPANNENDE ATMUNG

Ist es nicht widersinnig, daß man heute immer mehr überanstrengten, erschöpften Menschen begegnet, in unserer Zeit, in der das Leben immer komfortabler und leichter wird und der Mensch unaufhörlich neue Maschinen erfindet, die an seiner Stelle arbeiten? Das Leben mit seiner Hochspannung, das uns die moderne Zivilisation auferlegt und das bis dahin das Los der führenden Kreise war, greift gegenwärtig auf alle Schichten der Gesellschaft über, und die nervösen Depressionen sind nicht mehr zu zählen. Diese ständige Spannung hat verheerende Folgen; dieser übererregte, überanstrengte Mensch untergräbt langsam aber sicher seine Gesundheit. Das Verdauungssystem wird im allgemeinen als erstes angegriffen. Der gehetzte, unruhige, aufgeregte Mensch ißt zu schnell, und seine schlecht gekaute Nahrung gelangt in einen verkrampften Magen. Wenn wir mit Widerwärtigkeiten zu kämpfen haben, verspüren wir ein Unbehagen in der Magengegend, und wenn dies vor oder nach einer Mahlzeit geschieht, wird die Verdauung gestört. Bei einem Menschen, der sich in einem ständigen Spannungszustand befindet, wird diese Magenverkrampfung zu einer dauernden Erscheinung, zieht eine ungenügende Assimilation der Nahrung nach sich, und die Verkrampfung breitet sich schließlich auf den gesamten Verdauungstrakt aus. Häufig setzt sich die Verstopfung dann endgültig fest. Die Störungen beschränken sich auch nicht auf den Verdauungstrakt, sondern breiten sich wie ein Ölfleck weiter aus, ziehen die anderen Organe in Mitleidenschaft und verursachen funktionelle Störungen, die sich schließlich zu organischen Schäden entwickeln.*

* Vergl. »Vorsicht vor dem Streß«, S. 91 ff.

Noch ein Paradox: die am meisten überanstrengten Menschen, die am meisten erschöpften schlafen am schlechtesten! Nun aber ist ein guter, tiefer, erquickender und ununterbrochener Schlaf eine unerläßliche Voraussetzung für körperliche und geistige Gesundheit. Zu diesem Zweck gebe ich an anderer Stelle in diesem Buch Techniken an, die es erlauben, den Schlaf zu verbessern. Aber das ist nicht alles. Beim erregten, angespannten Menschen wird eine andere wesentliche Funktion gestört: die Atmung. Diese wird oberflächlich – daher unzureichend –, da das Atmungssystem, Kehle, Bronchien, Muskulatur des Thorax und des Abdomens und vor allem das Zwerchfell, unter dem Einfluß der Erregungen seine Elastizität verliert. Die Folgen stellen sich zunächst in einer Anhäufung gasartiger Rückstände ein, die, anstatt ausgeschieden zu werden, im Organismus bleiben und ihn nach und nach, aber unerbittlich, verseuchen. Parallel dazu kommt es zu einer ständig verringerten Sauerstoffzufuhr, das bedeutet zu einer verlarvten Erstickung. Wie kann man unter solchen Bedingungen auch nur hoffen, daß der Organismus gesund bleibt? Ist es da überraschend, daß diese Menschen unter Migräne leiden, die allen Medikationen widersteht, daß sie ihren Appetit verlieren, entweder übererregt oder gleichgültig werden, erschöpft sind und jede Energie einbüßen?

Jeder kennt die Bedeutung der Atmung, aber wer wird sich ihrer bewußt? Die Luft ist unser Hauptnahrungsmittel, und nicht nur in qualitativer, sondern auch in quantitativer Hinsicht. Der Sauerstoff ist mit 65 Prozent (ja, fünfundsechzig Prozent!) an der Grundzusammensetzung unseres Körpers beteiligt. Das Element, das ihm unmittelbar folgt, ist der Kohlenstoff (18 Prozent), und dann kommt der Wasserstoff (10 Prozent). Sauerstoff plus Kohlenstoff plus Wasserstoff stellen also 93 Prozent der Elemente dar, aus denen sich unser Körper zusammensetzt. Sechsundzwanzig weitere Elemente teilen sich ungleichmäßig die restlichen 7 Prozent! Diese paar Zahlen veranschaulichen die Bedeutung der Atmung in sämtlichen Lebensvorgängen.

Der Sauerstoff bildet die Hauptnahrung unserer Zellen; ohne ihn könnte die richtige Assimilation der Nahrungsstoffe zum Beispiel nicht vor sich gehen. Die Verdauung ist ein sehr komplizierter chemischer Vorgang, der eine Unzahl von Reaktionen der Oxydation und der Reduktion in sich schließt, das heißt Bewegungen von Sauerstoffionen. Wenn wir schlecht atmen, verdauen wir auch schlecht. Nun ist die Atmungsfunktion, die das gesamte Leben des Organismus bedingt, auch die einzige vegetative Funktion, die eine Mischung darstellt, das heißt nach unserem Belieben automatisch oder willkürlich. Sie bildet die Grenze zwischen unserem bewußten, dem Willen unterworfenen Leben und dem vegetativen, also unwillkürlichen, automatischen, unbewußten Leben. Während es uns unmöglich ist, unserem Magen, unseren Eingeweiden, unserer Leber etc. unmittelbar Befehle zu erteilen, können wir hingegen, wenn wir es wollen, unsere Atmung beherrschen.

DAS ZWERCHFELL, DAS ZWEITE HERZ

Wenn wir an die Atmung denken, denken wir an den Brustkorb. Tatsächlich sollten wir in erster Linie ans Zwerchfell denken. Wenn auch alle das Herz kennen, können sich doch nur sehr wenige auch nur annähernd ihr Zwerchfell vorstellen, das jedoch mindestens ebenso lebenswichtig ist. Das Zwerchfell teilt den Rumpf in zwei Stockwerke; es stellt eine halbstarre, faserige Kuppel dar, umgürtet mit Muskeln, die an den unteren Rippen befestigt sind. Diese Kuppel bedeckt die Leber, den Magen, die Milz, die Bauchspeicheldrüse, die Gesamtheit der Eingeweide.

Im oberen Stockwerk liegen, auf dieser Kuppel ruhend, die Lungen und das Herz, vom Brustkorb umschlossen.

Das Zwerchfell ist zusammen mit dem Herzen einer der kräftigsten und aktivsten Muskeln des Körpers. Es arbeitet unaufhörlich und ruht sich nur zwischen Ausatmen und Einatmen aus, was dem Verhalten des Atmens bei leeren Lungen seinen hohen Wert verleiht. Dies ist der einzige Augenblick, in dem es möglich ist, das Zwerchfell bewußt zu entspannen. Das Zwerchfell spielt bei der Atmung eine entscheidende Rolle: beim Einatmen senkt sich das Zwerchfell, die Kuppel verflacht, und unter diesem Druck füllt sich der untere Teil der Hohlvene mit Blut, das unter Vermittlung der Leber aus dem Verdauungssystem herrührt. Während dieser Zeit erzeugt die Ausdehnung des Brustkorbs in den Lungen einen Unterdruck, der das Blut in Richtung auf den rechten Teil des Herzens ansaugt.

Im Verlauf des Ausatmens vollzieht sich der umgekehrte Vorgang: das Zwerchfell steigt wieder in den Brustkorb hinauf, woraufhin die verunreinigte Luft hinausgedrückt wird. Das Blut, das vom Lungenschwamm aufgesogen wurde, wo es von seinen gasartigen Rückständen geläutert wird und wo es mit Sauerstoff angereichert wurde, wird zur linken Seite des Herzens getrieben.

Mit anderen Worten, je mehr Luft man in den Lungen aufnimmt, um so mehr Blut saugt man an; die Lungen verhalten sich der Blutzirkulation gegenüber wie eine Saugpumpe. So kann man behaupten, daß das Zwerchfell ein zweites Herz darstellt, das ebenso wichtig ist wie das andere. Ist es da verwunderlich, daß die yogische Atmung von so wohltuender Wirkung auf das Herz ist? Was nun die nervöse Spannung betrifft, indirekte Ursache ungenügender Atmung, so ist sie durchaus an der beunruhigenden Zunahme der Zahl von Herzanfällen, Infarkten usw. beteiligt, die heute so alltäglich sind und nicht nur auf ältere Personen beschränkt bleiben. Wir wenden uns jetzt einer anderen sehr wesentlichen Vorstellung zu: sobald das Zwerchfell am Ende der normalen (also nicht verstärkten) Ausatmung seine obere Stellung wieder einnimmt, werden alle Muskeln des Atmungsapparates entspannt. Das ist von wesentlicher Bedeutung. Tatsächlich lockern wir während der Entspannungsübungen sorgfältig die gesamte Muskulatur der Glieder und des Rumpfes, aber solange wir fortfahren zu atmen, sind noch zahlreiche, wichtige Muskelgruppen am Werk. Die völlige Entspannung tritt erst ein, sobald die Muskeln des Atmungsapparates gleichfalls entspannt werden, was, wie wir gesehen haben, am Ende einer normalen (also nicht verstärkten) Ausatmung eintritt. Diese wesentliche Vorstellung wird später im Zusammenhang mit dem Anhalten der Atmung am Ende des Ausatmens unsere Aufmerksamkeit in Anspruch nehmen. Fassen wir zusammen: das Zwerchfell wird, wie ein Kolben, durch eine Hin- und Herbewegung (vertikal) im Brustkorb in Gang gehalten, was eine rhythmische, sehr wirkungsvolle Massage der Eingeweide im Bauch hervorruft, die Peristaltik der Eingeweide anregt, die Verdauung der Gase, die sich zuweilen im Verdauungstrakt bilden, begünstigt. Im übrigen wirkt es kräftig auf den Blutkreislauf ein.

DER RHYTHMUS

Das Universum ist von Rhythmus erfüllt, und unser Leben ist mit den kosmischen Rhythmen verbunden. Vor allem unsere organischen Tätigkeiten arbeiten rhythmisch, und der Rhythmus des Atmens und des Herzens sind allen anderen übergeordnet. Rhythmus des Atmens und

Rhythmus des Herzens sind aufeinander abgestimmt, und es ist den Yogis nicht entgangen, daß das Verhältnis zwischen der Atmung und den Herzschlägen eins zu vier beträgt. Indem wir bewußt die Atmung verlangsamen oder beschleunigen, können wir den Ablauf der Funktionen des gesamten Organismus mit sehr tiefgreifenden Auswirkungen (zum Guten wie zum Schlechten, wenn der Rhythmus verfälscht ist) auf unsere Lebenskraft beeinflussen. Die Yogis empfehlen, so zu atmen, als sei uns bei der Geburt eine bestimmte Anzahl von Atemzügen für unser gesamtes Leben zugeteilt worden. Verhielte es sich so, wie sehr würden wir dann darauf achten, sehr langsam und tief zu atmen, um unser Leben zu verlängern. Tatsächlich spielt sich alles so ab, als sei dies wahr: die hastige, oberflächliche Atmung untergräbt unsere Lebenskraft und verkürzt unser Leben, während hingegen die langsame, tiefe Atmung uns mit Energie und Vitalität erfüllt. Auf dem Gebiet der Atmung scheint der Begriff der Zahlen seine Rechte eingebüßt zu haben. Der zivilisierte sitzende Mensch atmet im Durchschnitt achtzehnmal in der Minute bei einer jeweiligen Aufnahme von einem halben Liter Luft; sein Atemvolumen pro Minute beläuft sich also auf neun Liter. Nehmen wir an, daß uns unsere Atemkapazität erlaubt, auf einen Zug $4^1/_2$ Liter einzuatmen, was einem normalen Mittelwert entspräche; wenn wir nun unsere Atmung soweit verlangsamen, daß wir die Zahl auf nur zwei vollständige Atemzüge pro Minute herabsetzen, so würden wir also gleichfalls 9 Liter in der Minute in unsere Lungen einatmen. Worin nun liegen die Vorteile der langsamen, tiefen Atmung? Auf den ersten Blick erscheinen sie gleich Null, da in beiden Fällen das Volumen auf die Minute bezogen gleichbleibt, aber in Wirklichkeit ist der Unterschied gewaltig. Wieso? Überlegen wir. Zwischen den Nasenlöchern und den Lungenalveolen, das heißt zwischen der Außenluft und den Austauschoberflächen der Lungen liegt das gesamte »Röhrensystem«, das aus den Bronchien, den Bronchiolen und ihren Verästelungen besteht. Nun beträgt der Rauminhalt dieses »Röhrensystems« mindestens 0,5 Liter. Also reicht der halbe Liter Luft, der bei oberflächlicher Atmung eindringt, gerade aus, um die im Röhrensystem eingeschlossene Luft umzurühren. Dabei werden kaum einige Kubikzentimeter frischer Luft bis zu den Austauschoberflächen der Alveolen vordringen.

Wenn wir hingegen langsam atmen und $4^1/_2$ Liter in die Lungen einführen, bringen wir die gesamte, oder fast die gesamte nutzbare Oberfläche der Lungen mit der Luft in Berührung, und wir bieten der belebenden Luft eine mindestens zwanzigfach größere Austauschoberfläche. Darüber hinaus vollzieht sich der Austausch durch die Lungenmembrane hindurch nur dann unter den besten Bedingungen, wenn die Kontaktzeit mehrere Sekunden währt, was die langsame Atmung rechtfertigt und jede Eile auf dem Gebiet der Atmung als schädlich verurteilt. Indem wir gleichzeitig die Kontaktfläche vergrößern und die Dauer erhöhen, wird der reine Nutzen des Atmungsvorgangs – das bedeutet ebensosehr das Ausscheiden einer größeren Menge von CO_2 und anderer giftiger Gase wie die Verdichtung des Sauerstoffs – ohne übertriebenen Optimismus im Vergleich zur oberflächlichen, schnellen Atmung zwanzig zu eins betragen. Deswegen sagen die Yogis auch, daß sich die günstigen Folgen von einer Minute yogischen Atmens auf die folgenden sechzig Minuten auswirken. Die entspannende yogische Atmung besteht aus vier Phasen:

1. Ausatmen (Rechak)
2. Verhalten des Atems mit leeren Lungen (Suniak)
3. Vollständiges Einatmen in drei Phasen (Purak)
4. Verhalten des Atems mit vollen Lungen (Khumbak)

Für gewöhnlich legen wir im Westen nur Wert auf drei Phasen: Purak, Khumbak und Rechak, eigentlich nur auf zwei (Purak und Rechak).

Wir werden uns nacheinander mit den vier Phasen befassen.*

DAS AUSATMEN (RECHAK)

Wenn wir mit dem Ausatmen beginnen, so deshalb, weil die Phase die wichtigste des Atmungsvorgangs ist. Im Westen betrachten wir häufig das Einatmen als das Wesentlichste, womit man jedoch den Pflug vor den Ochsen spannt.

Ist es möglich, ein Gefäß zu füllen, ohne es vorher geleert zu haben? Vor dem Ausatmen ähneln die Lungen, mit unreiner Luft angefüllt, mit schmutzigem Wasser getränkten Schwämmen. Bevor man sauberes Wasser eindringen lassen kann, muß man zuvor das gesamte schmutzige Wasser ausdrücken; für die Lungen gilt das gleiche.

*Vergl. auch *Yoga für Menschen von heute,* Gütersloh 1973, S. 28–56.

Außerdem schafft das Ausatmen die Voraussetzung für das Einatmen und nicht umgekehrt. Den Schwerpunkt des Atmungsvorgangs auf das Einatmen zu legen ist ein zuweilen folgenschwerer Fehler. Während seiner schmerzhaften Anfälle gelingt es dem Asthmatiker trotz angestrengter Bemühungen einzuatmen, nur sehr wenig Luft einströmen zu lassen. Bei ihm liegt das Problem nicht im Einatmen, sondern im Ausatmen. Wenn er es lernt oder erneut lernt, seine Lungen zu entleeren, ist er schon halb geheilt, und auf jeden Fall ist es das beste Mittel, ohne Medikamente einen Anfall zu verhüten.

Nach unvollständigem Ausatmen vermischt sich die in den Lungen verbliebene Luft mit der frisch eingeatmeten Luft, und dadurch wird die Atemluft dauernd verunreinigt. Selbst wenn wir uns in sehr reiner Luft aufhalten, wie zum Beispiel in den Bergen, wird dennoch die halb verunreinigte Luft mit den Austauschflächen unserer Lungen in Berührung kommen, wenn wir nicht darauf achten, die Lungen völlig zu entleeren. Unter allen Umständen muß man also den Lungenschwamm gründlich ausdrücken, um die gesamte unreine Luft zu vertreiben, bevor frische Luft einströmt.

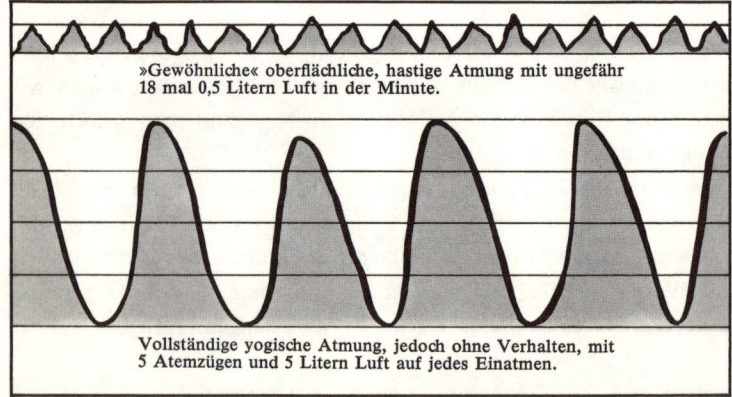

»Gewöhnliche« oberflächliche, hastige Atmung mit ungefähr 18 mal 0,5 Litern Luft in der Minute.

Vollständige yogische Atmung, jedoch ohne Verhalten, mit 5 Atemzügen und 5 Litern Luft auf jedes Einatmen.

GEBREMSTES AUSATMEN

Beim Erlernen der yogischen Atmung muß man in erster Linie zum langsamen Ausatmen zurückfinden.

Wir werden uns also im gebremsten Ausatmen üben.

Was ist denn das Seufzen, dieses spontane Merkmal der Entspannung und der Erleichterung, anderes als ein langsames, gründliches Ausatmen?

Liegend oder sitzend beginnen wir, um das richtige und sehr langsame Entleeren der Lungen zu erlernen, mit dem beherrschten Seufzer. Zunächst seufzt man ein paarmal auf, wobei man die Entleerung der Lungen durch ein mäßiges Anspannen der Bauchmuskeln am Ende des Ausatmens verstärkt, um die letzten Reste von Luft zu vertreiben. Das Ausatmen soll so leise wie möglich erfolgen und sich stetig, ohne Unterbrechung vollziehen.

Unter Umständen können Sie diese Gelegenheit wahrnehmen, um den Laut OM auszustoßen.

Jedesmal wenn Sie sich erschöpft und erregt fühlen, gönnen Sie sich ein paar Minuten verlangsamten Atmens und insbesondere abgebremsten Ausatmens, um Müdigkeit und Spannungen zu überwinden.

Für diese Art der Atmung gibt es keinerlei Kontra-Indikation; man kann sie nach Belieben praktizieren. Das Ausatmen soll ungefähr das Doppelte der Zeit des Einatmens dauern.

VERHALTEN DES ATEMS MIT LEEREN LUNGEN (SUNIAK)

Wenn wir mit leeren Lungen am Ende eines verlängerten Ausatmens die Atmung unterbrechen, erhalten die Atemmuskeln Gelegenheit, sich zu entspannen, wie ich es schon weiter oben dargelegt habe. Daher dieses außergewöhnliche Erlebnis von Ruhe und Frieden, wenn wir nach Entspannung der gesamten willkürlichen Muskulatur unser Atmen mit leeren Lungen verhalten. In diesem Augenblick machen wir die Erfahrung der völligen Entspannung, und nach Ansicht der Yogis ist das der Zeitpunkt, in dem sich der Schlaf einstellt.

Im Augenblick des Einschlafens ausgeführt ist das in die Länge gezogene Ausatmen, gefolgt von einer Pause, das beste Beruhigungsmittel.

Versuchen Sie es: selbst wenn Sie keine Schwierigkeiten mit dem Einschlummern haben, werden Sie doch sehr viel schneller einschlafen und einen viel tieferen, viel erquickenderen Schlaf haben. Das verlangsamte Ausatmen mit Verhalten des Atems mit leeren Lungen hat schon, ohne jede Vergiftung durch Barbiturate, Fälle von Schlaflosigkeit geheilt, die jeder Behandlung widerstanden und langsam, aber sicher die Lebenskraft ihres Opfers untergruben.

Wie lange soll dieses Verhalten des Atems dauern? Es ist, wie man sich vorstellen kann, unmöglich, dies genau festzulegen; die Dauer ist vom einzelnen und von den Umständen abhängig. Das Verhalten des Atems mit leeren Lungen ist stets gefahrlos. Sie können den Atem so lange verhalten, wie es Ihnen nicht unangenehm ist, um dann das Einatmen, wenn der Organismus es verlangt, spontan einsetzen zu lassen. Schon bald werden Sie diesen spontanen Impuls, der von Ihrem Organismus selber herrührt, von jenem unterscheiden, der durch den bewußten Willen hervorgerufen wird. Bevor man mit schwierigeren Atemübungen beginnt, bevor man den Atem besonderen Rhythmen unterwirft, muß man zunächst erneut lernen, normal zu atmen und zur normalen Atmung zurückzufinden.

DAS EINATMEN

Die Yogis unterscheiden drei Arten des Einatmens: Bauchatmung, Brustkorbatmung und Schlüsselbeinatmung. Die vollständige Yogi-Atmung verbindet die drei miteinander und sollte die normale Atmung darstellen. Zur Erläuterung eine kurze Beschreibung:

BAUCHATMUNG:
Das Zwerchfell senkt sich beim Einatmen, der Bauch schwillt an. Das ist die am wenigsten schwierige der einzelnen Arten des Einatmens. Der untere Teil der Lungen füllt sich mit Luft, die rhythmische Senkung des Zwerchfells führt zu einer sanften, stetigen Massage des gesamten Inneren des Bauches und begünstigt das gute Funktionieren der Organe.

BRUSTKORBATMUNG:
Sie vollzieht sich durch Dehnung der Rippen, wobei sich der Brustkorb wie ein Blasebalg weitet. Dieses Einatmen füllt die Lungen in ih-

rem mittleren Teil. Sie läßt weniger Luft eindringen als die Bauchatmung, während sie eine größere Anstrengung erfordert. Dies ist das
»athletische« Einatmen. Mit der Bauchatmung verbunden ergibt diese
Form des Einatmens eine befriedigende Durchlüftung der Lungen.

SCHLÜSSELBEINATMUNG:
Die Luft strömt durch Anheben der Schlüsselbeine ein. In diesem
Fall erhält nur der obere Teil der Lungen eine Zufuhr an frischer Luft.
Es ist die ungünstigste Art des Einatmens und häufig eine Eigentüm-
lichkeit der Frauen.

DAS VOLLSTÄNDIGE EINATMEN:
Die vollständige Yogi-Atmung umfaßt die drei Arten des Einatmens
und verschmelzt sie in einer einzigen großen, rhythmischen Bewegung.
   Am besten lernt man auf dem Rücken liegend; man kann also diese
Übung im Bett durchführen.
   Entspannen Sie sich so gut wie möglich.
   Nach gründlicher Entleerung der Lungen, wie sie bereits beschrie-
ben wurde:

1. langsam das Zwerchfell senken und die Luft in die Lungen einströmen lassen; so schwillt der Bauch, und der untere Teil der
   Lungen füllt sich mit Luft;
2. die Rippen dehnen, weiterhin einatmen, ohne jedoch das Atmen
   zu forcieren, dann . . .
3. . . . unter Anheben der Schlüsselbeine das Füllen der Lungen
   beenden. Während des ganzen Vorgangs des Einatmens soll die
   Luft allmählich, nicht ruckweise, sondern in einem stetigen Strom
   einfließen. Beim Atmen dürfen Sie kein Geräusch hervorbringen.
   Es ist wesentlich, lautlos zu atmen.

IMMER DURCH DIE NASE ATMEN

Bei der westlichen Gymnastik atmet man im allgemeinen durch die
Nase ein und durch den Mund aus. Dies ist vielleicht bei großem
Kraftaufwand berechtigt, um die Atmung zu beschleunigen, aber normalerweise soll das Einatmen *und* das Ausatmen durch die Nase erfolgen: während des ganzen Atmungsvorgangs soll der Mund geschlossen

bleiben, es sei denn bei einer gegenteiligen Anweisung, zum Beispiel, wenn Sie das Ausatmen mit OM verbunden durchführen.

Warum immer durch die Nase atmen?

1. Die Nase ist der Apparat für die Aufbereitung der Luft des Organismus. In den Nasengängen wird die Luft entstaubt, vorgewärmt, notfalls angefeuchtet und für ihr Einströmen in die Lungen vorbereitet. Wenn wir durch die Nase einatmen und durch den Mund ausatmen, wärmt die Nase zwar die Luft an, aber beim Ausatmen gibt die Luft keine Wärme an die Nase zurück, die sich abkühlt, was zum Beispiel zu einem Schnupfen oder einer Bronchitis führen kann. Beim Ausatmen durch die Nase gibt die ausgeatmete Luft Wärme wieder ab, um es der Nase zu ermöglichen, auf diese Weise die frisch einströmende Luft aufzubereiten.

2. Die Nasenlöcher regeln das Einströmen der eingeatmeten Luft und verlangsamen den Atmungsvorgang: auf den vorhergehenden Seiten sind wir uns der Bedeutung der Langsamkeit in diesem Bereich bewußt geworden. Indem wir durch den Mund einatmen, können wir bestimmt eine große Luftmenge schnell einziehen, aber sie tritt brutal in die Lungen ein, was nicht immer wünschenswert ist. Auch wissen wir, daß die Lungen beim Einatmen zugleich Luft und Blut in einem bestimmten Verhältnis ansaugen. Die Atmung durch den Mund verändert dieses Verhältnis und bringt den empfindlichen Atmungsmechanismus aus dem Gleichgewicht. Sie stellt also nur eine Notmaßnahme dar, auf die der Organismus zurückgreift, wenn die Atmung durch die Nase ungenügend ist, das heißt, im Fall einer großen Kraftanstrengung, zum Beispiel bei einem Fußmarsch, bei dem der Verbrauch an Sauerstoff achtmal höher ist als im Ruhezustand.

3. Die Nasengänge beeinflussen durch Reflexe zahlreiche im ganzen Körper verteilte Organe, denn sie sind dicht mit zahllosen Nervenenden besetzt, die auf lebenswichtige Organe einwirken. Die Reflextherapie durch die Nase beruht auf dieser Eigentümlichkeit. Bei einer Ohnmacht lassen wir den Betreffenden Salze oder Dämpfe von Ammoniak, Essig etc. einatmen. Nun ist während einer Ohnmacht die Atmung so gut wie nicht vorhanden, und die Reizsubstanz wirkt sich nicht im Bereich der Lungen aus, sondern auf die Nervenenden in den Nasengängen und indirekt auf den Sympathikus, der den ganzen »Mechanismus« in Gang bringt. Der Organismus braucht die durch den Luftstrom in der Nase hervorgerufene Stimulation.

4. Schließlich wird – ein wesentlicher Punkt – die Nase von den Yogís als das Hauptorgan für die Absorption von Prana betrachtet, einer subtilen Energie, die in der Luft enthalten ist. Wir wollen hier feststellen, daß es sich beim Prana der Luft weder um Sauerstoff noch um Stickstoff, noch um Ozon handelt, wie manche Autoren irreführend behaupten. In meinem nächsten Buch werde ich mich mit Prana befassen, wobei ich die Lehre der Yogis und zugleich die jüngsten Entdeckungen der Wissenschaft im Westen auf dem Gebiet der Bio-Elektrizität berücksichtigen werde. Einstweilen vergegenwärtigen wir uns, daß die Luft unsere wichtigste Quelle des Prana ist, und dieser ist die eigentliche Grundlage des Lebens, während die Nase das Hauptorgan für seine Aufnahme darstellt.

WENN DIE NASE VERSTOPFT IST

Wenn die Nase verstopft ist, praktizieren Sie Neti*, das heißt die Nasendusche mit Hilfe von lauwarmem Salzwasser zu 9 Prozent (physiologisches Serum). Das Salz gleicht den osmotischen Druck der beiden Seiten der Nasenschleimhaut aus.

Nach der Nasendusche stoßen Sie die letzten Reste des Wassers ohne Heftigkeit aus, damit keine Flüssigkeit in die Nebenhöhlen oder in die Gänge zum Gehör dringt. Nach Neti raten die Yogis an, einige Tropfen »Ghee«, das heißt flüssige geklärte Butter, in jedes Nasenloch einzuträufeln, um es zu schmieren. Statt dessen kann man auch Pflanzenöl von guter Qualität verwenden, das nicht unbedingt kalt geschlagen sein muß. Sie können auch einige Tropfen Eukalyptusöl hinzufügen, um das Öl zu sterilisieren und ihm ein Aroma zu verleihen. Die langsame Verdunstung des Eukalyptusöls desinfiziert die Atemwege, was vor allem für Leute mit empfindlichen Bronchien zu empfehlen ist. Sollten es die Nasenschleimhäute nicht vertragen, kann man den Anteil an Eukalyptusöl herabsetzen, bis es angenehm ist. Sie sollten die Yoga-Atmung fleißig üben. Sie hat keine Störungen und keine Ermüdung zur Folge. Üben Sie häufig im Verlauf des Tages, sooft Sie nur daran denken: während der Arbeit, beim Gehen, bei jeder Gelegenheit

*Vergl. auch *Pranayama – Die große Kraft des Atems,* erschienen 1972 im Otto Wilhelm Barth Verlag.

atmen Sie ganz bewußt und so gründlich wie möglich. Nach und nach wird die vollständige Atmung zur Gewohnheit, und Ihre Art zu atmen wird sich allmählich bessern.

Reservieren Sie sich täglich ganz nach Ihrem Belieben (der Morgen nach dem Erwachen ist sehr günstig, ebenso der Abend, bevor Sie einschlafen) eine feste Zeitspanne, um einige Minuten lang zu üben. Wenn Sie müde, deprimiert oder mutlos sind, atmen Sie: Ihre Müdigkeit wird wie durch Zauberei verschwinden, Ihre Energie wird erneut erwachen, und Sie werden sich voller Schwung wieder an die Arbeit machen.

SCHNELLE ENTSPANNUNG MIT BEWUSSTWERDUNG

Unsere Zivilisation mit ihrer Hetze zwingt uns zu einem Lebensrhythmus, bei dem wir nicht einmal mehr die Zeit finden, uns zu entspannen, und dies in einem Ausmaß, daß die Methode vollständiger Entspannung, wie sie in *Yoga für Menschen von heute* (S. 64 ff.) dargestellt wird, bereits als zu lang erscheint, weil sie ungefähr 20 Minuten erfordert! Viele Leser beklagen sich darüber, nicht täglich über die notwendige Zeit zu verfügen, um die Bewußtwerdung durchzuführen (*Yoga für Menschen von heute*, S. 88). Daher wird die Technik der schnellen Entspannung, wie sie in diesem Kapitel geschildert und von Swami Satchidananda gelehrt wird, von unendlichem Nutzen sein. In rund zehn Minuten ermöglicht sie es, bereits einen sehr hohen Grad der Entspannung zu erreichen, während sie sich zugleich vorteilhaft mit einer Bewußtwerdung verbinden läßt. Zehn Minuten sollten wohl alle aufbringen können, sogar abgehetzte oder überlastete Leser – und gerade sie sind es, die einer Entspannung am meisten bedürfen.

TECHNIK

ALLGEMEINE ANWEISUNGEN:
Diese Methode der Entspannung umfaßt eine Reihe von Einzelentspannungen.

Um alle Teile des Körpers nacheinander zu entspannen, muß man die folgenden Phasen durchlaufen:

a) Werden Sie sich eines Ihrer Glieder bewußt, indem Sie Ihre Aufmerksamkeit darauf richten (Dauer ungefähr 10 Sekunden), und entleeren Sie die Lungen;

b) atmen Sie ein, verhalten Sie die Atmung bei vollen Lungen und spannen Sie allmählich die Muskeln dieses Gliedes (oder eines Körperteils), bis ein Maximum an Kontraktion erreicht ist (3 Sekunden);

c) heben Sie dieses Glied bis 45° (5 Sekunden), atmen Sie dann in einem einzigen Stoß durch den Mund aus, während sie es von seiner eigenen Schwere zurückfallen lassen;

d) schütteln Sie es leicht auf dem Boden aus (2 Sekunden); während dieser Zeit ruhig atmen;

e) entspannen Sie gründlich diesen Teil des Körpers (5 Sekunden), während Sie gelöst weiteratmen;

f) gehen Sie auf den nächsten Körperteil über.

PHASEN DER ENTSPANNUNG

AUSGANGSSTELLUNG:
In der Schabasana liegend, also flach auf dem Rücken, die Füße gespreizt, die Arme vom Körper entfernt (man suche den günstigsten Winkel der Spreizung), die Handflächen nach oben gewandt, die Finger ein wenig gekrümmt.

GLIEDER:
Die Glieder sollen in dieser Reihenfolge entspannt werden:

a) rechtes Bein (während der Anspannung die Füße strecken);

b) linkes Bein (ebenso);

c) rechter Arm (während der Kontraktion die Faust ballen);

d) linker Arm (ebenso).

Dann die anderen Körperteile in dieser Reihenfolge entspannen:

HINTERBACKEN UND UNTERER TEIL DES RÜCKENS:
So stark wie möglich die Gesäßbacken, den Damm (einschließlich des Anus) und den unteren Teil des Rückens zusammenziehen. Jäh entspannen und die Gesäßbacken unter dem Gewicht des Beckens sinken lassen.

RUMPF:

a) Bauch:
durch tiefes Einatmen den Bauch aufblähen;

5 Sekunden lang den Atem verhalten;

auf einmal mit offenem Mund ausatmen: der Bauch schwillt von selber ab;

b) Brust:

einatmen, den Brustkorb aufblähen, jedoch ohne das Zwerchfell zusammenzuziehen;

den Atem 5 Sekunden lang verhalten;

ausatmen wie oben;

c) Rücken

rechtes Schulterblatt und rechte Schulter unter Anhebung zusammenziehen. Wieder entspannen. Genauso links.

KOPF:

a) Nacken und Hals:

ohne Arme oder Schultern anzuspannen, den Nacken und den Hals zusammenziehen (5 Sekunden);

diese Muskeln jäh entspannen und den Kopf am Boden leicht hin und her rollen (3 Sekunden);

b) Gesicht und Kopfhaut:

das Gesicht »zerknittern«, indem man Lippen, Nasenflügel, Wangen, Augenlider und Stirn zusammenzieht, während man die Kiefer aufeineinderpreßt (5 Sekunden);

diese Muskeln jäh entspannen. Der Gesichtsausdruck wird wieder neutral. Eventuell kann man ein leichtes Lächeln andeuten.

ENTSPANNUNG DES GEHIRNS:

Jetzt handelt es sich darum, das Gehirn zu entspannen.

Bei den üblichen Entspannungsmethoden wird versäumt, es zu entspannen, obwohl es doch zweifellos das Organ ist, das es am nötigsten hat. Geschieht dies aus Unkenntnis, oder redet man sich ein, es sei zu schwierig, das heißt, unmöglich? Tatsächlich aber ist es möglich, das Gehirn wie jeden anderen Körperteil zu entspannen.

Wie fängt man es an?

Höchst einfach:

Denken Sie an den Schädel und an seinen Inhalt, machen Sie sich das Dasein des Gehirns, das die Hirnschale ausfüllt, bewußt, was man mit ein wenig Übung erreicht, und dann stellen Sie sich vor, daß diese gesamte Gehirnmasse erschlafft und zu einem Schwamm wird, in den frisches Blut strömt, um ihn auszuspülen. Sie müssen die Empfindung haben, daß die gesamte Gehirnmaterie weich wird und sich entspannt. Dies vermittelt Ihnen sogleich ein wunderbares Gefühl der Entspannung, eine Befreiung, und jene unangenehme Vorstellung, der Kopf sei in einem Schraubstock eingezwängt, schwindet augenblicklich. Diese Übung ermöglicht es, eine heraufziehende Migräne sofort zu beheben, indem die Gefäßverkrampfungen innerhalb des Gehirns herabgesetzt werden.

Versuchen Sie es: Sie werden feststellen, wie einfach und wirkungsvoll dies ist!

Alles bisher Gesagte läßt sich mit ein wenig Übung in 5 Minuten durchführen. Bleiben Sie jetzt unbeweglich liegen und durchlaufen Sie in Ihrem Bewußtsein den ganzen Körper, um nachzuprüfen, ob er gut entspannt ist.

ATMUNG UND GEISTIGE ENTSPANNUNG

Nun handelt es sich darum, die Entspannung zu vertiefen. Konzentrieren Sie Ihre Aufmerksamkeit auf die Atmung. Lassen Sie in Ihrem Körper die bewegende Welle eines ruhigen, regelmäßigen Atems kommen und gehen. Die Atmung stellt sich von selber in der Magengegend ein, zwischen Nabel und Brustbein.

Verlangsamen Sie die Atmung, ohne sie zu vertiefen, und verhalten Sie bei leeren Lungen den Atem ca. 3 bis 6 Sekunden. Dann lassen Sie dem Einatmen freien Lauf und lassen Sie es sich spontan auswirken. Beobachten Sie die leichte, lautlose Atmung. Versuchen Sie, die natürliche Atmung des Kindes wiederzufinden. Tun Sie dies ungefähr 2 Minuten lang. Um den Geist zu entspannen, stellen Sie sich einen Sonnenaufgang an einem wolkenlosen Himmel vor, der sich an einem schönen Morgen in einem See spiegelt. Das Wasser ist klar und unbewegt. Lassen Sie sich von Ruhe und Frieden durchdringen. Wenn es Ihnen nicht möglich ist, Ihr Denken unentwegt auf den See zu richten, dann stellen Sie sich vor, daß von Zeit zu Zeit ein Fisch emporschnellt und wieder eintaucht, wobei sich Wellenkreise bilden. Beobachten Sie diese konzentrischen Kreise. Sie können den Fisch auch durch einen ins Wasser fallenden Stein ersetzen.

Das wird noch weitere 2 Minuten in Anspruch nehmen. Lassen Sie sich von Ihrem Atem wiegen. Zu diesem Zeitpunkt werden Sie sich in einem Zustand weit fortgeschrittener Entspannung befinden. Genießen Sie es und lassen Sie sich von neuer Energie durchtränken.

AUFLADEN DER MUSKELN

Wenn Ihre Entspannung im Lauf des Tages vor sich geht – Sie benötigen mindestens *eine* im Verlauf Ihres Arbeitstages –, ist die Wiederherstellung des Muskeltonus anzuraten. Zu diesem Zweck stellen Sie sich vor, daß Sie von Ihrem Gehirn aus neue Energie in den ganzen Körper ausstrahlen.

Fühlen Sie sich von Energie und neuer Lebenskraft erfüllt.

Strecken Sie sich und gähnen Sie herzhaft.

Das ist alles!

Innerhalb von 10 Minuten sind Sie völlig erfrischt, klar im Kopf, heiter und bereit, dem Leben voller Gelassenheit die Stirn zu bieten: die Auswirkungen dieser Entspannung ziehen sich über Stunden hin. Bedienen Sie sich dieses Mittels sogar, wenn eine dringende Aufgabe Sie ganz in Anspruch nimmt, dann vor allem. Studenten sollten während der Zeit der Prüfungen 50 Minuten arbeiten, dann 3 Minuten gehen und sich dann 7 Minuten entspannen, bevor sie sich erneut ihrem Studium zuwenden.

IM BETT

Führen Sie diese Entspannung vor dem Einschlafen durch!

Die einzige Abweichung (muß man darauf hinweisen?) besteht darin, daß man weder die Arme noch die Beine anheben soll.

Ihr Schlaf wird tiefer und erholsamer sein. Die Wahrscheinlichkeit ist groß, daß Sie nicht bis ans Ende Ihrer »Entspannung« gelangen, weil Sie bereits vorher eingeschlafen sein werden. Aber das ist gerade das angestrebte Ziel.

SCHLAFEN

Schlafen! . . . So etwas Leichtes! Und dennoch, wie schwierig ist es! Betrachten Sie ein Kind im Schlaf oder ein schlummerndes Kätzchen: schlafen ist etwas so Einfaches . . . Aber für den an Schlaflosigkeit leidenden Menschen, der sich Stunden hindurch zwischen seinen Bettlaken hin und her dreht, ohne den so sehr ersehnten Schlaf zu finden, ist es ungeheuer schwer. . . . Oh, Schlaf! So mancher Millionär würde dir so gern die Hälfte seines Vermögens schenken, wenn du bereit wärst, ihn jede Nacht acht Stunden lang in dein Zauberreich mitzunehmen. Er würde dabei kein schlechtes Geschäft machen, denn dieses Opfer würde es ihm ermöglichen, die andere Hälfte seines Vermögens voll auszukosten. Schlaf, ohne dich gibt es kein wahres Glück, keine Gesundheit, nicht einmal ganz einfach das Leben.

EINE LEBENSNOTWENDIGE »TÄTIGKEIT«

Wenn man die lebensnotwendigen Bedürfnisse in der Reihenfolge ihrer Bedeutung nach ordnet, steht die Atmung an der Spitze, da die Entziehung von Luft nur während einiger Minuten bereits den Tod herbeiführt; dann die Notwendigkeit zu trinken, denn der Durst tötet den Menschen innerhalb von einigen Tagen; schließlich ein gutes Stück hinter diesen beiden Spitzenreitern der Bedarf an Nahrung, denn immerhin ist es möglich, mehrere Wochen, ohne zu essen, zu überstehen. Im allgemeinen vergißt man in dieser Aufstellung der lebenswichtigen Bedürfnisse den Schlaf zu nennen, dessen völliger Entzug einen Menschen in weniger als einer Woche umbringt.

Schlafen ist also im buchstäblichen Sinn des Wortes eine lebensnotwendige Tätigkeit. Es könnte widersinnig erscheinen, den Schlaf als »Tätigkeit« zu bezeichnen, während er doch dem Begriff nach eine Negation aller Tätigkeit sein sollte. Und dennoch werden wir feststellen, daß wir den Schlaf als etwas *Dynamisches* betrachten müssen. Der Schlaf ist eins der unerforschlichsten Rätsel der Natur. Wir wissen noch nicht, wie das Bewußtsein systematisch schwindet und ausgelöscht wird, um durch eine Leere ersetzt zu werden, die aber nicht das Nichts ist.

Der Schlaf ist eins dieser erregenden Probleme, die sich noch immer den Untersuchungen unserer modernen Wissenschaft entziehen. Wir alle schlafen mehr oder weniger gut, aber kein Wissenschaftler und sonst niemand könnte behaupten, er sei in alle Geheimnisse des Schlafes eingedrungen. Dabei fehlt es auf diesem Gebiet weder an gründlichen Untersuchungen noch an Theorien. Allein ihre Zahl beweist, daß keine von ihnen das Problem ganz zu lösen vermag, keine von ihnen findet allgemeine oder auch nur eine überwiegende Anerkennung. Um alle Hypothesen kennenzulernen und alle Werke über den Schlaf zu lesen, müßte man . . . auf den Schlaf verzichten und Tag und Nacht, ein ganzes Leben hindurch, nichts weiter tun als lesen und lesen, und dennoch . . .

Ich schlage daher vor, daß wir uns gemeinsam einigen dieser Hypothesen zuwenden.

Eine Theorie geht davon aus, daß der Schlaf den Normalzustand des Menschen darstellt, und die Anhänger dieser Theorie weisen daraufhin, daß das Neugeborene den ganzen Tag über schläft, mit Ausnahme von zwei Stunden, die gerade zur Nahrungsaufnahme ausreichen. Nach und nach stellt sich der Zustand des Wachens ein und nimmt einen Teil der dem Schlaf gewidmeten Zeit in Anspruch. Aber es verstreichen noch mehrere Jahre, bis der kleine Mensch mehr als die Hälfte der Zeit wachzubleiben vermag.

Während der ersten Jahre unserer Kindheit bestand also unsere Beschäftigung darin, zu schlafen, wenn auch nicht ausschließlich, so doch weitgehend, und wie viele Menschen würden sich ohne weiteres der Ansicht anschließen, daß dies nicht die am wenigsten glücklichen Zeiten waren. Um glücklich zu leben, leben wir – im Liegen, das war die Losung unserer Kindheit.

Aber warum schlafen wir nun tatsächlich? Wenn wir wenigstens wüßten, warum wir schlafen, könnten wir zweifellos leichter dahinterkommen, warum wir *nicht schlafen,* und das Mittel finden, alles aus dem Weg zu räumen, was den Schlaf behindert. Es klingt etwas zu einfältig, wenn man darauf antwortet: »Man schläft, weil man müde ist«, denn gerade beim Neugeborenen, das schläft und schläft und nochmals schläft, läßt sich nicht erkennen, was der Grund der Ermüdung sein könnte, es sei denn, man ginge von der Annahme aus, daß das Schlafen es ermüdet. Die Theorie, derzufolge die Ansammlung von Giftstoffen, die im Verlauf einer intensiven Arbeit erzeugt werden, den Schlaf hervorruft, stellt, obwohl ihr nicht jede Begründung abzusprechen ist, dennoch nur eine sehr partielle Erklärung dar. Im übrigen gibt es die Fälle, bei denen ein Übermaß an Ermüdung gerade am Schlafen hindert. In einer anderen Theorie wird behauptet, daß der Schlaf eine periodische Rückkehr in den embryonalen Zustand darstellt, und man muß zugeben, daß die von zahlreichen Schläfern eingenommene Stellung der des Fötus sehr ähnelt. Der Ausdruck, »mit geschlossenen Fäusten schlafen«, würde diese These bestätigen, denn der Fötus schläft im Mutterschoß, die Daumen mit den Fingern umschlossen. Pawlows Lehre erklärt den Schlaf u.a. durch die bedingten Reflexe. Aber lassen wir es bitte dabei bewenden, sonst laufen wir Gefahr, bei diesem Thema einzuschlafen.

Wir wissen also sehr wenig von den Ursachen und den Mechanismen, die den Schlaf auslösen, aber es scheint jedoch festzustehen, daß Nervenbahnen der Nebennierenrinde, die mit dem Thalamus und dem unteren Teil des Hypothalamus verbunden sind, die Zustände des Wachens und des Schlafens steuern. Im übrigen sind wir allmählich ziemlich gut darüber unterrichtet, was sich im Organismus des Schläfers abspielt. Auch hier stoßen viele Theorien aufeinander, aber fassen wir kurz zusammen, worin sich der wache Organismus vom schlafenden Körper grundlegend unterscheidet: im Vorherrschen des pneumogastrischen Nervensystems gegenüber dem sympathischen Nervensystem während des Schlafes. Erinnern wir uns daran, daß das neuro-vegetative Nervensystem, das auf autonome und unbewußte Weise alle biologischen Vorgänge steuert, in zwei einander entgegen wirkende Zweige unterteilt ist: das sympathische und das pneumogastrische Nervensystem. Zwei Beispiele: das sympathische beschleunigt den Herzschlag, während das pneumogastrische ihn verlangsamt; das sympathische bremst die Tätigkeit des Verdauungssystems, während das pneumogastrische sie anregt.

Diese Feststellung des Vorherrschens des pneumogastrischen Systems über das sympathische während des Schlafes wird uns sehr nützlich sein, wenn wir uns mit den Mitteln und Wegen befassen, mit deren Hilfe man den an Schlaflosigkeit leidenden Menschen den Schlaf wiedergeben könnte. Weiter oben haben wir gesagt, der Schlaf sei ein dynamischer und sogar außerordentlich aktiver Zustand. Wenn sich während des Zustands des Wachseins die gesamte Aktivität des Menschen auf die äußere Welt richtet, so wendet sich der Mensch während des Schlafes von der Außenwelt ab, um seine gesamte biologische Tätigkeit den Vorgängen des Aufbaus oder des Wiederaufbaus der Zellen und Gewebe zu widmen.

Während des Wachens kämpft der Mensch gegen die Stürme der äußeren Welt an; in der Nacht kehrt er in den Hafen zurück, um an einem sicheren Ufer festzumachen. Jedesmal, wenn dies möglich ist, bemächtigt sich der Schlaf des Menschen, das heißt, sobald die Ereignisse der Außenwelt aufhören, sein Interesse zu wecken. Deshalb läßt uns längere Langeweile unwiderstehlich in Schlaf sinken, und dies sogar beim Fehlen jeglicher Müdigkeit: der Schlaf entspringt ebensosehr der Gleichgültigkeit wie der Ermüdung.

DIE SCHLAFLOSIGKEIT

Der steile Anstieg im Absatz von Schlafmitteln jeder Art verrät das Ausmaß der Plage, unter der die zivilisierte Menschheit leidet. Man hat behauptet, in Frankreich würden die Angler die größte Partei bilden. Tatsächlich aber würde in allen Ländern mit einer hochentwickelten industriellen Zivilisation die größte Partei zweifellos aus den Schlaflosen bestehen. Die Skala der Ursachen der Schlaflosigkeit umfaßt Schmerz, Nervosität, Sorgen und Überarbeitung, nicht zu vergessen die Angst, nicht schlafen zu können.

Die Schlaflosigkeit hat einen Stand erreicht, bei dem sie eine wirkliche Krankheit darstellt: in diesem Fall hat der Arzt das Wort. Aber in 90 Prozent der Fälle genügen die einfachen, erprobten Mittel, die weiter unten dargelegt werden – die meisten von ihnen von Swami Sivananda empfohlen –, um die Schlaflosigkeit zu beheben oder auf ein erträgliches Maß zurückzuschrauben, bis man sie völlig überwindet.

Von der Voraussetzung ausgehend, daß die Mittel je nach Art der Schlaflosigkeit verschieden sind, muß man die Schlaflosen in drei Hauptkategorien einteilen:

a) jene, die große Schwierigkeiten beim Einschlafen haben;

b) jene, die verhältnismäßig leicht einschlafen, jedoch mitten in der Nacht aufwachen und bis zur Dämmerung ihre Sorgen und Probleme wiederkäuen, um dann in einen bleiernen Schlaf zu sinken;

c) schließlich jene, die ziemlich rasch einschlafen, jedoch nur einen sehr seichten, unruhigen und von mehr oder weniger langen Zeiten des Wachens unterbrochenen Schlaf kennen.

Um uns darüber klar zu werden, worin sich diese drei Arten unterscheiden, vergleichen wir ihre Schlafkurven mit denen des normalen und des idealen Schläfers. Diese graphischen Darstellungen zeigen also:

a) den normalen Schläfer;

b) jenen, der Schwierigkeiten beim Einschlafen hat;

c) jenen, der gegen 2 Uhr aufwacht;

d) den Schläfer vom »leichten«, unruhigen Typ;

e) den idealen Schläfer (Typ »Napoleon«).

A. NORMALER SCHLÄFER (siehe graphische Darstellung)

Diese Kurve zeigt den Schlaf des guten normalen Schläfers. Hat er sich zum Beispiel um 10 Uhr abends hingelegt, so ist er kurz danach in einen tiefen Schlaf gesunken. Gegen 6 Uhr morgens erwacht er erfrischt und ausgeruht. Er hat ausreichend Schlaf erhalten und ist voller Energie, bereit, sich den Aufgaben, die ihn erwarten, zu stellen.

In den folgenden graphischen Darstellungen werden die anomalen Formen des Schlafes im Vergleich zu der des normalen Schläfers gezeigt. Jedesmal ist die normale und anomale Kurve aufgezeichnet. Sie können also für jeden Typ von Schlaflosigkeit die Menge des Schlafs (sie ist ebensosehr von der *Dauer* wie von der *Tiefe* abhängig) und den durch jede Anomalie hervorgerufenen Mangel berechnen. Selbstverständlich darf man diese Kurven nicht als etwas absolut Gültiges auffassen: auf diesem Gebiet ist alles individuell, und jeder Fall stellt ein Problem für sich dar.

B. SCHWIERIGKEITEN BEIM EINSCHLAFEN   (siehe graphische Darstellung)

Vergleicht man den Schlaf des Menschen, der schwer einschläft, mit dem des normalen Schläfers, stellt man fest, daß sein Mangel an Schlaf nicht erheblich ist. Das Unangenehme liegt darin, daß er täglich ungefähr zwei Stunden mehr im Bett verbringen muß, um etwa auf die gleiche Menge Schlaf zu kommen wie der normale Schläfer, der von 6.30 Uhr ab erfrischt und ausgeruht ist.

C. AUFWACHEN MITTEN IN DER NACHT   (siehe graphische Darstellung)

Der Mangel an Schlaf bei dem, der mitten in der Nacht aufwacht (stets verglichen mit dem normalen Schläfer), ist bereits bedeutsamer. Selbst wenn er bis 8 Uhr morgens im Bett bleibt, erwacht er noch ziemlich ermüdet. Er soll die in diesem Kapitel beschriebenen Methoden anwenden, um schon von Beginn der Nacht an den Schlaf zu vertiefen, auch das Verfahren, um sehr schnell wieder einzuschlafen, wie es im folgenden Kapjtel dargelegt wird (falls dies überhaupt noch notwendig sein sollte).

D. UNRUHIGER, NERVÖSER SCHLÄFER   (siehe graphische Darstellung)

Der unruhige, nervöse Schläfer erzielt einen sehr geringen »Ertrag« aus seinem Schlaf. Sein Fehlbetrag an Ruhe ist hoch, obwohl, ich möchte es hier wiederholen, diese Kurven keine absolute Gültigkeit besitzen. Ein nervöser Schläfer kann in gewissen Fällen zu Beginn der Nacht einen sehr guten, sehr tiefen Schlaf haben, tiefer als auf dieser graphischen Darstellung angegeben, und auf Grund dieser Tatsache einen sehr viel geringeren Fehlbetrag aufweisen.

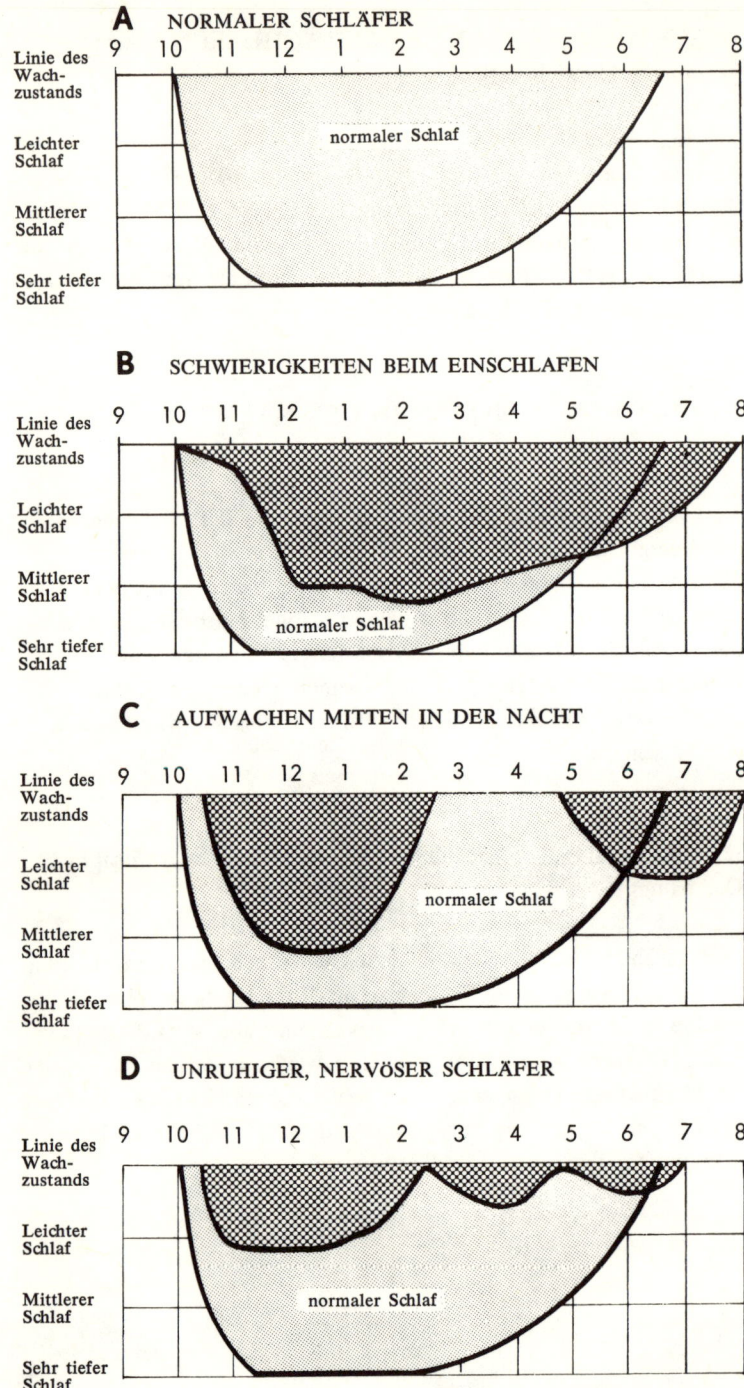

A NORMALER SCHLÄFER

Linie des Wachzustands
Leichter Schlaf
Mittlerer Schlaf
Sehr tiefer Schlaf

9 10 11 12 1 2 3 4 5 6 7 8

normaler Schlaf

B SCHWIERIGKEITEN BEIM EINSCHLAFEN

Linie des Wachzustands
Leichter Schlaf
Mittlerer Schlaf
Sehr tiefer Schlaf

9 10 11 12 1 2 3 4 5 6 7 8

normaler Schlaf

C AUFWACHEN MITTEN IN DER NACHT

Linie des Wachzustands
Leichter Schlaf
Mittlerer Schlaf
Sehr tiefer Schlaf

9 10 11 12 1 2 3 4 5 6 7 8

normaler Schlaf

D UNRUHIGER, NERVÖSER SCHLÄFER

Linie des Wachzustands
Leichter Schlaf
Mittlerer Schlaf
Sehr tiefer Schlaf

9 10 11 12 1 2 3 4 5 6 7 8

normaler Schlaf

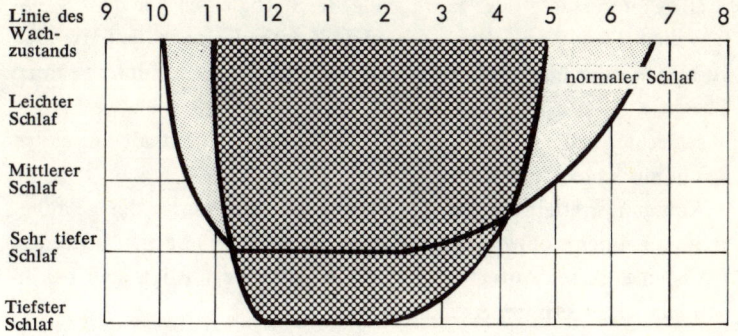

E. DER IDEALE SCHLÄFER (siehe graphische Darstellung)

Wenn Sie ein guter Schläfer sind (was ich Ihnen von ganzem Herzen wünsche), können Sie danach streben, ein »Meister« im Schlafen zu werden, indem auch Sie die in diesen Kapiteln erteilten Ratschläge befolgen. Die graphische Darstellung erklärt das »Rätsel Napoleon«. Dieser begnügte sich mit einigen Stunden Schlaf: in 4 bis 5 Stunden drängte er soviel Erholung zusammen wie ein guter normaler Schläfer in 8 Stunden.

Diese graphischen Darstellungen ermöglichen es, und darin liegt ihr Sinn, intuitiv zu erfassen, in welchem Ausmaß es nicht nur die Dauer des Schlafes ist, die zählt, sondern vor allem seine Qualität. Die folgenden Empfehlungen gelten also für alle, sogar für die guten Schläfer, die mit ihrer Hilfe in die Kategorie der Meisterschläfer aufsteigen können.

Betrachten wir zunächst die für ein schlechtes Einschlafen wichtigsten Gründe.

Der erste Typ des schlechten Schläfers ist also der, der sich zu einer vernünftigen Zeit schlafen legt, dem es jedoch nicht gelingt, vor Ablauf einer Stunde oder mehr einzuschlafen. Ist er aber einmal eingeschlafen, ist sein Schlaf bis zum Morgen verhältnismäßig gut. Es gibt sehr verschiedene Ursachen für diese Schwierigkeit beim Einschlafen; es folgen die wesentlichsten (pathologische Ursachen bleiben unberücksichtigt):

eine zu reichliche oder unverdauliche Mahlzeit, die zu kurz vor dem Schlafengehen eingenommen wurde;

allzu interessante oder aufregende Beschäftigungen vor dem Schlafengehen (Film, Fernsehen, spannende Kriminalromane, lebhafte Diskussionen oder eingehende Beschäftigung mit einem hochinteressanten Thema);

schlechte Sauerstoffversorgung des Blutes (Aufenthalt in einem Raum mit schlechter Luft);

Anregungsmittel: Kaffee, Tee, Tabak (um nur einige der geläufigsten zu nennen), obwohl bei manchen Personen eine genau begrenzte Dosis eines dieser Anregungsmittel den Schlaf begünstigt, aber bei ihnen handelt es sich um Ausnahmen;

fast ausschließlich sitzende Lebensweise;

allgemeiner Erregungszustand: in ständiger Unruhe, unter Streß lebende Personen.

RATSCHLÄGE FÜR SCHNELLES, GUTES EINSCHLAFEN

Die folgenden Ratschläge haben schon zahlreichen Menschen geholfen, schnell zu einem guten, erholsamen Schlaf zu gelangen, den zu erreichen sie bis dahin alle Mühe hatten:

das Abendessen sollte leicht sein und mindestens zwei, sogar drei Stunden vor dem Schlafengehen eingenommen werden. Je besser es durchgekaut ist, desto weniger wird es am Einschlafen hindern;

meiden Sie Anregungsmittel, vor allem im Verlauf des Abends (Kaffee, Tee, Tabak);

in der Stunde vor dem Schlafengehen vermeiden Sie es, die Gehirntätigkeit durch allzu spannende Lektüre, allzu aufregende Filme oder Vorführungen, lebhafte Diskussionen oder intensives Studium zu reizen;

eine halbe Stunde vor dem Schlafengehen einen schnellen Spaziergang von 10 Minuten machen, auch mitten im Winter, oder sechs »Grüße an die Sonne« vor dem offenen Fenster;

viele Menschen schlafen nach einem sehr warmen Vollbad besser ein;

vor dem Schlafengehen ein sehr heißes Fußbad nehmen. Ein sehr tiefes Gefäß (ein einfacher Eimer genügt) mit sehr heißem Wasser füllen, dem man nach Belieben einen oder zwei Teelöffel voll Senfpulver beigibt. Das Ziel: das Blut in die unteren Gliedmaßen des Körpers zu leiten. Nach Möglichkeit sollte man die Beine bis unter die Knie eintauchen. Sobald das Wasser abkühlt, sehr heißes wieder nachgießen. (Vorsicht jedoch bei Krampfadern; dann ist dieses Verfahren nicht geeignet.) Die Beine abtrocknen, dann ins Bett. Die Füße sollen sehr warm sein: wenn eine Wärmflasche beim Einschlafen hilft, nicht zögern!;

andere ziehen kalte Waschungen oder eine kräftige Abreibung mit einem groben Faserhandschuh vor (trocken oder mit Kölnisch Wasser), bis die Haut gleichmäßig gerötet ist;

ein warmer Kräutertee kurz vor dem Schlafengehen hat sich in zahlreichen Fällen als wirksam erwiesen. Die Zusammensetzung ist von geringer Bedeutung, vorausgesetzt, daß sie – selbstverständlich – kein Anregungsmittel enthält. Entsäuerung durch Honig, der homöopathische Spuren von Brom enthält, ein Beruhigungsmittel für das Nervensystem;

darauf achten, daß das Zimmer gut gelüftet und das Bett nicht zu weich ist;

sich nicht zu schwer zudecken; warme, aber leichte Decken wählen.

IM BETT

Bergson hat einmal gesagt: »Schlafen bedeutet, sich nicht mehr zu interessieren.«

Einmal im Bett, müssen Sie die Sorgen verjagen. Den Tag über muß man sein Möglichstes tun, um seine Probleme zu lösen, aber es ist nichts damit gewonnen, sie im Bett wieder durchzukäuen. Um seine Schwierigkeiten zu überwinden, ist es das beste, gut zu schlafen, damit man am Morgen gut ausgeruht und im vollen Besitz seiner Fähigkeiten ist. Leben wir in der Gegenwart. Die Aufgabe des heutigen Tages ist erfüllt, morgen früh werden wir weitersehen. Napoleon – um ihn nochmals zu erwähnen – rollte sich während der Schlacht von Austerlitz, nachdem erst einmal alles geordnet war und der Kampf begonnen hatte, in eine Decke und sank in einen tiefen Schlaf.

Die Schlaflosigkeit nicht fürchten. Die Angst, nicht schlafen zu können, behindert tatsächlich das Einschlafen.

Dem Schlaf nicht nachlaufen, er wird von selber kommen. Denken

Sie an die Geschichte des Mannes, der seinen Schatten verfolgte: je schneller er rannte, desto schneller flüchtete der Schatten, bis zu dem Augenblick, in dem er seinen Irrtum erkannte. Von dem Zeitpunkt an, als er sich zur Sonne umgedreht hatte und auf das Licht zuging, waren die Rollen vertauscht, und es war sein Schatten, der ihm folgte. Das gleiche gilt für den Schlaf. Die Furcht davor, nicht einzuschlafen, ist eine negative geistige Vorstellung, die es zu vermeiden gilt. Häufig ist sie die einzige wirkliche Ursache, die eigentliche anfängliche Ursache der Schlaflosigkeit, die inzwischen verschwunden ist. Vermeiden Sie es, an die Schlaflosigkeit zu denken. Stellen Sie sich im Geist das Bild des Schlafes vor, stellen Sie sich vor, daß Sie einschlafen.

Man sollte sich vorzugsweise auf die Seite legen. Swami Sivananda empfiehlt, auf der linken Seite zu schlafen, damit man die ganze Nacht hindurch durch das rechte Nasenloch atmet. Keine Angst, Ihr Herz wird dabei nicht gedrückt. Aber wenn Sie es vorziehen, auf der rechten Seite einzuschlafen, ganz wie Sie wollen, nur auf das Ergebnis kommt es an.

Um auf der Seite einzuschlafen, sollte man das eine Bein leicht anziehen. Das ist eine gute Stellung. Eine Faust machen und den Daumen mit den Fingern umschließen, ohne ihn zu drücken.

Wenn Sie gläubig sind, sprechen Sie Ihr Gebet.

Monotonie hilft beim Einschlafen. Der alte Trick, Schafe oder Soldaten zu zählen, die an einem vorbeiziehen, ist allzu bekannt und häufig ohne Wirkung. Es gibt Besseres: stellen Sie sich einen sehr ruhigen See vor; betrachten Sie das Wasser, in dem sich der blaue Himmel spiegelt, und denken Sie an einen Stein, der ins Wasser fällt. In Ihrer Phantasie folgen Sie mit den Blicken den sich entfernenden konzentrischen Kreisen, werfen Sie dann den nächsten Stein und so weiter. Während man die ins Wasser fallenden Steine und die sich entfernenden Kreise betrachtet oder seine Gebete spricht, muß man tief mit dem Zwerchfell atmen, wobei man die Ausatmung verlangsamt, mit einer sehr kurzen Pause von zwei oder drei Sekunden am Ende des Ausatmens.* Ahmen Sie die tiefe, langsame Atmung des Schläfers nach. Rufen Sie sich angenehme Ferienerinnerungen oder ähnliches ins Gedächtnis.

Führen Sie auch, während Sie auf den Schlaf warten, die vollständi-

*Vergl. »Die entspannende Atmung«, S. 98 ff.

ge Entspannung durch. Ein völliges Entspannen ist erholsamer als der Schlaf selber.

Wer imstande ist, den Lotossitz einzunehmen, kann sich einige Minuten lang in dieser Stellung hinsetzen, bevor er sich ins Bett legt, und in dieser Asana langsam und tief atmen. Die Verlangsamung der allgemeinen Zirkulation, eine Folge des Abbremsens in den Beinen, genügt in den meisten Fällen, um den Schlaf, sobald man sich ins Bett gelegt hat, herbeizuführen (siehe weiter unten »Wie schläft man wieder ein«).

DIE SCHLAFMITTEL

Etwas Grundsätzliches: Nehmen Sie niemals ein Schlafmittel ohne ärztliche Verordnung. Wenn es Ihnen wirklich nicht gelingt zu schlafen und die Schlaflosigkeit einen krankhaften Grad erreicht, fragen Sie einen Arzt um Rat, aber nehmen Sie niemals Barbiturate oder andere Giftstoffe, ohne daß er es Ihnen ausdrücklich verordnet. Allein der Arzt vermag zu entscheiden, ob die Einnahme des Giftes weniger Schaden anrichtet als mangelnder Schlaf, und er muß sich für das kleinere Übel entscheiden. *Die Schlafmittel sind niemals nur oberflächlich wirkende Beruhigungsmittel, aber sie sind auch keine Heilmittel gegen die Schlaflosigkeit.**

**Vergl. »Endlich ohne Drogen schlafen«, S. 128 ff.

ENDLICH OHNE DROGEN SCHLAFEN

Eines schönen Tages – oder richtiger, in einer bösen Nacht – haben Sie Ihr erstes Schlafmittel genommen . . . Vielleicht standen Sie unter dem Einfluß eines körperlichen Schmerzes, eines seelischen Schocks oder irgendeines anderen Traumas, der Ihnen den Schlaf raubte. Da hat Ihnen die Chemie den Schlaf geschenkt, den die Natur Ihnen versagte. Seitdem ist die eigentliche Ursache dieser Schlaflosigkeit zweifellos verschwunden, aber die Drogen sind geblieben. Ohne Pille kein Schlaf mehr. Oder richtiger, ohne Pillen, in der Mehrzahl, denn die Gewöhnung hat Sie dazu gebracht, die Dosis zu erhöhen. Wie viele nehmen Sie jetzt? Zwei, drei? Ich hoffe für Sie, daß Sie nicht so weit gelangt sind, *fünf* von ihnen zu schlucken (noch dazu von den giftreichsten), wie jener Herr, den ich gut kenne. Ich möchte jedoch hinzufügen, daß er sich inzwischen von dieser Tyrannei befreit hat und ohne die kleinste Tablette wie ein Kind schläft. Wie auch Sie von heute ab bald schlafen werden. Gewiß, Sie haben bereits versucht, ohne sie auszukommen, denn Sie sind selber davon überzeugt, daß *alle* Schlafmittel ein Gift enthalten. Sie haben sich gesagt: »Das muß aufhören; ich werde keine Pillen mehr nehmen, um zu schlafen, selbst wenn ich die ganze Nacht wachbleiben sollte.« Tatsächlich haben Sie auch kein Auge in der Nacht zugemacht, es sei denn, daß Sie gegen zwei Uhr morgens, des Kampfes müde, die Hand zu dem Röhrchen mit den Pillen auf Ihrem Nachttisch ausgestreckt haben, um doch noch ein wenig Schlaf zu finden.

Jetzt haben Sie sich damit abgefunden, von Ihren Schlafmitteln abhängig zu sein, und Sie ziehen den chemischen Schlaf, nach dem sich der Mund so pelzig anfühlt und Sie den ganzen Vormittag hindurch wie benommen herumlaufen, der Schlaflosigkeit vor. Die Abhängigkeit von Schlafmitteln kann sehr groß sein. So kenne ich den Fall eines Mannes, der sich um 21 Uhr hinlegt und . . . auf 23 Uhr seinen Wecker stellt, um seine Dosis an Schlafmitteln zu sich zu nehmen.

Kann man sich wirklich von diesen Drogen befreien?

Ohne zu zögern erkläre ich Ihnen mit allem Nachdruck: *Ja*. Ich möchte sogar hinzufügen, daß es nicht schwierig ist. Es ist eine Frage des taktischen Vorgehens. Einigen ist es gelungen, von einem Tag zum anderen damit aufzuhören, und sie haben ihre Pillen in den Abfalleimer geworfen. Selbstverständlich ist auch das eine Methode, ganz ähnlich der, wenn man jemanden ins Wasser wirft, damit er schwimmen lernt! Aber ist es auch die beste? Indem Sie die in diesem Abschnitt beschriebene Methode anwenden, *müssen* Sie sich in wenigen Tagen (allerhöchstens in wenigen Wochen) für immer von Ihrer Drogenabhängigkeit befreien.

Aber bevor Sie den Kampf mit einem so mächtigen Gegner aufnehmen, müssen Sie zunächst von folgendem überzeugt sein:

daß der Gebrauch eines Schlafmittels eine Angewohnheit ist wie jede andere, nicht mehr;

daß der Wille nicht imstande ist, Ihre Ketten zu sprengen, ganz im Gegenteil!

daß Sie schlafen *können* und daß Sie schlafen *werden*;

daß zahllose andere Sklaven der Pille den Teufelskreis durchbrochen haben und auch Sie das schaffen können.

Gehen wir zum praktischen Teil über.

Das ist in großen Zügen der strategische Plan:

a) Sie werden vorläufig weiterhin Ihre Pillen nehmen, aber den Kampf auf dem Gelände einleiten, auf dem er sich tatsächlich abspielt: dem der geistigen Bilder. Gleichzeitig werden Sie lernen, Ihren Schlaf zu beeinflussen;

b) haben Sie erst einmal gelernt, Ihren Schlaf aus eigener Kraft zu vertiefen, werden Sie die Dosis kaum spürbar herabsetzen;

c) von einer Herabsetzung zur anderen wird die Menge schließlich so gering werden, daß sie unschädlich wird, und Sie instandsetzen, nach kurzer Zeit zu einem vollständigen Verzicht zu gelangen.

An der Drogenfront haben wir uns also vorläufig darauf geeinigt, den Status quo beizubehalten. Während Sie aber weiterhin noch Ihre Pillen nehmen, hat der Kampf gegen Ihren Feind bereits begonnen.

Die Hauptmacht seiner Truppen besteht aus der *negativen geistigen Vorstellung* :»*Ohne Pillen gibt es für mich keinen Schlaf.*« Den Willen gegen ein solches Bild Ihrer Vorstellung einzusetzen, ist ebenso illusorisch, wie ein Benzinfeuer mit Wasser löschen zu wollen. Um eine negative geistige Vorstellung besiegen zu können, gibt es nur eine einzige Waffe: die *positive* geistige Vorstellung. Die Befürchtung, ohne Droge nicht schlafen zu können, ist die Hauptursache Ihrer Versklavung.

Diese negative geistige Vorstellung hat Ihre Befreiungsversuche zum Scheitern verurteilt. An dem Abend, an dem Sie, ohne eine Pille einzunehmen, zu Bett gingen, sagte sich Ihr Unterbewußtsein: »Ohne Pille kann ich nicht schlafen.« Diese negative geistige Vorstellung fand ihre Verwirklichung, was sie sogar noch verstärkt hat: beim nächsten Versuch wird sie noch mächtiger sein. Wiederholen wir es: in den meisten Fällen ist es die Furcht, ohne Schlafmittel nicht einschlafen zu können, die den Menschen wach hält. Solange diese Angst besteht, muß jeder Frontalangriff in sich zusammenbrechen.

Der Wille, oder zumindest doch das, was man für gewöhnlich unter dieser Bezeichnung versteht, ist hier keine Hilfe. Es wäre völlig nutzlos zu erklären: »Was auch geschieht, heute abend nehme ich kein Schlafmittel, selbst wenn ich die ganze Nacht wachbleiben sollte.« Setzen Sie nicht den »Willen« ein. Im übrigen leugnet die moderne Psychologie sogar die Existenz des Willens und neigt dazu, ihn durch den Begriff der »Motivierung« zu ersetzen. Wollte man diese Betrachtungsweise teilen, so liefe es darauf hinaus, den Menschen als den Spielball seiner »Motivierungen« zu betrachten, die ihrerseits aus den unbewußten »Antrieben« aufsteigen. Der Unterschied zwischen einem Menschen und einem Tier, das wirklich seinen Instinkten unterworfen ist, liegt darin, daß der Mensch zwischen zwei Motivierungen wählen kann, der Mensch kann aus eigenem Willen »sich motivieren«, durch eine bewußte Selbstmotivierung handeln. Wir werden also die Vorstellung, daß Sie nur mit Hilfe von Schlafmitteln schlafen können, neutralisieren, während wir weiterhin welche nehmen. Heute abend werden Sie wie üblich Ihr Schlafmittel einnehmen, aber im Bett werden Sie denken: »Ich nehme mein Schlafmittel in aller Freiheit. Es ist nicht so dramatisch, wenn ich es noch einige Tage oder sogar einige Wochen lang nehme. Schon bald werde ich nach und nach die Dosis herabsetzen und schließlich ganz darauf verzichten.«

Warum nicht schon jetzt damit anfangen, die Dosis herabzusetzen?

Weil die erste aktive Phase darin bestehen wird, die Qualität Ihres Schlafes durch die geistige Vorstellung zu bessern. Denken Sie: »Ich werde auf jeden Fall schlafen, weil ich ganz aus freien Stücken und im Sinn einer zusätzlichen und zeitlich begrenzten Vorsichtsmaßnahme mein Schlafmittel genommen habe. Jetzt werde ich, während ich auf das Einschlafen warte, nach besten Kräften den natürlichen Schlaf nachahmen, was meinen ›unterstützten‹ Schlaf vertiefen wird.«

Dann tun Sie so, als schliefen Sie. Verlangsamen Sie die Atmung und verlängern Sie das Ausatmen, an dessen Ende Sie eine Pause einlegen, wie es an anderer Stelle in diesem Buch beschrieben wird. Stellen Sie sich im Geist vor, daß Ihr Körper erschlafft, Ihre Arme immer schwerer werden, Ihre Beine ein Gewicht erhalten, als wären sie mit Sand gefüllt, und Ihr ganzer Körper wie Blei wird. Allein die Tatsache, den Schlaf nachzuahmen, gibt Ihnen bereits 80 Prozent der Erholung, die der wirkliche Schlaf liefert, selbst wenn Ihr Geist wachbleibt, selbst wenn Ihr Bewußtsein nicht ausgeschaltet ist. Sie müssen wissen, daß Sie dank dieser positiven Vorstellung besser schlafen und beim Erwachen frischer und ausgeruhter sein werden. Nach wenigen Tagen (oder richtiger, nach wenigen . . . Nächten!), zuweilen sogar schon vom ersten Versuch ab, werden Sie eine Verbesserung der *Qualität* Ihres Schlafes feststellen. Sobald Sie bemerken, wie die geistige Vorstellung Ihren Schlaf beeinflußt, können Sie zur nächsten Phase übergehen, die darin besteht, die Dosis des Schlafmittels allmählich herabzusetzen.

Angenommen, daß Ihre gewohnte Dosis aus zwei Pillen besteht, dann nehmen Sie nur noch 1³/₄. Diese Herabsetzung um ein Achtel der Gesamtdosis ist winzig und wird durch die Besserung der Qualität Ihres Schlafes bereits kompensiert. Behalten Sie einige Tage lang diese herabgesetzte Dosis bei. Manche Nächte werden besser sein, andere weniger gut; das ist ganz normal, und das gleiche gilt auch für jene, die ohne Hilfe von Pillen schlafen: niemals verbringt man zwei völlig gleiche Nächte. Nach einer Woche werden Sie die Erfahrung machen, daß die Herabsetzung der Dosis des Schlafmittels die Qualität Ihres Schlafes nicht verringert: setzen Sie Ihre Dosis noch um ein Viertel herab. Zu diesem Zeitpunkt werden Sie sich sagen, während Sie noch immer auf den Schlaf warten: »Ich ahme den Schlaf nach, also ruhe ich mich aus. Ganz allmählich werde ich aus dem Zustand des Wachens in den Zustand des Schlafens hinübergleiten. Das ist der richtige Augenblick, um meinem Unterbewußtsein positive, günstige geistige Vorstellungen vorzuführen, die keine Verbindung mehr mit dem Schlaf haben.« Sehen Sie sich selber, wie Sie zum Beispiel morgen Ihren Geschäften nachgehen, im Büro sitzen oder irgendwo anders, sehr ruhig, gelassen, lächelnd, während Sie mühelos all den Schwierigkeiten des täglichen Lebens entgegentreten. Machen Sie sich ein Bild eines tüchtigen, energischeren Ichs, wenn auch entspannt. Die Chancen stehen 9 zu 10, daß Sie sehr schnell einschlafen werden. So wird sich die Dosis nach und nach, von einer Herabsetzung zur anderen, auf den Nullpunkt zubewegen. Haben Sie es nicht zu eilig damit, ganz und gar auf Schlafmittel zu verzichten.

Ihr Verhalten während des Tages ist, wir haben schon darauf hingewiesen, ebenso wichtig wie Ihr Verhalten während der drei Stunden, bevor Sie sich in Ihr Schlafzimmer zurückziehen. Schon vom Morgen an, sogar noch vor dem Aufstehen, denken Sie, indem Sie diese Worte in *Bilder* umsetzen: »Ich werde den ganzen Tag lang vermeiden, mich über irgend etwas aufzuregen. So werde ich, da mein Nervensystem nicht überreizt wurde, weniger Erholung brauchen. Ich werde in völliger Ruhe arbeiten, und heute abend werde ich ohne Mühe einschlafen. Sobald ich mich hinlege, werde ich sehr bald in einen tiefen, erholsamen, erfrischenden Schlaf sinken.«

Dann kommt die letzte Phase. Sie verzichten auf jedes Schlafmittel. So viele Menschen haben sich für immer aus der Sklaverei der Schlafmittel befreit, obwohl sie sehr viel schlechter gerüstet waren als Sie, denn Ihnen ist jetzt die Taktik Ihres Vorgehens bekannt.

WIE WIRD MAN EIN MEISTERSCHLÄFER?

Mit der folgenden Methode bringt man es zum Meisterschläfer. Während Sie im Bett die langsame, regelmäßige Atmung des Schläfers nachahmen, bilden Sie sich ein, daß Ihre Arme, Ihre Beine und Ihr ganzer Körper schwer werden, und denken Sie dabei: »Ich bin schläfrig. Ich bin so müde, daß ich schlafen werde, bis mich der Wecker morgen früh weckt. Nichts anderes kann mich wecken.« Sagen Sie sich auch: »Morgen früh werde ich völlig entspannt und erfrischt sein und mich sehr wohl fühlen. Ich werde das unwiderstehliche Verlangen haben, etwas zu leisten.« Während Sie noch immer die Augen geschlossen halten, richten Sie Ihren inneren Blick auf die Nasenspitze und bilden Sie sich ein, daß Sie sie sehen.

Stellen Sie sich, noch immer in Ihrer Phantasie, den Wasserdampf vor, der beim Ausatmen aus Ihren Nasenlöchern strömt, wie im Winter bei großer Kälte. Betrachten Sie diesen Dampf, der langsam aus Ihren Nasenlöchern dringt, und stellen Sie sich gleichzeitig vor, daß Ihre Glieder immer schwerer werden. Sagen Sie sich bei jedem Ausatmen: »Ich sinke immer tiefer dem Schlaf, der völligen Ruhe entgegen.« Während Sie so den imaginären Dampf betrachten, der aus Ihren Nasenlöchern dringt, werden Sie sich schon bald in einem schlafähnlichen Zustand befinden, in dem Sie noch Laute vernehmen, die Sie jedoch nicht stören, denn sie werden jede Bedeutung verloren haben. Dann werden Sie in einen sehr tiefen Schlaf sinken. Nach wenigen Wochen wird das Problem Ihrer Schlaflosigkeit für immer gelöst sein. Sobald Sie imstande sind, nach Belieben einzuschlafen und in einen tiefen Schlaf zu sinken, können Sie zur allerletzten Phase übergehen. Sie müssen nämlich auch wissen, daß es, wenn es möglich ist, sich darin zu üben, immer länger zu schlafen, im Gegensatz dazu auch möglich ist, sich dazu zu erziehen, eine immer geringere Anzahl von Stunden zu schlafen. Beneiden Sie nicht diese außergewöhnlichen Schläfer, die sich in fünf oder sechs Stunden völlig ausruhen? Möchten Sie es nicht mit ihnen aufnehmen können? Um die Dauer des gesamten Schlafes herabzusetzen, muß man den Umstand ausnutzen, daß die ersten Stunden des Schlafs die gründlichste Erholung bieten. In den USA hat Dr. Kleitman, der seit mehr als vierzig Jahren den Schlaf erforscht, gründliche Untersuchungen durchgeführt. Diese mit allen modernen Hilfsmitteln, unter anderem mit dem Elektroenzephalogramm vorgenommenen Experimente, haben gezeigt, daß der einschlafende Mensch sehr schnell in Tiefschlaf sinkt. In diesem Stadium kann man ihm mit grellem Licht ins Gesicht leuchten und Wecker erklingen lassen: er wacht dadurch nicht auf. Diese Periode absoluten Schlafs ist ziemlich kurz: von ein bis eineinhalb Stunden. Dann wird der Schlaf seichter, um erneut in größere Tiefen abzusinken. Den idealen Schläfer, dessen Kurve im vorangegangenen Kapitel beschrieben wurde, gibt es in Wirklichkeit niemals. Der tiefste Schlaf erstreckt sich also im großen und ganzen über die ersten beiden Stunden, und theoretisch wäre es ausreichend, wenn man sich dreimal eineinhalb Stunden Schlaf auf vierundzwanzig Stunden leisten würde, um in diesen viereinhalb Stunden genug Schlaf zu erhalten und damit die Bedürfnisse des Ausruhens zu befriedigen. Dies wäre zutreffend, käme nicht noch ein anderes Element ins Spiel, das heißt, der Traum. Wir *brauchen Träume.* Dr. Kleitman hat andere Experimente durchgeführt: sie bestanden darin, den Schläfer gleich zu Beginn jedes Traums zu wecken, den das Elektroenzephalogramm durch Veränderungen der Aufzeichnungskurven anzeigte, um ihn dann wieder einschlafen zu lassen und so fort. Man beraubte ihn damit nicht des Schlafes, sondern hinderte ihn nur am Träumen.

Diesem Menschen gelang es, sich genügend auszuruhen, um seinen täglichen Aufgaben nachkommen zu können, aber nach einer gewissen Zeit zeigte er ein seltsames Verhalten. Bei längerer Fortsetzung des Experiments stellten sich Anzeichen einer unbestreitbaren Störung des psychischen Gleichgewichts ein.

Der Traum ist also ein psychischer Gleichgewichtsfaktor, von dem eine ausreichende Menge erforderlich ist. Nun aber treten die Träume vor allem nach den ersten zwei Stunden Schlaf auf. Einer der Nachteile der Schlafmittel, und nicht der geringste, besteht darin, daß ein dumpfer Schlaf ohne jeden Traum erzeugt wird. Man muß sich also auf jeden Fall mindestens vier Stunden Schlaf hintereinander sichern. So haben es ausgezeichnete Schläfer wie Napoleon und Edison gehalten. Und im Verlauf des Tages gönnten sie sich auch noch einige sehr tiefe, jedoch sehr kurze Schlafpausen von etwa einer halben Stunde, in denen sie diesen Tiefschlaf genossen, der gleich nach dem Einschlafen eintritt. Um sich dazu zu erziehen, weniger lang zu schlafen, muß man am Anfang und am Ende etwas abzwacken, das heißt, man muß sich eine halbe Stunde später schlafen legen und eine halbe Stunde früher aufstehen, wobei man sich zugleich im Verlauf des Tages eine halbe Stunde des Ausruhens gönnt. Auf diese Weise hat man die tägliche Gesamtmenge nur um dreißig Minuten herabgesetzt. Der Schlaf wird als Ausgleich für diese Herabsetzung der Zeit sehr schnell viel tiefer werden. Sobald sich der Organismus an diese erste Herabsetzung gut gewöhnt hat, sollten Sie eine neue Herabsetzung von einer halben Stunde vornehmen (eine Viertelstunde an »jedem Ende« der Schlafstrecke) und die Hälfte davon im Verlauf des Tages nachholen. Auf diese Weise wird es Ihnen gelingen, immer tiefer und immer weniger lang zu schlafen.

Über die Nützlichkeit dieser Methode ließe sich streiten. So könnte man einwenden: und wenn man länger schläft, gewinnt man dadurch nicht physische und psychische Vorteile in dem Sinn, daß der Schlaf im Grunde eine Verlängerung der Lebensdauer und nicht einen Verlust an Zeit darstellt? Das nachzuweisen ist unmöglich. Aber für diejenigen, die Yoga betreiben wollen und sich darüber beklagen, diese Übungen nicht in ihrem bereits überlasteten Zeitplan unterbringen zu können, gibt es nur drei Alternativen: entweder ihren bisherigen Zeitplan zu beschneiden, oder aber Zeit durch eine bessere Einteilung zu gewinnen oder aber die Stunden des Schlafs so herabzusetzen, daß man eine Stunde dem Yoga widmen kann, zum Beispiel am Morgen, bevor man zur Arbeit geht. Das bleibt jedem einzelnen überlassen.

WIEDEREINSCHLAFEN

Drei Uhr morgens . . .

Die Ungeduld überkommt Sie. Seit einer Stunde hoffen Sie vergeblich, wieder einschlafen zu können. Sie sind ebenso hellwach wie mitten am Tage, sogar viel zu klar im Kopf, denn während Sie sich zwischen Ihren Laken hin und her drehen, läuft die »Denkmaschine« auf vollen Touren. Sie denken an Ihre Arbeit, an Ihre Geschäfte; Ängste und Sorgen beschleichen Sie. Oder es tauchen ganz im Gegenteil allzu optimistische Gedanken auf. Sie entwerfen phantastische Pläne, die beim Aufwachen in Nichts zerfallen. Bei Tagesanbruch werden Sie bestimmt über alles lächeln, was Sie jetzt so sehr bedrängt, und diese ehrgeizigen Pläne werden sich als undurchführbar erweisen. So gern würden Sie diesem Karussell der Gedanken ein Ende setzen und wieder einschlafen, aber . . . Sie zählen Schafe, Sie versuchen an nichts zu denken: aber das alles nutzt nichts. Jetzt ärgern Sie sich, denn Sie wissen, wie kostbar diese verlorenen Stunden der Ruhe sind und daß Sie im Verlauf des bevorstehenden Tages die Quittung für diese vergebliche Kraftanstrengung Ihres Gehirns erhalten werden. Wenn das graue Dämmerlicht des erwachenden Tages auf Ihre Fenster fällt, sinken Sie in einen schweren Schlaf. Beim Aufwachen haben Sie den Eindruck, noch müder zu sein als beim Schlafengehen. Welch schöner Tag liegt vor Ihnen.

Wenn es Ihnen so ergeht, werden die in diesem Kapitel enthaltenen erprobten Ratschläge Ihnen helfen, schnell und leicht wieder einzuschlafen!

ENTDECKUNG DER URSACHEN

Im Anfang sind Sie nur zufällig und selten so aufgewacht: ein- oder zweimal im Monat, und dann kam es häufiger vor. Man muß die Ursache finden, die eine der folgenden sein kann:

Sie sind vielleicht ein Meisterschläfer, ohne es zu wissen; vielleicht verbringen Sie zu viele Stunden im Bett! Schön, daß Sie früh schlafen gehen, unter der Voraussetzung, daß Sie auch früh aufstehen und so weit wie möglich die Stunden des Schlafes mit dem Wechsel der Tage und Nächte zusammenfallen lassen. Wenn Sie dennoch keine Lust haben, um 4 oder 5 Uhr morgens aufzustehen, bleibt Ihnen noch die Möglichkeit, sich später schlafenzulegen. Als Rezept ist dies weniger empfehlenswert, aber ganz bestimmt einem unterbrochenen Schlaf vorzuziehen.

Ein natürliches Bedürfnis weckt Sie. Geben Sie ihm nach – selbstverständlich! – aber in Zukunft vermeiden Sie es, in den zwei Stunden vor dem Schlafengehen zuviel Flüssigkeit zu sich zu nehmen. Achtung! Wenn das Bedürfnis nicht übermäßig stark ist, widerstehen Sie ihm. Tatsächlich kann sich bereits nach zwei oder drei Nächten ein bedingter Reflex einstellen, und Sie werden jede Nacht zur selben Zeit aus dem gleichen Grund erwachen.

Es ist Ihnen zu warm – oder zu kalt. Decken Sie sich der Jahreszeit entsprechend zu. Wenn Ihr Ehepartner leicht friert oder »ein warmes Öfchen« ist, gibt es immer die Möglichkeit, die eine Seite des Bettes wärmer zuzudecken als die andere.

Ihre Decken sind zu schwer. Nehmen Sie möglichst leichte: es gibt ausgezeichnetes Material. Das ist eine Ausgabe, die sich bezahlt macht! Leichte Decken verbessern alle Arten des Schlafes.

Sie haben sich am Tag geärgert. La Rochefoucauld behauptete, »das Altern hat eine lange Zeit der Vorbereitung, eine lange Zeit«; das gleiche ließe sich vom Schlaf sagen. Ihre Nacht ist ebensosehr von dem abhängig, was Sie zwischen 8 Uhr morgens und 8 Uhr abends tun, wie von Ihrem Verhalten während der zwei Stunden vor dem Schlafengehen.

Seien Sie unter allen Umständen entspannt, was nicht gleichbedeutend mit Schwäche und Untüchtigkeit ist, ganz im Gegenteil. Ein Autofahrer, der unverkrampft fährt und sich nicht über alles ärgert, kommt ebenso schnell vorwärts wie einer, der aufgeregt ist.

Sie sind körperlich nicht müde genug. Gehen Sie mehr: benutzen Sie weniger den Fahrstuhl und das Auto. Atmen Sie gründlich.

Ihr Schlafzimmer ist schlecht gelüftet. Im Verlauf der ersten Stunden des Schlafes reicht der Sauerstoffvorrat noch aus, und Ihr Schlaf ist tief genug. Aber in dem Maße, in dem der Anteil des Sauerstoffs in der Luft zurückgeht und der der Kohlensäure im umgekehrten Verhältnis steigt, stellt sich ein Gefühl des Unbehagens ein, das vom Unbewußten registriert wird: das mag schon ausreichen, um Sie zu wecken. Schlafen Sie also zu jeder Jahreszeit bei offenem Fenster.

Ihr Bett ist zu weich. Tatsächlich herrscht gerade in den am höchsten entwickelten Industrieländern, wo die Menschen weiche Betten besitzen, die Schlaflosigkeit. In einem zu weichen Bett sinkt der Körper ein, was in der Wirbelsäule zu Verkrampfungen führt, die die Ursache eines Erwachens nach vier oder fünf Stunden Schlaf sein können. Die Japaner schlafen auf Matten aus Reisstroh – den berühmten »Tatamis« – flach auf dem Boden, nicht etwa weil sie unfähig wären, Betten herzustellen, sondern weil sie wissen, daß dies viel erholsamer ist. Im übrigen schlafen noch immer 80 Prozent der Menschheit am Boden! Wenn Ihr Bett zu weich ist, schieben Sie ein Brett unter die Matratze. Nach einigen Nächten werden Sie viel besser schlafen, und im übrigen ist es sehr gut für die Wirbelsäule.

Zahlreiche andere Ursachen relativen Unbehagens, zu Beginn der Nacht ohne Bedeutung, werden, während die Zeiger der Uhr vorrücken, immer spürbarer, bis sie Sie wecken. Zuweilen kann auch die Richtung des Bettes den Schlaf beeinflussen. Manche Menschen schlafen besser mit dem Kopf nach Norden, andere wiederum mit dem Kopf nach Osten; jedoch hat dies in vielen Fällen keinen spürbaren Einfluß. Probieren Sie es aus.

WIE SCHLÄFT MAN WIEDER EIN

Worin auch die Ursache der Unterbrechung liegen mag, in großen Zügen wird die Methode, um wieder einzuschlafen, die gleiche bleiben.

Es ist nutzlos, im Bett zu bleiben und sich hin und her zu wälzen, während sich Ihre Phantasie mit allen möglichen Vorstellungen, erfreulichen und unerfreulichen, herumschlägt.

Scheuen Sie also nicht davor zurück, aufzustehen; dadurch werden

Ihre Chancen, wieder einzuschlafen, keineswegs herabgesetzt, im Gegenteil. Sie wissen aus Erfahrung, daß mindestens zwei oder drei Stunden der Schlaflosigkeit vor Ihnen liegen. Was riskieren Sie also?

Das erste Ziel, das Sie ins Auge fassen sollten: verhindern Sie das Umherflattern Ihrer Gedanken. Machen Sie Licht, nicht unbedingt in Ihrem Schlafzimmer, um nicht Ihren Ehepartner zu stören, gehen Sie dann in die Küche und essen Sie eine Kleinigkeit. Trinken Sie ein Glas warmer Milch oder eine Tasse Kräutertee, essen Sie einen Keks, eine Scheibe Käse oder etwas Obst – irgend etwas –, um den Magen in Tätigkeit zu setzen. Die Verdauung selbst einer geringen Nahrungsmenge zieht das Blut zum Magen und zum Verdauungstrakt. Dieses Blut muß der Organismus aus dem allgemeinen Kreislauf abziehen, besonders aus dem Gehirn: das gesättigte Tier schläft. Wer fastet, hat hingegen einen leichten Schlaf und schläft wenig. Jedoch kommt eine richtige Mahlzeit nicht in Frage, die Sie nur beschweren würde. Im übrigen wird allein die Tatsache, »einen Happen« zu essen – ein ganz alltäglicher Vorgang – Ihre Gedanken auf die realen Dinge des Lebens lenken, und der Anblick Ihrer gewohnten Umgebung wird sie daran hindern, sich auf Wanderschaft zu begeben.

FLACH AUF DEM BAUCH LESEN

Lesen Sie einige Seiten eines nicht sehr aufregenden Buches, flach auf dem Bauch liegend, ohne den Kopf aufzustützen. Einige Minuten werden genügen, um die Halsmuskeln zu ermüden, was ein Gefühl allgemeiner Ermüdung erzeugt. Dies kommt der Schläfrigkeit zugute. Wenn Sie allein in einem Zimmer schlafen, lesen Sie nicht im Bett, sondern auf dem Bett. Dieser Rat, auf dem Bett zu lesen, hat zum Ziel, daß die Haut kühl bleibt. Schlüpfen Sie auch nicht in Ihren Morgenmantel, bleiben Sie im Pyjama, außer mitten im Winter, wenn es dazu wirklich zu kalt ist, denn das Ziel besteht darin, sich »kühl« zu fühlen. Warum, werden Sie bald verstehen.

AUF DEN SCHLAF ZU

Sind Sie imstande, einige Minuten im Lotossitz zu verbringen, wird Ihnen das Einschlafen leicht fallen, und in vielen Fällen werden Sie nicht einmal all das zu tun brauchen, was auf den vorhergehenden Seiten empfohlen wurde. Im Lotossitz verlangsamen Sie die Atmung, besonders das Ausatmen. Nach fünf langsamen Atemzügen verhalten Sie den Atem bei vollen Lungen, jedoch ohne dieses Verhalten zu weit zu treiben: es darf Ihnen dabei nicht unbehaglich werden. Dann atmen Sie langsam und gründlich aus. Zehn bis zwanzig Atemzüge genügen.

WIRKUNGEN:
Der Lotossitz verlangsamt die Blutzirkulation in den Beinen durch den Druck auf die Schenkelarterie. Dieses örtliche Verlangsamen hat nichts Unangenehmes an sich (es erzeugt nicht einmal ein Kribbeln in den Beinen, und es beeinflußt den Kreislauf in den Schenkeln; der verlangsamte Herzschlag zeigt an, daß der Blutkreislauf abgeschwächt wird, ganz wie beim Schlafen. Das Verhalten des Atems bremst auch die Blutzirkulation; stillgelegt wirkt das Zwerchfell nun nicht wie ein Kolben. Erinnern Sie sich daran, daß es die Zirkulation in den Adern wie eine Saugpumpe betreibt. Durch seine Stillegung wird die Blutzirkulation ganz allgemein verlangsamt. Dies alles bereitet eine rasch einsetzende Schläfrigkeit vor, wenn Sie in wenigen Augenblicken unter die Decke gleiten werden. Wenn Sie nicht (oder noch nicht) imstande sind, die erforderliche Zeit ohne Unannehmlichkeiten im Lotossitz zu verbringen, können Sie die kniende Haltung einnehmen, auf den Fersen sitzend (Vajrasana) oder die bequeme Stellung (Sukhasana) im Schneidersitz. Die Ergebnisse werden sich weniger schnell einstellen als beim Lotos, aber mit der gleichen Sicherheit.

Konzentrieren Sie Ihre Aufmerksamkeit auf die Atmung, um das unkontrollierte Umherwandern Ihrer Gedanken zu verhindern.

IM BETT

Nun löschen Sie das Licht und legen sich wieder ins Bett. Endlich wieder unter der Decke. Jetzt verstehen Sie, warum Sie sich nicht zudecken sollten: damit Ihre Haut zwar nicht kalt, aber kühl ist. Der Gegensatz zwischen dem noch immer schön warmen Bett und Ihrer fast kalten Haut ist etwas Köstliches: wie wohl fühlen Sie sich jetzt unter der Decke.

Der Lotossitz (oder auch die kniende Stellung) hat die Nachwirkung, daß viel arterielles Blut in die Füße dringt, also das Gehirn an Blut ärmer wird.

Setzen Sie weiterhin die verlangsamte Ausatmung fort. Sie werden am nächsten Morgen sehr überrascht sein, daß Sie sich an nichts Besonderes mehr erinnern, nachdem Sie mit überraschender Schnelligkeit und Leichtigkeit eingeschlafen waren.

Sie dürfen auch die Wirkung des hier Beschriebenen verstärken, indem Sie sich in Gedanken folgendes vorstellen: »Ich bin sehr müde, ich bin schläfrig, ich schlafe ein, ich schlafe ein . . .« Oder bedienen Sie sich der einen oder anderen im vorigen Kapitel geschilderten Methode.

Die Übungen

VERVOLLSTÄNDIGEN SIE
IHRE ASANAS

Sein Yoga vervollständigen – man sollte es noch einmal wiederholen, bevor man sich dem Teil der »Asanas« zuwendet – bedeutet nun keineswegs, ihn zu komplizieren oder etwas Akrobatisches daraus zu machen. Sein Yoga vervollständigen bedeutet, ihn wesentlicher, ihn wirkungsvoller zu machen. Eine Asana zu vervollständigen bedeutet, sie so auszuführen, daß sie der Definition von Alain Daniélou entspricht – die beste, die ich kenne: »Lange und ohne Anstrengung unbeweglich bleiben – das ist eine Asana«.

Befassen wir uns im einzelnen mit jedem dieser drei Imperative.

Der wesentlichste bezieht sich also auf die Unbeweglichkeit, das heißt, in erster Linie auf die Unbeweglichkeit des Körpers.

Es ist von entscheidender Bedeutung, daß diese Unbeweglichkeit absolut ist, also jegliche Bewegung ausschließt, mag sie noch so geringfügig sein, denn nur absolute Unbeweglichkeit ermöglicht es, sich der Asana hinzugeben, sie auf den Körper und im Körper wirken zu lassen. Asanas »macht« man nicht, man »läßt sie geschehen«. Vom Aktiven soll sich unser Verhalten nicht etwa zum Passiven wandeln, sondern zum Empfänglichen.

Daher sind alle ruckartigen Bewegungen auszuschließen, die man mit der Absicht durchführt, das Beugen vorwärts oder rückwärts zu intensivieren. Selbst in bezug auf eine erhöhte Geschmeidigkeit ist die Unbeweglichkeit zu empfehlen: die Muskeln ziehen sich viel besser in die Länge und letzten Endes sehr viel schneller, wenn man unbeweglich bleibt, anstatt ruckartig zu arbeiten.

»Das Ziel ist erreicht«, heißt es im Yoga Darshana, »wenn die physischen Reaktionen des Körpers ausgeschaltet sind und sich der Geist im Unendlichen auflöst.«

Aber der Hatha-Yogi gibt sich nicht mit der absoluten körperlichen Unbeweglichkeit zufrieden, denn diese beherrschen z. B. auch die Horse-Guards vor dem Buckingham-Palast oder die Ehrenwache vor dem Lenin-Mausoleum auf dem Roten Platz. Bei den Asanas muß sich diese Unbeweglichkeit unbedingt auch auf den Geist erstrecken.

Eine Yoga-Sitzung ist ein stummer Dialog mit dem Körper, und um ihn herbeizuführen, genügt es nicht, jede Bewegung des Körpers zu unterdrücken und dem Geist nach seinem Belieben freien Lauf zu lassen. Die körperliche Unbeweglichkeit erhält ihren ganzen Sinn nur in dem Maße, in dem sie die geistige Unbeweglichkeit begleitet und erleichtert. Diese Unbeweglichkeit des Geistes, dieses bewußte Einstellen der gewohnten geistigen Aktivität ist sehr viel schwerer zu erlangen und beizubehalten als die des Körpers. Unter den im Yoga angewandten verschiedenen Methoden, um dies zu erreichen, ist die wirkungsvollste zugleich auch die einfachste: sie besteht darin, die bewußte geistige Aktivität sich in die Beobachtung und die Beherrschung der Atmung vertiefen zu lassen (siehe folgende Seiten).

Der Imperativ, der in seiner Bedeutung an zweiter Stelle steht, bezieht sich auf die *Dauer* der Unbeweglichkeit. Eine Asana kann man erst dann als vollkommen betrachten, wenn der Schüler imstande ist, sie sehr lange durchzuhalten. Diese Anweisung ist sehr häufig sogar die einzige, die der Guru seinem Schüler gibt: »*Die Stellung so lange wie möglich beibehalten«,* denn die Wirklichkeit der Asanas wächst im Verhältnis zu ihrer Dauer.

In den alten Lehrbüchern werden Zeiten der Unbeweglichkeit genannt, die sich nicht nur im Maßstab einiger Minuten abspielen, sondern sich über Stunden hinziehen! Das ist – muß man es besonders erwähnen – im Westen undurchführbar. Auf jeden Fall setzt die Vervollkommnung der Asanas eine Arbeit im Sinn einer Steigerung der Dauer im Bewahren jeder Stellung voraus. Man muß alle körperlichen Bewegungen unterdrücken, bis diese sich nicht mehr zeigen, bis sich der Körper mit der Asana und der Unbeweglichkeit abgefunden hat, bis der Körper kein Verlangen mehr empfindet, sich zu bewegen.

Fehlt es an Zeit, so ist es besser, die Anzahl der Asanas herabzusetzen, als ihre Durchführung zu beschleunigen, wozu sich der gehetzte westliche Mensch häufig versucht fühlt. Es ist besser, unter Beachtung der Regeln drei Asanas durchzuführen, als sechs in der gleichen Zeit.

Um sich in den Asanas zu vervollkommnen, muß man sich also in erster Linie darin üben, die Stellungen so lange wie möglich bewegungslos einzuhalten.

Schließlich bildet das *Ausbleiben* jeder Anstrengung das endgültige Kriterium der Vollkommenheit einer Asana. Lange durchhalten, ja! Unbeweglich, gewiß! Aber auch und vor allem ohne Anstrengung: so lange eine Anstrengung erforderlich ist, um eine Asana durchzuführen und sie durchzuhalten, beherrscht man sie nicht.

Dieses Fehlen der Anstrengung, das ebenfalls körperlicher und zugleich geistiger Natur ist, verbindet sich mit der Entspannung in der Stellung. Hat sich der Schüler erst einmal in der statischen Phase der Asana niedergelassen, muß er sorgfältig darauf achten, alle Muskeln zu entspannen, die er sich bewußt macht, und diejenigen sich passiv strecken zu lassen, auf die sich die Asana ganz besonders richtet. So kann jeder Schüler, ohne auch nur eine einzige Stellung seiner Reihe hinzuzufügen, seine Asanas vervollkommnen, indem er auf diesen drei Gebieten Fortschritte erzielt. Seien Sie sich auch darüber klar, daß diese Kriterien der Vervollkommnung allen Schülern erreichbar sind, ohne Rücksicht auf ihr Alter, den Grad ihrer Geschmeidigkeit oder ihre Ausbildung. So ist es zum Beispiel nicht unbedingt erforderlich, daß bei Halasana (Pflug) die Zehen den Boden hinter dem Kopf berühren, wenigstens im Anfang. Solange der Schüler die erstrebte Geschmeidigkeit nicht besitzt, soll er es nicht um jeden Preis erzwingen wollen, den Boden zu berühren. Er wird sich mit dieser Stellung begnügen, die unbeweglich, lange und ohne Anstrengung er zu halten fähig ist, und zu seiner großen Überraschung wird er eines Tages feststellen, daß seine Füße den Boden mühelos berühren, und das in dem Augenblick, in dem er es am wenigsten erwartet. Wenn der Schüler auf diese Weise die Übung unbeweglich, lange und ohne Anstrengung durchführt und sich sein Geist in den Atem vertieft hat, erfaßt ihn eine einzigartige Euphorie. Diese Euphorie zeigt an, daß dieser Zustand vollkommener Verschmelzung erreicht ist, in dem das störende Element, das eine ungezügelte körperliche, geistige und emotionelle Aktivität darstellt, ausgeschaltet ist. Diese beglückende Harmonisierung umfaßt das Seelische und zugleich den Leib, eine Harmonisierung, die der sichere Beweis einer vollkommenen Gesundheit und die Grundlage tiefer, heiterer Gelassenheit ist.

Auf diese Weise erlangt Hatha-Yoga seine eigentliche Dimension.

WIE ATMET MAN WÄHREND DER ASANAS

Wenn der Schüler in der Asana völlig unbeweglich ist, so geschieht es spontan und fast unvermeidlich, daß das Kommen und Gehen des Atems sich dem Bewußtsein aufdrängt, denn er wird zur einzigen spürbaren Bewegung in dem sonst unbeweglichen Körper. Diese Bewegung muß man beherrschen können, und in diesem Punkt sind sich die Meister ebenso wie die Mehrzahl der Autoren einig. Aber mit welchen Meinungsverschiedenheiten, ja sogar Widersprüchen muß man rechnen, sobald man zur praktischen Anwendung dieses Prinzips gelangt.

Wenn der wirkliche Hatha-Yogi eine Asana durchführt, gelangt er mit Hilfe der Beherrschung des Atems zur tiefen Übereinstimmung mit seinem Körper und mit der Intelligenz, die diesen erfüllt. Diese Übereinstimmung mit dem Körper bedeutet für das Bewußtsein, daß zeitweise die Schranke, die das Organische, das Vegetative von den vom Willen gesteuerten, bewußten Tätigkeiten trennt, aufgehoben wird. Wenn das Wort Yoga aus der Wurzel »Yug«, »Joch«, »zusammenfügen« abgeleitet ist, so vor allem in dem Sinn, alle einzelnen Teile des Menschen zunächst einmal miteinander zu verschmelzen, denn erst von einer solchen Integration des Individuums aus wird eine kosmische Integration vorstellbar.

Diese Kommunion, diese Durchdringung des bewußten Ich in den immer tieferen Schichten des Bereiches der vegetativen Abläufe ist ein wesentliches Merkmal des Hatha-Yoga, das ihn von jeder anderen Methode von Leibesübungen, von jeder anderen sportlichen Betätigung unterscheidet.

Das Einswerden mit dem Körper wird über die Vergeistigung des Atems herbeigeführt, das heißt, indem man das Bewußtsein auf den Atemvorgang konzentriert, indem man es sich in der Beherrschung des Atems versenken läßt. Warum? Weil die Atemfunktion eine gemischte Funktion darstellt, die die Grenze zwischen dem vegetativen, organischen, unbewußten Bereich und dem unserer vom Willen gesteuerten, bewußten Tätigkeiten bildet. Wenn es zutrifft, daß sie für gewöhnlich zur ersten Kategorie gehört, so wird sie nach Belieben ins Bewußtsein erhoben. Für die Schüler des Yoga verwandelt sie sich aus einer Grenze in einen Zugangsweg, der es dem bewußten Ich ermöglicht, mit diesem anderen Teil der seelischen Struktur in Verbindung zu treten, die den unzugänglichen Bereich der vegetativen Funktionen steuert. Wir wollen hier sogleich darauf hinweisen, daß es sich um eine bewußte Durchdringung handelt und nicht um eine Interferenz des Geistigen in den vegetativen Funktionen, jedenfalls nicht im Anfang. Jede Asana muß daher von der bewußten Atmung getragen werden, und in diesem Punkt, wir wiederholen es, liegt völlige Übereinstimmung der Meister vor. Was nun die Meinungsverschiedenheiten, sogar die Widersprüche betrifft, denen man in der Praxis begegnet, so können diese nur den Neuling verwirren. Tatsächlich hat jede Methode ihre Berechtigung und findet das ihr eigene Anwendungsgebiet, das weniger vom Meister als vom Entwicklungsstadium des Schülers abhängt.

Fassen wir die wesentlichsten Lehrmethoden zusammen:

Die erste Methode, die einfachste, besteht darin, ganz bewußt, aber normal zu atmen, gleichmäßig, ohne Unterbrechung lautlos, ungezwungen und regelmäßig während der gesamten Dauer der Übung, das heißt, nicht nur während der statischen, sondern auch während der dynamischen Phasen: dies ist die Methode, die ich für den Anfang empfehle. Sie ist einfach und enthält das Wesentliche: es wird dem Bewußtsein ermöglicht, sich während der ganzen Sitzung im Atem zu versenken. Diese Methode enthält keinerlei Gefahr und auch nicht die Möglichkeit eines Fehlers.

Eine andere etwas schwierigere, kompliziertere Methode besteht darin, die Atmung und die verschiedenen Phasen jeder Asana streng aufeinander abzustimmen; sie sieht während der Phase der Unbeweglichkeit ein Verhalten des Atems, zumeist bei vollen Lungen, vor. Diese Methode muß den fortgeschrittenen Schülern vorbehalten bleiben und darf nur unter Aufsicht eines qualifizierten Lehrers geübt werden, denn jeder Fehler bei der Synchronisierung, jede unzeitige Atmung oder jedes unpassende Verhalten des Atems setzen, weit davon entfernt, das Ergebnis einer Asana zu verbessern, ganz im Gegenteil ihre Wirksamkeit herab.

Bei Anfängern, die es wagen, in dieser Weise zu üben, geschieht es häufig, daß während des Atemverhaltens das Gesicht unter Blutandrang leidet, was *immer* ein ungünstiges Zeichen ist.

Diese Methode wird in manchen indischen Ashrams gelehrt und auch in manchen Werken und Lehrbüchern empfohlen.

Die dritte Methode ist jene, die in den traditionsreichsten Schulen im Süden Indiens, die sich auch die größte Unverfälschtheit bewahrt haben, praktiziert wird.

Diese Methode verbindet die Einfachheit der ersten Methode mit einer Wirksamkeit, die jener vergleichbar ist, die die eben geschilderten Atemverhaltungen umfaßt.

Im wesentlichen besteht sie darin, weiterhin tiefer und langsamer als üblich zu atmen, und dies während der ganzen Sitzung, aber darüber hinaus darauf zu achten, *ein strenges Gleichgewicht zwischen der Dauer des Einatmens und des Ausatmens einzuhalten und in Udschai zu atmen*. Vor allem während der statischen Phase kommt diese Methode voll zur Auswirkung.

Wenn Sie wollen, machen wir gleich einen Versuch. Nehmen Sie die Stellung der Zange ein und gelangen Sie zur Ruhigstellung in der statischen Phase, seien Sie ungezwungen und konzentrieren Sie sich während dieser Zeit auf Ihren Atem. Lassen Sie ihn zunächst kommen und gehen, dann sich vertiefen, was automatisch eintritt, wenn Sie darauf achten, am Ende des Ausatmens ganz allmählich die Bauchmuskulatur anzuspannen, um ein Maximum an verbrauchter Luft auszustoßen, ohne jedoch bis zur verstärkten Ausatmung zu gehen. Lassen Sie dann die Luft in die Lungen dringen – ein Einatmen, das notwendigerweise tiefer ist als gewöhnlich – während Sie die Bauchmuskulatur unter Kontrolle haben. Was die Bauchmuskulatur betrifft, so sei hier beiläufig erwähnt, daß man sie niemals so weit dehnen darf, daß der Bauch sich aufbläht. Auf jeden Fall wird die Einatmung tief, langsam und bewußt sein, und der Schüler muß darauf achten, die Dauer der beiden Phasen genau zu koordinieren.

Bewußt bedeutet nicht nur, konzentriert zu bleiben, sich nicht ablenken zu lassen, ganz auf diese langsame tiefe Atmung eingestellt, während man Einatmen und Ausatmen gleichmäßig aufeinander abstimmt, sondern auch zu beobachten, wo sich die Atmung von selber im Körper einstellt. Tatsächlich setzt jede Asana eine bestimmte Art des Atmens voraus, die für diese Asana charakteristisch ist. Im Fall der Zange liegt die Atmung eher auf den Seiten und im Rücken, zu den unteren Rippen hin, während beim Fisch die Atmung im obersten Teil des Brustkorbs liegt, in Richtung auf die Schlüsselbeine. So setzt jede Asana einen anderen, ganz bestimmten Teil des Atmungsapparates in Aktion, und dies geschieht automatisch. Eine andere Vorschrift der südindischen Schule besagt, während der Asanas stets in Udschai zu atmen. Wie praktiziert man Udschai?

Die Durchführung ist sehr einfach, die Erklärung jedoch recht schwierig. Bei Udschai tritt die Luft ein und aus, indem sie infolge einer leichten Zusammenziehung im Bereich der Stimmritze am Gaumensegel entlangstreicht. Dieses Entlangstreichen, schwach aber dennoch von außen hörbar, ähnelt dem Anfang eines leichten Schnarchens. Dieses teilweise Verschließen der Stimmritze setzt an dieser Stelle den Durchmesser der Atemwege herab, verlangsamt daher Einatmen und Ausatmen und führt zu einer Veränderung des Druckes innerhalb der Lungen. Beim Einatmen erhöht sich der Unterdruck, beim Ausatmen kehrt sich dieser Vorgang um; in beiden Fällen wird der Atemaustausch durch dieses Verfahren günstig beeinflußt.

Es kommt also in keinem Augenblick zu einem Verhalten des Atems, und der Übergang vom Einatmen zum Ausatmen (und umgekehrt) vollzieht sich allmählich, ohne jede Unterbrechung. In der Praxis gibt es in der südindischen Schule eine Synchronisierung der Atmung und der eigentlichen Bewegung während des Einnehmens der Asana (vergl. Prasarita Padatanasana, ein großer Klassiker aus Südindien). Achten Sie während des Einnehmens der Stellung ebenso wie während der Phase der Unbeweglichkeit ganz einfach darauf, Einatmen und Ausatmen auszugleichen, darin liegt das Wesentliche dieses Systems.

Schon bald wird sich ganz spontan eine Synchronisierung in der Atmung einstellen: die Bewegungen werden Ihnen die Art des Atmens zwangsläufig auferlegen.

Diese Methode umfaßt noch andere Einzelheiten der Durchführung, die jedoch von nur zweitrangigem Interesse sind, so daß es nicht empfehlenswert ist, sie hier aufzuführen, da sie nur sehr geübte Spezialisten betreffen. Welche Methode bisher auch angewendet wurde, so rate ich Ihnen, die letztere einige Wochen oder Monate einer unparteiischen Prüfung zu unterziehen, damit Sie den Unterschied zu beurteilen vermögen.

Das wesentlichste Merkmal für eine Bewertung wird in einer besseren bewußten Durchdringung des Atems liegen, in einer besseren Versenkung des Geistigen und in einer innigeren Verschmelzung mit Ihrem Körper. Auf diese Weise durchgeführt, werden Ihre Asanas zu einem sehr echten Yoga.

ASANAS

In den folgenden Kapiteln werden wir uns also mit neuen Asanas befassen, um Ihre tägliche Reihe zu vervollständigen oder zu variieren. Das Problem besteht darin festzustellen, zu welchem Zeitpunkt Sie sie bei Ihrer gewohnten Yoga-Sitzung durchführen sollen.

Wichtig ist vor allem, daß Sie, ohne Ihre gewohnte Reihe aus dem Gleichgewicht zu bringen, stets zum Beispiel eine Stellung mit Beugung vorwärts durch eine andere Asana mit Beugung vorwärts vervollständigen oder ersetzen können. Das gleiche gilt für Beugungen rückwärts. Die Drehungsstellungen werden stets am Ende der Reihe liegen, nach dem Vorwärts- und Rückwärtsbeugen. Nach den Drehungen kann man die umgekehrten Stellungen (Schirschasana) oder die Stellungen des Gleichgewichts und der Kraft (z. B. Mayurasana) durchführen. Gutes Gelingen!

TRIKONASANA – DAS DREIECK

Die Verwandtschaft zwischen dem Sanskritwort »Trikona« (Dreieck) und dem griechischen »Trigonos« ist verblüffend.

Wenn Sie wollen, können Sie diese Stellung auch als Dreieck bezeichnen (nach Einnehmen der Asana verleiht sie nämlich dem Körper die Form eines Dreiecks); wir bedienen uns weiterhin der Sanskritbezeichnung, die leicht zu behalten ist.

ALLGEMEINES

Obwohl diese Übung auch in der Gymnastik angewendet wird, sind doch die Technik des Yoga und seine Wirkungen *völlig* anders – abgesehen von einigen Auswirkungen auf die Muskulatur des Rückens und des Bauches, die beide Systeme gemeinsam haben.

ZWEI ARTEN DER AUSFÜHRUNG

Trikonasana kann man entweder als eine Einleitungsübung betrachten, die dann dem Gruß an die Sonne folgt, oder als eine in die tägliche Reihe aufgenommene Asana – in diesem Fall wird sie nach dem Drehsitz ausgeführt. Nur der Rhythmus der Ausführung (siehe »Atmung und Dauer«) ist ein anderer.

TECHNIK

AUSGANGSSTELLUNG:
Aufrechte Haltung. Die Füße weit grätschen, um die Seitwärtsbewegungen des Beckens zu verringern.
Strecken Sie die Arme seitwärts aus, die Handflächen nach unten gekehrt.

ERSTE PHASE:
Drehen Sie die linke Handfläche nach oben und heben Sie langsam den linken Arm, den Blick auf die Hand gerichtet. Achten Sie darauf, daß sich diese Bewegung auf der von den Beinen vorgezeichneten Ebene vollzieht. Gleichzeitig senken Sie den rechten Arm. Beugen Sie den Rumpf nach rechts, während sich die rechte Hand auf das rechte Knie zu bewegt.

ZWEITE PHASE:
Sobald die rechte Hand das Knie berührt, lassen Sie Daumen und Zeigefinger am Schienbein entlanggleiten (dieses dient sozusagen als Schiene). Die Schulter, das braucht kaum noch erwähnt zu werden, folgt der Bewegung, und das Becken vollführt eine leichte Drehung.
Beugen Sie den Rumpf, bis die Finger den Fuß berühren. Zugleich senken Sie allmählich den linken Arm und halten ihn parallel zum Boden, weiterhin den Blick auf die Handfläche gerichtet.

UNBEWEGLICHKEIT:
In dieser Haltung bleiben Sie unbeweglich stehen, mit den Schultern wippend, um sie so senkrecht wie möglich im Verhältnis zum Boden zu halten. Das Ziel: die Körperseiten so stark wie möglich zu strecken. Atmen Sie in dieser Stellung 5 bis 10 mal.

HINWEIS

Die Beschreibung machte es erforderlich, die Bewegung einzeln aufzugliedern. In der Praxis muß man sie ohne Pause bis zur endgültigen Yoga-Stellung durchführen, wobei die verschiedenen Phasen in einer langsamen, regelmäßigen Bewegung einander folgen.

RÜCKKEHR ZUR AUSGANGSSTELLUNG UND WIEDERHOLUNG.
In umgekehrter Reihenfolge in die Ausgangsstellung zurückkehren.
Die Bewegung auf der anderen Seite wiederholen.

ATMUNG UND DAUER

Bei Trikonasana sind Bewegung und Atmung zeitlich aufeinander abgestimmt. Von Natur neigt man dazu, während des Beugens des Rumpfes auszuatmen. Aber hier soll es umgekehrt sein, denn das Einatmen ermöglicht es, Brustkorb und Schultern geschmeidig zu machen und zu lockern; es begünstigt die Rippen- und Schlüsselbeinatmung.

Die richtige Yoga-Atmung ist unmöglich, wenn es den Rippen an Beweglichkeit fehlt und wenn die Steifheit der Schultermuskulatur die Bewegungen des oberen Brustkorbs unterbindet. Bei der Beugung nach rechts werden die Rippen der rechten Seite aneinander gedrückt: die Atmung vollzieht sich vorzugsweise auf der linken Seite. Am Ende der Bewegung soll daher die linke Lunge mit Luft gefüllt sein und umgekehrt bei der Wiederholung auf der anderen Seite. Wenn Trikonasana nach Art einer Asana geübt wird, vollzieht sich die Atmung auf folgende Weise:

a) zu Anfang tief ausatmen;

b) einatmen während des Einnehmens der Asana (3 bis 4 Sekunden);

c) in der Endstellung den Atem bei vollen Lungen 6 bis 8 Sekunden verhalten, also das Doppelte der Zeit des Einatmens; selbstverständlich wird die Lunge der nach oben gerichteten Seite mit Luft gefüllt;

d) ausatmen, während man zur Ausgangsstellung zurückkehrt (3 bis 4 Sekunden).

Diese Zeiten können verlängert werden, sollen aber stets innerhalb der Grenzen des Angenehmen bleiben.

Wenn die Unbeweglichkeit 10 Sekunden überschreitet, das Verhalten des Atems beenden und tief einatmen. Die Asana kann dann noch während 1 oder 2 Minuten beibehalten werden.

WÄHREND DER EINLEITUNGSÜBUNG:
Wenn die Übung ein Teil der Einleitung ist, wird der Ablauf der Ausführung vom Atem selber gesteuert. Trikonasana folgt dann unmittelbar auf den Gruß an die Sonne, eine dynamische Übung, die den

Rhythmus des Atmens und des Herzens beschleunigt. Ohne nach dem Gruß an die Sonne wirklich außer Atem zu sein, atmet der Yogi dennoch schneller als gewöhnlich. Wenn er in diesem Augenblick Trikonasana ausführt, wird er die angegebene Art des Atmens beachten, aber dem Rhythmus seiner eigenen Atmung (die zu diesem Zeitpunkt recht schnell ist) folgen. Die Zeit des Stillstands wird sich auf ungefähr zwei oder drei Sekunden beschränken. In dem Maße, in dem sich die »Atemlosigkeit« beruhigt, wird sich Trikonasana bis zum weiter oben geschilderten Ausführungsrhythmus verlangsamen.

WIEDERHOLUNG

Während der Asana: 3 oder 4 mal die vollständige Bewegung nach links und nach rechts.

Während der Einleitung: bis der Atemrhythmus wieder normal ist.

KONZENTRATION

Konzentration auf die Atmung, insbesondere auf Weitung des Brustkorbs auf der Seite, die nach oben gerichtet ist.

Anmerkung: Beim Betrachten der Fotos werden Sie eine weiterentwickelte Variante der Trikonasana finden.

FEHLER

Es folgen die häufigsten Fehler:

beim Vorbeugen ausatmen;

den ausgestreckten Arm tiefer halten als die Horizontale;

die Beine nicht genügend grätschen, was dem Becken zuviel Spielraum läßt;

mit einem Bein einknicken;

das Becken nicht sich drehen lassen und nicht sich bemühen, die Übung völlig auf der Ebene der Beine durchzuführen, also aus der Hüfte;

den Blick auf den Boden anstatt auf die Handfläche richten.

KONTRA-INDIKATIONEN

Es gibt keine Kontra-Indikation für diese Übung, wenn sie ohne übermäßige Kraftanstrengung den oben gegebenen Anweisungen entsprechend ausgeführt wird. Jedoch sollten werdende Mütter vom 4. Monat ab vorsichtig sein und sich vom 5. Monat ab wegen der Auswirkungen auf die Gebärmutter dieser Übung enthalten.

GÜNSTIGE AUSWIRKUNGEN

MUSKELN:

Diese Asana dehnt und entwickelt die Muskulatur der Wirbelsäule in hervorragender Weise. Die Muskeln zwischen den Rippen werden beweglich und geschmeidig; im allgemeinen sind sie wegen unserer Gewohnheit, nur oberflächlich zu atmen, etwas verkümmert und verkürzt.

Trikonasana stellt ihre verlorene Beweglichkeit wieder her.

Die schrägen Bauchmuskeln und die der Seiten werden gedehnt, wenn sich der Rumpf vorbeugt, um die Stellung einzunehmen, und werden, während er in die Vertikale zurückkehrt, gestärkt. Die das Zwerchfell tragende Muskulatur wird gestärkt und die Spannkraft ihrer Gewebe erhöht.

Diese Asana stärkt die Muskeln des Halses und des Nackens, die im gewöhnlichen Leben selten in Tätigkeit treten.

BRUSTKORB UND LUNGEN:

Wie wir schon sagten, zielt Trikonasana in erster Linie darauf ab, die Beweglichkeit jeder Brustkorbhälfte ganz wiederherzustellen, was sehr wichtig ist.

Tatsächlich atmet bei den meisten Menschen eine der beiden Lungen stärker als die andere: häufig ist die rechte Lunge die aktivere. Dieses gestörte Gleichgewicht in der Atmung verstärkt sich im Lauf der Zeit, wobei die weniger aktive Lunge ihre Tätigkeit noch mehr herabzusetzen sucht. Gewiß, um normal zu leben, genügt eine Lunge, vorausgesetzt, daß man sich nicht allzusehr anstrengt; die Natur hat uns mit einer sehr ausreichenden Lungenfläche ausgestattet, und damit für besondere Ansprüche der Atmung vorgesorgt, vor allem bei intensiven Anstrengungen von langer Dauer.

Jedoch müssen die beiden Lungen gleichmäßig mit Luft versorgt werden, wenn nicht die weniger aktive Lunge der Gefahr von Lungenkrankheiten ausgesetzt werden soll (insbesondere der Tuberkulose).

Durch abwechselnde Dehnung jeder Brustkorbhälfte stellt die Asana das Gleichgewicht in der Atmung wieder her und durchlüftet die beiden Lungen gründlich.

Trikonasana stellt eine ausgezeichnete Vorbereitung für die Atemübungen und für Pranayama dar.

Außerdem bezieht die Bewegung der Arme während der Einnahme der Stellung den oberen Teil des Brustkorbs in den Atmungsvorgang mit ein. Diese Asana begünstigt daher nicht nur die Durchlüftung des mittleren Teils der Lungen, sondern auch der oberen Lungenlappen.

WIRBELSÄULE:

Der erste Teil der Bewegung biegt die Wirbelsäule seitwärts, was die seitlichen Deformationen korrigiert. Im Fall von seitlicher Verkrümmung der Wirbelsäule (Skoliose) muß man die Übung asymmetrisch ausführen: zum Beispiel zweimal in der zu korrigierenden Richtung der Skoliose, nur einmal in der anderen. Im Fall starker Deformationen sollte man bis zur Behebung des Übels nur auf einer Seite arbeiten. In einem solchen Fall muß die Asana mehrmals am Tag ausgeführt werden. Durch die Asana wird vor allem der Bereich der Lenden durchgearbeitet. Aus diesem Grund stellt Trikonasana eine gute Ergänzung des Drehsitzes (Ardha Matsyendrasana) dar.

BAUCH:

Diese Übung stärkt die Bauchmuskulatur, aktiviert den Kreislauf im Bauch durch das abwechselnde Zusammendrücken und Strecken jeder Bauchhälfte. Die Beckenorgane werden durch diese Asana in besonderem Maße herangezogen, wie auch in den Fällen von Senkung der Eingeweide (Enteroptose des Dünn- und Grimmdarms).

NERVENSYSTEM:

Die Nerven des Lendenbereiches der Wirbelsäule werden gestärkt und angeregt, was unmittelbar alle Organe des Bauches und insbesondere des Geschlechts- und Harnapparates ebenso wie den Grimmdarm beeinflußt.

Die Asana bekämpft die Verstopfung an zwei Fronten:
a) mechanisch, durch das abwechselnde Zusammendrücken und Strecken des Bauches;
b) auf reflektorischem Weg durch die Anregung der Nervenzentren des Rückenmarks, die diese Organe steuern (man beachte, daß auch eine Steigerung der Harnentleerung stattfindet).

ÄSTHETISCHE WIRKUNGEN:
Trikonasana begradigt die Wirbelsäule, bringt den Brustkorb ins Gleichgewicht und entwickelt ihn, weitet die verengte Brust und bekämpft den Fettansatz und die Zellulitis an den Hüften.

Diese Wirkungen erzielt man, indem man die Stellung mindestens insgesamt eine Minute auf jeder Seite beibehält und mit tiefen Atemzügen verbindet.

Ausgangsstellung. Einatmen, dann die Lungen gründlich entleeren.

160

Die linke Hand nach oben strecken und den Blick auf sie richten, dann den Rumpf beugen, während man die rechte Hand am Schienbein entlanggleiten läßt, bis die Finger den Boden berühren.

Während dieser Bewegung einatmen.

Der Rumpf kann sich leicht drehen und nach vorn neigen.

Jetzt atmen.

Den linken Arm ausstrecken und ihn parallel zum Boden halten. Den Atem verhalten, das Doppelte der Zeit des Einatmens, indem man die nach oben gerichtete Seite anschwellen läßt. Ruhigstellung während dieser Zeit, während man die Schultern so senkrecht wie möglich im Verhältnis zum Boden hält.

Weiterhin den Blick auf die Hand richten.

Die Seiten strecken.

Wiederholung auf der anderen Seite.

VARIANTE:

Anfangen wie weiter oben angegeben, aber unter größerem Grätschen der Füße. Der rechte Fuß soll in einem Winkel von 90° zum linken Fuß stehen.

Die rechte Handfläche neben dem rechten Fuß flach auf den Boden setzen. Die rechte Seite gegen den gebeugten Schenkel drücken, die Achselhöhle auf dem Knie. Während dieser Zeit ist der linke Arm (Handfläche dem Boden zugewandt) nach oben gerichtet. Das linke Bein bleibt ausgestreckt, der Rumpf bildet ebenso wie der Arm seine Verlängerung. So ist der Körper völlig gradlinig. Diese Stellung bei tiefem Atmen 8 bis 15 Sekunden beibehalten.

Sich auf das Füllen der linken Lunge konzentrieren (sie ist nach oben gewandt).

Bei der Rückkehr in die Ausgangsstellung einatmen.

Die Übung auf der anderen Seite wiederholen.

URDHVA PASCHIMOTTANASANA –
DIE ZANGE IM GLEICHGEWICHT

Die Herrschaft des Geistes über den Körper zeigt sich am deutlichsten bei der Ausführung der Gleichgewichtsübungen, denn das Nervensystem muß den Muskeln sehr genaue Befehle geben. Die Gleichgewichtsübungen begünstigen auch die motorische Koordinierung und aktivieren dieses so häufig vergessene Organ: das Kleinhirn. Dieses Kapitel ist also in zwei Varianten der Zange gewidmet, die die Eigentümlichkeit aufweisen, in Gleichgewichtsstellung durchgeführt zu werden.

VARIANTE I

AUSGANGSSTELLUNG:
Für die Anfänger: Von der Sitzhaltung ausgehen, die Beine vor sich ausgestreckt. Die Knie anwinkeln, die geschlossen bleiben sollen, dann die großen Zehen mit den Mittelfingern ergreifen (diesen Griff bis zum Ende der Übung beibehalten). Die Daumen und die Zeigefinger der beiden Hände verschlingen sich (s. zweite Abb.), damit die Füße verbunden bleiben und einen einzigen Block bilden. Den Rücken krümmen und die Füße vom Boden heben. Nach einigen Versuchen werden Sie die genaue Stelle des Steißbeins finden, auf der man das Gleichgewicht erhält. Der Kopf sitzt genau senkrecht über diesem Punkt und *wird während der ganzen Übung dort bleiben.* Die Augen richten sich auf einen festen Punkt am Boden. Normal atmen, ruhig bleiben.

ERSTE PHASE:
Langsam die Beine strecken und sie nach oben richten, ohne jede Steifheit. In dieser Haltung Ruhigstellung, tief atmen und möglichst viele Muskeln entspannen. Sich konzentrieren, sonst verliert man bald das Gleichgewicht.

ZWEITE PHASE:
Nach einigen Atemzügen in dieser Haltung die Knie zu sich heranziehen (gleichmäßig, um das Gleichgewicht zu wahren) und die Nase den Kniescheiben nähern. So lange wie möglich durchhalten.

»TECHNISCHE« ZWISCHENFÄLLE

Diese Übung ist gefahrlos; das Schlimmste, was eintreten könnte –
und was bestimmt geschehen wird! – wäre ein Umpurzeln. Es genügt
also, genug Abstand von einer Mauer oder einem Möbelstück zu halten.

Dieser Verlust des Gleichgewichts ist im allgemeinen auf eine falsche Haltung des Kopfes zurückzuführen. Ist das Kinn zu sehr nach
oben gewandt, verlagert sich das Gewicht des Kopfes nach hinten, und
man rollt auf den Rücken.

FÜR DIE FORTGESCHRITTENEN SCHÜLER

Die fortgeschrittenen Schüler werden nicht von der auf der Abbildung
gezeigten Stellung ausgehen, sondern von der bei Paschimottanasana
normalen Ausgangsstellung, das heißt auf dem Rücken liegend. Sobald
die erhobenen Arme die Knie berührt haben, soll man, anstatt die Bewegung am Boden fortzusetzen, symmetrisch Arme und Rumpf heben,
ohne die Beine einzuknicken, auf dem Gesäß das Gleichgewicht hal-
tend. Man nimmt also nicht die auf der ersten Abb. in diesem Kapitel
gezeigte Zwischenstellung ein. Die Zehen umfassen und die Übung wie
oben beschrieben fortsetzen. Die Rückkehr auf den Boden vollzieht
sich in umgekehrter Reihenfolge.

VARIANTE II – DVI PADA SCHIRSCHASANA

Diese Variante der Zange im Gleichgewicht wird auch Dvi pada Schirschasana genannt, was die Stellung der zwei (dvi) Füße (pada) am
Kopf (schirscha) bedeutet.

AUSGANGSSTELLUNG:
Im Gegensatz zu der ersten Variante werden die Knie, anstatt aneinan-
dergedrückt zu werden, so weit wie möglich gespreizt, damit die
Schenkel den Unterleib zusammenpressen.

Die Finger ineinander verschlingen und die Füße so tief wie möglich, fast unter den Fersen stützen.

ERSTE PHASE:
Die Füße zu sich heranziehen, auf die Brust zu. Der Schwerpunkt liegt, ebenso wie bei der ersten Stellung, im Steißbein, und der Kopf befindet sich senkrecht über diesem Punkt.

Die Ellbogen auf den Schienbeinen aufsetzen: *Sehr wichtig!*

ZWEITE PHASE:
Die Füße zur Stirn heranziehen; beim Aufsteigen dürfen sie keine Kurve beschreiben und sich nicht vom Körper entfernen, sondern sollen einer möglichst senkrechten Bahn folgen; auf diese Weise pressen die Schenkel den Bauch besser zusammen, und die Einwirkung auf die Wirbelsäule ist stärker. Weiterhin normal atmen. Die Bewegung vollzieht sich langsam und stetig, ohne Unterbrechung und ohne Pausen.

ENDPHASE:
Nachdem man die Stirn mit den Füßen berührt hat, sie nach Möglichkeit noch weiter hinaufführen, in Richtung auf den Hinterkopf, um den Druck innerhalb des Bauches und die Krümmung der Wirbelsäule zu verstärken. Diese Asana verlangt Elastizität und Konzentration.

WANN ÜBEN?

Die beiden Varianten können entweder vorübergehend die klassische Zange ablösen oder in die Übungsreihe aufgenommen werden. Dann folgen sie Paschimottanasana.

WIRKUNGEN

Insgesamt sind die Wirkungen die der Zange am Boden, allerdings mit einigen Unterschieden, die man kennen sollte.

WIRKUNGEN AUF KREISLAUF UND GESCHLECHTSDRÜSEN:
Diese besonderen Wirkungen finden wir bei beiden Varianten. Die Schwerkraft zieht das Blut in die unteren Teile, in diesem Fall in den Unterleib, wodurch die Durchblutung dieses Bereiches, insbesondere der Geschlechtsdrüsen, gesteigert wird. Bei zwei bis drei Minuten täglich regt sie die Tätigkeit der Hormone in diesen Drüsen an, deren Be-

deutung für die Erhaltung der körperlichen und geistigen Jugend wesentlich ist. Die Streckung des unteren Wirbelsäulenteils stimuliert gewisse Nervenzentren des Rückgrats, was der Impotenz entgegenwirkt. Das normale, gesunde Funktionieren des Geschlechtsapparates ist für die Erhaltung der körperlichen und geistigen Jugend wichtig. Die Natur nimmt den durch das Alter veränderten Organismen die Zeugungskraft.

Diese Übung eignet sich auch für die Frau und erspart ihr zum Zeitpunkt des Klimakteriums gewisse Beschwerden.

WIRKUNGEN AUF DEN VERDAUUNGSTRAKT:
Die Variante II beeinflußt die Peristaltik der Eingeweide sowohl durch den von den Schenkeln auf den aufsteigenden und absteigenden Grimmdarm ausgeübten Druck als auch durch den Zustrom von Blut zum Unterleib. Sie bekämpft die Trägheit der Gedärme.

WIRKUNGEN AUF DIE WIRBELSÄULE:
Die Zange im Gleichgewicht mobilisiert in ihren beiden Varianten vor allem den Rückenteil der Wirbelsäule. Die lebenswichtigen Nervenzentren dieses Bereichs – besonders wichtig, da sie den Atmungsapparat, außerdem die Bronchien, den Magen und das Herz steuern – werden gekräftigt und angeregt.

SCHLUSSFOLGERUNG

Diese beiden Varianten können die Zange am Boden nicht ersetzen, deren dynamische Phase insbesondere für das langsame, allmähliche und vollständige Abrollen der ganzen Wirbelsäule von großem Wert ist! Sie stellen jedoch dazu eine wichtige Ergänzung dar.

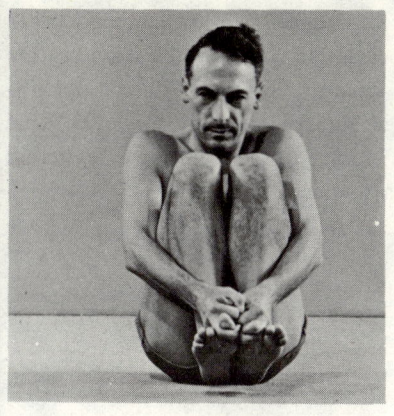

VARIANTE I
Ausgangsstellung.

Nach Anwinkeln der Knie Zehen ergreifen und zunächst den Gleichgewichtspunkt auf dem Steißbein suchen. Den Rücken krümmen, einen Punkt am Boden fixieren.

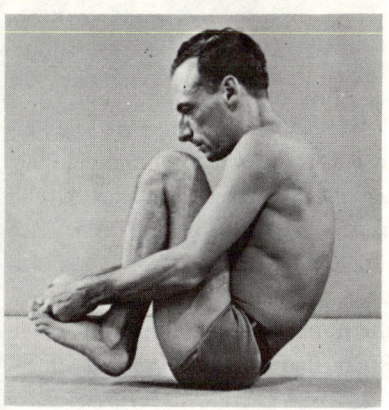

Man beachte das Ergreifen der Zehen mit den Mittelfingern und die Verschlingung von Zeigefingern und Daumen, damit die Füße einen Block bilden.

Die Knie sind geschlossen und bleiben es während der ganzen Übung. Die Schultern sind leicht angehoben.

Langsam strecken sich die Beine. Geht man ruckweise vor, riskiert man ein Umfallen. Diese Asana streckt die Muskeln des Gesäßes und der Waden, was auch die Zange am Boden erleichtert.

169

Durch Anziehen der Arme, besonders der Ellbogen und der Schultern (man beachte den Unterschied in der Stellung der Ellbogen auf der Abb. links), werden Knie und Stirn einander genähert. Weiterhin normal atmen.

VARIANTE II – DVI PADA SCHIRSCHASANA

Die Fußsohlen aneinanderlegen. Die Finger ineinander verschlingen und die Füße stützen. Das Gleichgewicht suchen und dann, während man die Fersen zu sich heranzieht, zuerst die Ellbogen auf den Schienbeinen aufsetzen, indem man Schultern und Rücken krümmt. Einen Punkt am Boden fixieren, normal atmen.

Die Aufnahme von vorn zeigt, wie man die Füße umfaßt, und die Stellung der Ellbogen auf den Schienbeinen. Die Knie sind so weit wie möglich gespreizt, damit die Schenkel auf den Unterleib drücken, um den aufsteigenden und absteigenden Grimmdarm zusammenzupressen.

Mit weit gespreizten Knien die Füße anheben, wobei man einer möglichst gradlinigen und auch senkrechten Bahn folgt; die Fersen mit dem oberen Teil der Stirn in Berührung bringen. Den Kopf nach vorn neigen (nicht nach hinten, sonst ist ein Umfallen hintenüber unvermeidlich). Diese Übung lockert die gesamte Schultermuskulatur.

In dem Maße, in dem Sie geschmeidiger werden, wird es Ihnen gelingen, nicht nur die Stirn zu berühren, sondern sogar den Hinterkopf, und in diesem Augenblick wird das Kinn das Brustbein berühren. Der Druck der Schenkel auf den Bauch erreicht seinen Höhepunkt. Noch immer eine Stelle am Boden fixieren.

Sehr tief atmen, um die bereits zusammengedrückten Organe zu massieren, was anregend auf sie wirkt.

Dieselbe Stellung von vorn.

Diese Übung ist nur durchführbar, wenn die Füße genau in der auf dieser Abb. angegebenen Weise gehalten werden. Die Abb. zeigt auch, in welchem Grad der Bauch im Verlauf dieser Asana-Phase zusammengedrückt wird.

PRASARITA PADATANASANA

ETYMOLOGIE

Diese Asana ist zugleich eine Beugestellung nach vorn und eine umgekehrte Stellung. Sie leitet ihre Bezeichnung von »Prasarita« ab, was im Sanskrit »offen, gedehnt« bedeutet, und von »Pada«, »Fuß«.

TECHNIK

AUSGANGSSTELLUNG:
Von der aufrechten Stellung ausgehend die Füße 1,20 m oder mehr grätschen, je nach Länge der Beine; Sie werden bald den richtigen Abstand finden, wenn Sie versuchen, die vollständige Stellung einzunehmen: sollte es Ihnen nicht gelingen, mit dem Kopf den Boden zu berühren, grätschen Sie die Füße noch weiter. Legen Sie die Hände auf die Hüften. Tief einatmen!

ERSTE PHASE:
Langsam und gründlich ausatmen: während dieser Zeit den Oberkörper vorwärtsbeugen und die Handflächen so nah wie möglich der gedachten Linie, die die Fersen verbindet, auf dem Boden auflegen.

Anfänglich dürfen Sie die Hände vor dieser Linie auflegen. Je weiter Sie fortschreiten, desto mehr werden Sie die Handflächen dieser Linie nähern und schließlich hinter ihr aufsetzen.

ZWEITE PHASE:
Gründlich einatmen: heben Sie den Kopf so hoch wie möglich und blicken Sie geradeaus: tun Sie so, als wollten Sie das Kreuz durchdrücken, auf diese Weise wird sich Ihr Rücken aufrichten, Ihre Wirbelsäule wird eine gerade Linie bilden; das ist das erstrebte Ziel.

Verhalten Sie in dieser Stellung zwei oder drei Sekunden lang den Atem.

DRITTE PHASE UND ENDSTELLUNG:
Jetzt atmen Sie langsam und tief, während Sie sich nach vorn beugen, bis Sie mit dem Scheitelpunkt des Kopfes den Boden berühren, die Stirn auf der Linie der Handgelenke. Diese Haltung ist die Endstellung. Atmen Sie tief, indem Sie den Nachdruck auf das Ende jedes Ausatmens legen, und ziehen Sie die Bauchmuskeln stark zusammen, um die letzten Kubikzentimeter Luft aus den Lungen zu pressen. Behalten Sie diese Stellung während 10 bis 20 tiefen Atemzügen (mittlerer Dauer) bei.

VIERTE PHASE:
Nach dem letzten kräftigen Ausatmen atmen Sie ein, während Sie den Rücken aufrichten, wie bei der zweiten Phase der Übung; die Handflächen bleiben auf dem Boden. Verhalten Sie zwei oder drei Sekunden lang den Atem, während Sie den Rücken strecken.

RÜCKKEHR ZUR AUSGANGSSTELLUNG:
Atmen Sie aus und kehren Sie zur Ausgangsstellung zurück, nähern Sie die Füße einander und ruhen Sie sich bei normaler Atmung einige Augenblicke aus.

ATMUNG

Es ist unerläßlich, die Bewegungen und die Atmung zeitlich aufeinander abzustimmen. Die in dieser Hinsicht gegebenen Anweisungen sind peinlich genau einzuhalten. Die Atmung sollte vorzugsweise in Udschai erfolgen, bei teilweiser Schließung der Stimmritze.

Die Atmung wird noch immer sehr tief sein, aber mit Betonung der Ausatmung, die, wie angegeben, gründlich durchgeführt werden soll.

KONZENTRATION

Während der ganzen Übung konzentrieren Sie sich auf die Atmung, in der Endstellung auf das Zusammendrücken des Bauches durch verstärkte Atmung und auf die sich daraus ergebende Massage der Eingeweide.

EMPFEHLUNGEN

Sie müssen darauf achten, daß die Füße auf dem Boden nicht ausrutschen und sich nicht noch weiter grätschen. Deswegen ist anzuraten, barfuß auf einem nicht glatten Boden zu arbeiten, sonst ist das Einhalten der Stellung beschwerlich – denn wenn die Füße auseinandergleiten, bedarf es einer Muskelanspannung, um sie daran zu hindern. Ein übertriebenes Grätschen kann Schmerzen in den Schenkelmuskeln verursachen. Man kann soweit gehen, beim Grätschen eine Empfindung auszulösen, die dem Schmerz nahe kommt, es ist fast ein »angenehmer Schmerz«.

REIHENFOLGE IN DEN ÜBUNGEN

Diese Übung kann unmittelbar vor der klassischen Zange eingeordnet werden, deren Durchführung sie durch Strecken der Beinmuskeln begünstigt. Viele Schüler können, selbst nach Monaten des Übens, die Endstellung der Zange nicht einnehmen, ohne die Knie zu beugen, und sind verzweifelt, daß sie in dieser Richtung keine Fortschritte machen. Durch regelmäßiges Üben von Prasarita Padatanasana – eine der bevorzugten Asanas der Südindischen Schule – werden die Beinmuskeln ebenso wie die Sehnen rasch gedehnt. Der Schüler wird klare Fortschritte in der richtigen Durchführung der klassischen Zange und des Pfluges feststellen.

GÜNSTIGE AUSWIRKUNGEN

Diese Übung verbindet die Wirkungen der Haltungen des Vorbeugens und die der umgekehrten Stellungen.

WIRBELSÄULE:
Die Wirbelsäule wird während der Phase des Beugens geschmeidig und richtet sich während der Perioden der Anspannung wieder auf. Auf die Bandscheiben wird ein verstärkter Druck ausgeübt, was ihnen ihre Elastizität bewahrt. Die Bänder der Wirbelsäule werden gestreckt und geschmeidiger.

MUSKULATUR:
Die Muskeln und die Bänder der Wirbelsäule werden gestreckt, aber gerade die Schenkelmuskeln erfahren die stärkste Dehnung: sie bekunden im übrigen ihr »Dasein« während der Ausführung der Stellung. Diese Übung, wir haben es schon erwähnt, stellt rasch ihre normale Länge wieder her. Während des Zusammenziehens und im Verlauf des verstärkten Ausatmens wird die Zwerchfellmuskulatur gekräftigt.

KREISLAUF:
Der Blutkreislauf innerhalb des Gehirns wird wie bei Schirschasana oder Sarwangasana aktiviert, aber da die Höhe der Blutsäule herabgesetzt ist (vergl. Pascalsches Prinzip), muß dementsprechend der Blutdruck in den Gefäßen des Gehirns niedriger sein. Die Zirkulation wird im gesamten Rumpf beschleunigt, und die Bauchorgane werden dadurch weitgehend begünstigt.

Zu den wesentlichsten Nutznießern gehören Leber und Magen: die Zirkulation in der Leber wird stark erhöht, und das Blut wird buchstäblich von der Hohlvene angesogen. Diese Stellung begünstigt das gute Funktionieren des Verdauungstrakts und löst die Blutstauungen in den Bauchorganen auf.

Bei Menschen, die viel sitzen, verringern die Stauungen venösen Blutes in den Eingeweiden die allgemeine Lebenskraft des Organismus. Mit Hilfe dieser Übung wird das Blut wieder in den Kreislauf gezogen und zum Herzen und zu den Lungen gepumpt, um dort gereinigt zu werden.

Bezüglich des Nutzens für den Organismus unterscheiden sich diese

Kreislaufwirkungen von denen der klassischen Zange, bei der der Zustrom des Blutes zum Kopf weniger betont ist.

NERVEN:
Das Rückenmark wird gedehnt und gestärkt, und der Sympathikus, der an der Wirbelsäule entlangläuft, wird stimuliert.

Der Hauptnutznießer ist der Ischiasnerv, denn diese Stellung ist geeignet, ihn aus seiner Berührung mit der Wirbelsäule zu lösen, während er bei der Dehnung der Schenkelmuskeln gestreckt wird. Dieses Strecken wirkt sich sehr günstig auf ihn aus und ist eine ausgezeichnete Vorbeugung gegen die Schmerzen, mit denen er seinen Eigentümer zuweilen bedenkt. Jedoch ist es vielleicht nicht ratsam, diese Übung auszuführen, wenn der Nerv gereizt ist und die Schmerzen sich durch die Übung verschlimmern.

SCHLUSSFOLGERUNG

Diese Übung ist, auch wenn sie wenig angewendet wird, in so mancher Hinsicht deswegen nicht weniger interessant. Ihre Ausführung kostet höchstens eine oder zwei Minuten; die Übungsreihe wird dadurch also kaum verlängert.

Von der Ausgangsstellung ausgehend die Füße grätschen: darauf achten, daß der Boden nicht glatt ist.

Hände auf die Hüften legen; tief einatmen, während man den Rücken kräftig streckt. Den Bauch nicht übermäßig aufblähen.

Langsam und gründlich ausatmen, während man sich vorbeugt, um die Handflächen auf den Boden zu setzen, so nah wie möglich der gedachten Linie zwischen den Füßen.

Wenn die Handflächen den Boden nicht berühren, muß man die Füße noch weiter grätschen.

Diese Phase ist sehr wichtig und darf auf keinen Fall ausgelassen werden. Während Sie tief einatmen, versuchen Sie das Kreuz durchzudrücken: dadurch wird die Wirbelsäule wieder aufgerichtet – was für die Statik der Wirbelsäule sehr günstig ist. Blicken Sie geradeaus. Die Muskeln der Beine, des Rückens und des Nackens sind während dieses Teils der Übung angespannt. Nach einem Verhalten des Atems von zwei oder drei Sekunden mit vollen Lungen gehen Sie zur folgenden Phase über.

Während Sie gründlich ausatmen, setzen Sie den Kopf zwischen den Händen auf dem Boden auf. Betrachten Sie den Nabel! In dieser Stellung tief atmen; die Stellung während 10 bis 20 Atemzügen mit verstärktem Ausatmen (Zusammenziehen der Zwerchfellmuskulatur) beibehalten. Dadurch werden die Eingeweide im Bauch kräftig massiert. Die Übung mit einem gründlichen Ausatmen beenden, bevor man durch die folgende Phase zur Ausgangsstellung zurückkehrt.

Langsam und gründlich einatmen, während man den Rücken wie am
Anfang aufrichtet. Verhalten Sie den Atem ein wenig länger als beim
Einnehmen dieser Stellung. Falls Sie das Bedürfnis haben, die Lungen
zu entleeren, müssen Sie . . .

... zur Ausgangsstellung zurückkehren, indem Sie ausatmen, jedoch ohne die auf der zweiten Abb. gezeigte Phase zu durchlaufen.

KURMASANA – DIE SCHILDKRÖTE

Kurmasana trägt ihren Namen zu Recht: der gekrümmte Rücken des Schülers erinnert sehr an den Rückenschild einer Schildkröte (Kurma im Sanskrit).

REIHENFOLGE IN DEN ÜBUNGEN

Die Leser, die sich die »Rishikesh-Reihe« angeeignet haben, werden Kurmasana unmittelbar nach Paschimottanasana (Die Zange) einfügen.

TECHNIK

ARDHA KURMASANA – DIE HALB-SCHILDKRÖTE:
Die vollständige Übung ist nicht immer von Anfang an erreichbar. Man kann sie sich durch Üben der Halb-Asana aneignen.

AUSGANGSSTELLUNG:
Auf dem Boden sitzend, die Beine ausgestreckt, leicht angewinkelt, die Füße 40 bis 50 cm auseinander.
   Das linke Bein so anwinkeln, daß die Fußsohle auf dem Boden ruht.

ERSTE PHASE:
Einnahme der Stellung und Atmung
   Während Sie die Handfläche nach oben wenden, lassen Sie den Un-

terarm, dann den Arm unter der linken Kniekehle hindurchgleiten, wobei Sie versuchen, die Schulter dem Knie zu nähern.

Jetzt gründlich ausatmen, das linke Bein ausstrecken und, während die Ferse nach vorn gestoßen wird, die Schulter senken und den Rücken krümmen. In dieser Haltung unbeweglich verhalten und sich bemühen, die Rückenmuskeln zu entspannen.

Tief atmen.

Zur Ausgangsstellung zurückkehren und die Asana auf der anderen Seite wiederholen.

DAUER:
Anfänglich während 10 Sekunden auf jeder Seite unbeweglich bleiben; nach und nach diese Unbeweglichkeit bis auf eine Minute steigern.

KONZENTRATION

Die Aufmerksamkeit auf die Entspannung der Rückenmuskeln richten, die passiv die Krümmung über sich ergehen lassen.

FEHLER

Ruckweise arbeiten
Die Rückenmuskeln verhärten
Die Handfläche dem Boden zuwenden

WIEDERHOLUNG

Zweimal nach jeder Seite.

KURMASANA (DIE SCHILDKRÖTE):
Ardha Kurmasana kann, je nach dem Fall, eine längere Vorbereitung auf die vollständige Übung darstellen und als Lockerungsübung dienen, die der vollständigen Übung unmittelbar vorausgeht.

Die Anfangshaltung stimmt mit der der Halb-Übung überein, nur daß
hier die Knie höher angehoben werden und die Füße beide flach auf
dem Boden aufliegen.

EINNAHME DER STELLUNG:
Der Leser weiß bereits, daß es sich diesmal darum handelt, beide
Arme unter dem entsprechenden Knie mit nach oben gewandter
Handfläche durchzuschieben, was verhindert, den Ellbogen anzuwin-
keln. Sobald die Arme ihren Platz gefunden haben, bilden sie einen
nach hinten gewandten stumpfen Winkel; in diesem Augenblick muß
man unter Strecken der Beine die Fersen vorwärtsstoßen. Der Rücken
soll diesen Stoß passiv aufnehmen.

Ruhig atmen. Bei jedem Ausatmen läßt man die Stirn ein Stückchen
tiefer sinken, bis sie den Boden berührt. In dieser Stellung muß man
. . . sich entspannen! Ich scherze nicht, wenn ich diese Asana unter den
Entspannungsübungen einreihe! Im Verlauf des Übens entwickelt sie
sich dazu. Wenn sie tatsächlich den Grad des Angenehmen und der
Entspannung erreicht hat, muß man, anstatt mit der Stirn den Boden
zu berühren, das Kinn auf dem Boden aufsetzen und es so weit wie
möglich vorwärtsschieben. Dadurch wird die Einwirkung der Asana
auf die Wirbelsäule erheblich verändert und das Zusammenpressen innerhalb des Bauches verstärkt.

VARIANTEN

A. Anstatt die Arme in einem stumpfen Winkel am Boden zu halten,
kann man sie im rechten Winkel zum Rumpf ausstrecken, in der Linie
der Schultern. Dadurch wird die Wirksamkeit der Übung erhöht, aber
auch – leider! – ihre Schwierigkeit. Man kann durch tägliches Üben
stufenweise dahingelangen: nachdem man während einiger Augenblicke in der bequemsten Stellung unbeweglich verharrt hat, sollte man
die Hände ein wenig weiter vorrücken.

B. Eine andere Variante hat zum Ziel, den Druck innerhalb des
Bauches, vor allem im Bereich des Grimmdarms, zu erhöhen: anstatt
die Arme nach vorn zu führen, biegt man sie nach hinten, um sie hinter dem Rücken zu halten. Die Mittelfinger sollten einander berühren,
die Finger sich sogar ineinander verschlingen.

Es versteht sich von selbst, daß diese Varianten nur für Schüler bestimmt sind, die bereits eine große Geschmeidigkeit erreicht haben.

GEGENSTELLUNG

Wenn man länger als eine Minute in dieser Asana unbeweglich verharrt, ist es ratsam, ihr die Gegenstellung folgen zu lassen.

Matsyasana (der Fisch) während 15 bis 20 Sekunden.

GÜNSTIGE AUSWIRKUNGEN

Kurmasana macht die ganze Wirbelsäule geschmeidiger, stärkt ihren Spannungszustand und aktiviert die Funktionen der Eingeweide; sie wirkt zugleich entspannend und dynamisierend. Sie beruhigt die Nerven: nachdem man sie eingenommen hat, fühlt man sich wie nach einem längeren Ausruhen erfrischt.

Im folgenden werden die Auswirkungen im einzelnen angegeben.

WIRBELSÄULE:
Diese Stellung ist dank dem durch die Beine auf der Ebene der Schultern ausgeübten Druck von bemerkenswerter Wirksamkeit, um die Rückenpartie der Wirbelsäule beweglicher zu machen, die bei manchen Menschen so steif ist. Da die Beine während des Einnehmens der Asana das einzige aktive Element sind, kann der Schüler die Rückenmuskeln entspannen (das soll er auch!): dadurch finden die Rückenwirbel ihre Beweglichkeit wieder. Was nun den unteren Teil des Rückens betrifft, so streckt Kurmasana den gesamten Bereich der Lenden; auf diese Weise lockert diese Asana den Rücken, der durch naturwidrige Haltungen bei der Arbeit oder bei langem Stehen schmerzempfindlich geworden ist.

MUSKELN UND BÄNDER:
Vor allem sind es die Muskeln und Bänder der Wirbelsäule, die gestreckt und gedehnt werden. Während des Einnehmens und der Beibehaltung der Asana von ihrem Blut entleert, saugen sie, sobald diese Stellung unterbrochen wird, frisches Blut an. Diese Haltung begünstigt

die Durchführung der Zange, des Pflugs und ganz allgemein aller Stellungen mit Beugung vorwärts.

NERVENSYSTEM:
Als Folge des Vorwärtsbeugens und der beträchtlichen Durchblutung der Rückenmuskulatur werden die Nerven im Bereich der Wirbelsäule gut ernährt und angeregt, was die kräftigende Wirkung auf den gesamten Organismus erklärt. Durch Streckung des unteren Teils der Wirbelsäule vermag Kurmasana den Ischiasnerv zu lösen, falls er in der Berührungszone eingeklemmt sein sollte, und dadurch gewisse Formen des Ischias zu lindern.

EINGEWEIDE:
Im allgemeinen drücken die Stellungen des Vorbeugens den gesamten Bauch zusammen und kräftigen das Sonnengeflecht. Bei Kurmasana hingegen wird der ganze Bereich des Sonnengeflechts gelockert, während die Organe des Unterleibs stark zusammengedrückt und ihre Spannkraft erhöht werden, insbesondere der aufsteigende und absteigende Grimmdarm. Diese Stellung bekämpft wirkungsvoll die Verstopfung, das Übel des Jahrhunderts (oder richtiger »eins« der zahlreichen Übel des Jahrhunderts), indem die Peristaltik der Eingeweide angeregt wird. Dieser Druck wirkt sich sogar auf die Nieren aus, die dadurch stimuliert werden, vor allem wenn das Einnehmen der Stellung und ihre Beibehaltung von tiefem Atmen begleitet werden, in dessen Verlauf das Zwerchfell gesenkt und dadurch der Druck innerhalb des Bauches durch Zusammenpressen der Organe noch erhöht wird.

Die Nieren werden also angeregt – unter Erhöhung der Harnausscheidung – und in gleicher Weise die Nebennieren, was sich auf die Erzeugung des Adrenalins, des Hormons der Vitalität, auswirkt. Dadurch wird die die Spannkraft erhöhende Wirkung dieser Asana erklärt. Manche Schüler werden darauf verzichten, sie am Abend allzu kurze Zeit vor dem Schlafengehen auszuführen: sie könnte sie so »dynamisieren«, daß sie wach bleiben. Die Erfahrung und die Selbstbeobachtung werden einen bald darüber belehren: dann müßte man auf diese Asana verzichten oder sie am Morgen ausführen, allerdings mit dem Nachteil, daß man beim Erwachen sehr viel weniger geschmeidig ist als am Abend.

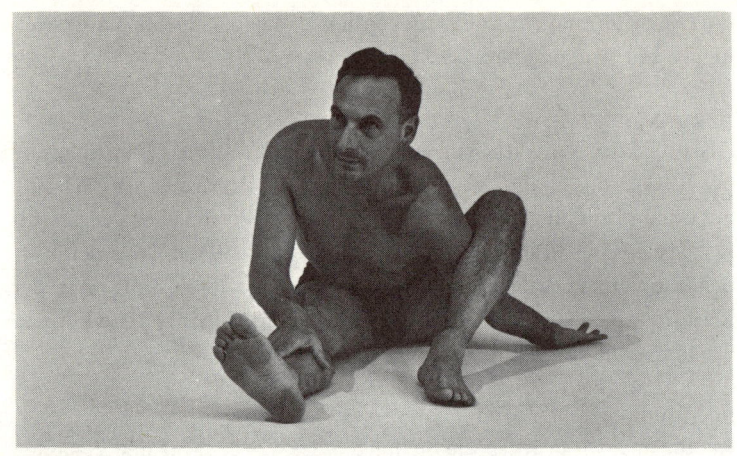

FÜR DIE ANFÄNGER:

Ardha-Kurmasana – die Halbübung der Schildkröte. Diese Abb. zeigt die erste Phase der Asana. Sie ermöglicht, die Ausgangsstellung leicht wiederherzustellen, die sich nur durch den Beugungswinkel des auf dem Arm aufgestützten Knies unterscheidet. Anfänglich befindet sich die Ferse näher am Körper und das Knie ist höher.

Dann stößt man die Ferse unter Strecken des Beins vorwärts.

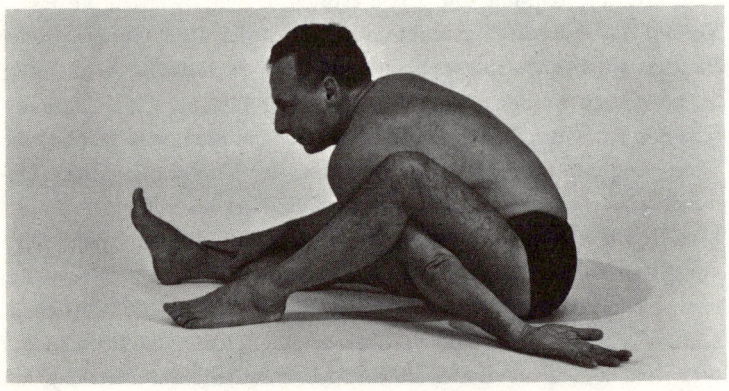

Da die Aufnahme von vorn keine Möglichkeit bietet, sich genau über die Stellung des Arms klar zu werden, der unter den Druck des Beins gerät, hier die Stellung in Seitenansicht . . .

188

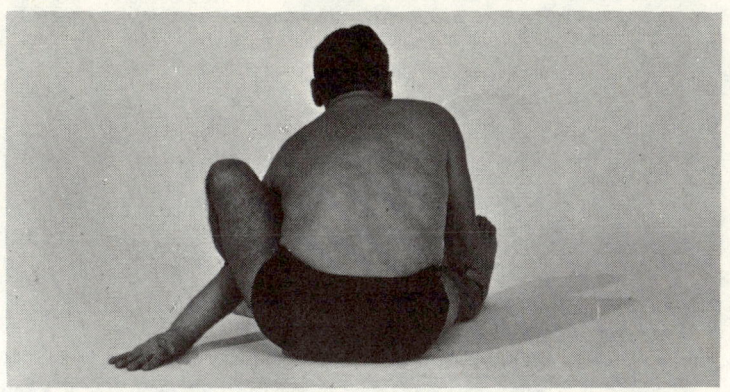

. . . und von hinten.

FÜR DEN FORTGESCHRITTENEN:
Hier die vollendete Stellung von vorn. Durch das Strecken der Beine, um die Fersen vorwärts zu drücken, wird der Rücken gekrümmt.

Anfänglich berührt man zunächst den Boden mit der Stirn, dann drückt man das Kinn unter Berührung des Bodens so weit vorwärts wie möglich. In dieser Haltung sich so vollständig wie möglich entspannen.

Tief atmen.

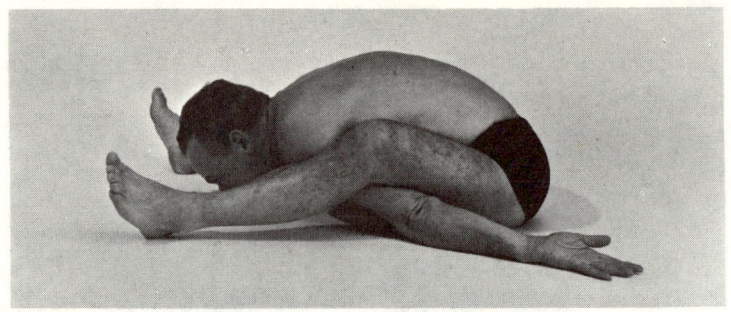

Die vollendete Stellung von der Seite gesehen zeigt die Lage der
Knie auf den Armen, was den Namen rechtfertigt, denn der Rücken
nimmt die gewölbte Form des Rückenschildes einer Schildkröte an.

VARIANTE:
Indem man nach und nach die Arme verschiebt, um sie in einen rechten Winkel zum Rumpf zu bringen, wird der Druck auf die Schultern
verstärkt und der Rücken noch mehr gebogen.

Von hinten gesehen: Die Schenkel drücken den Unterleib stark zusammen und regen so die Peristaltik der Eingeweide an. Diese Stellung
bekämpft sehr wirkungsvoll die Verstopfung.

VARIANTE:
Wenn der Schüler die Arme beugt und die Handrücken in den Bereich
der Lenden bringt, so daß die Finger sich berühren oder ineinander
verschlingen, wird der Druck innerhalb des Bauches erheblich gesteigert, aber damit auch die Schwierigkeit der Stellung.

EKA PADA SCHIRSCHASANA
DER »EINSAME FUSS«

ETYMOLOGIE

Keine Unklarheit von dieser Seite. Eka Pada Schirschasana setzt sich
zusammen aus: Eka = eins, einzig; Pada = Fuß; und Sir = Kopf.
Das ist also die »Stellung eines einzigen Fußes am Kopf«. Um uns
kurz zu fassen, nennen wir sie »Der einsame Fuß«.

TECHNIK

ERSTE PHASE:

In sitzender Haltung das rechte Bein leicht beugen (manche Yogis führen diese Übung mit völlig gebeugtem Bein durch) und die Zehen nach
außen strecken, um das Bewahren des Gleichgewichts zu erleichtern.
Tatsächlich neigt sich der Rumpf, wenn das am Boden liegende Bein
gestreckt wird, leicht nach hinten, und so gerät man, sobald der Fuß
angehoben wird, in Gefahr, umzufallen. Der Beugungswinkel ist je
nach Fall verschieden; einige vorsichtige Versuche werden es Ihnen ermöglichen, den Punkt zu finden, der für Sie am günstigsten ist.

ZWEITE PHASE:

Den rechten Fuß mit der linken Hand ergreifen.

Achtung! Die Haltung der Hand und die Art und Weise, den Fuß
festzuhalten, sind für die richtige Ausführung der Stellung von wesentlicher Bedeutung. Betrachten Sie aufmerksam die Abbildungen.

DRITTE PHASE:
Den Fuß anheben, dann das Schienbein parallel zum Boden bringen,
die Ferse in Höhe des Kinns.

Den Rumpf in der Achse der Wirbelsäule leicht sich drehen lassen.
Die Schulter unter die Kniekehle zu bringen versuchen.
Letzte Einzelheit: die linke Hand an die Innenseite des Schenkels le-
gen.

FÜR ANFÄNGER

. . . und diejenigen, die einen kleinen Bauch haben, wird diese Stellung
die letzte sein, die sie für die Dauer von 5 bis 10 Atemzügen beibehalten sollen.

Den Fuß zum Gesicht heranziehen, um den Bauch mit dem Schenkel zusammendrücken.

Die Ausführung dieser Asana hängt zu einem hohen Grad vom
Körperbau der Schüler ab.

Magere Menschen mit langen, schlanken Beinen und flachem Leib
werden diese Übung ohne Mühe bewältigen.

Hingegen werden dickere Schüler mit kurzen, muskulösen Beinen es
schwer haben, sie auszuführen, aber paradoxerweise werden sie am
meisten von ihr profitieren. Bei den mageren Menschen mit schlanken
Beinen und flachem Leib ist nämlich der Druck auf den Bauch mini-
mal, und so wird die Wirksamkeit der Asana, zumindest in bezug auf
die Eingeweide, geringer sein.

Führen Sie sie mit um so größerem Eifer durch, je mehr Mühe Ihnen das Gelingen bereitet. Es ist der Augenblick, sich daran zu erinnern, daß es beim Yoga nicht auf das ankommt, was man von außen
sieht, sondern auf das, was sich in den Geweben und Organen vollzieht.

RÜCKKEHR AUF DEN BODEN UND WIEDERHOLUNG

In umgekehrter Reihenfolge bis zur Ausgangsstellung.
Dies stellt die Hälfte der Übung dar, die man nun mit dem
anderen Bein wiederholen muß.

FÜR DIE FORTGESCHRITTENEREN

Für die Schüler mit größerer Übung vollzieht sich die Bewegung folgendermaßen:

a) das Bein ausstrecken und den Fuß bis zum Scheitelpunkt des Kopfes heben;
b) dann den Fuß nach oben und hinten ziehen;
c) der als Hebel wirkende rechte Arm führt den Fuß in Richtung auf den Nacken oder bringt ihn sogar mit ihm in Berührung; das ist das Endziel dieser Übung. So lange wie möglich, jedoch ohne gewaltsame Kraftanstrengung in dieser Haltung verweilen; ein Höchstmaß an Muskeln entspannen.

ATMUNG

Die Atmung soll durch das Zwerchfell erfolgen und tief sein, um die Bauchmassage zu verstärken, von der ein großer Teil der Wirkungen dieser Stellung abhängt.

WIEDERHOLUNG – REIHENFOLGE IN DEN ÜBUNGEN UND DAUER

Wenn der Einsame Fuß der klassischen Zange am Boden folgt und sie vervollständigt, so genügt eine Übung. Tritt sie an die Stelle der Zange, muß man sie dreimal wiederholen, wobei jeweils eine kurze Ruhepause eingeschoben wird; beim drittenmal soll die Asana für die Dauer von 10 bis 15 Atemzügen beibehalten werden.

Da Eka Pada Schirschasana keine deutliche dynamische Phase enthält, muß man die drei Wiederholungen in Steigerungen durchführen: das erste Mal die Bewegung nur andeuten; das zweite Mal die Endstellung einnehmen, ohne Kraftanstrengung oder längeres Verweilen; das dritte Mal das Maximum erreichen, aber dabei innerhalb der Grenzen des Angenehmen bleiben. Sie so lange wie möglich beibehalten, ohne Schmerzen oder übermäßige Anstrengung.

Denken Sie daran, daß Yoga, der weh tut, schlecht ausgeführter Yoga ist.

KONZENTRATION

Während der Bewegungen sich auf die richtige Ausführung der Übung konzentrieren; in der Endstellung entweder auf die tiefe Zwerchfellatmung oder auf den unteren Teil der Wirbelsäule.

KONTRA-INDIKATIONEN

Ich sehe keine Kontra-Indikation für den Einsamen Fuß.

WIRKUNGEN

Der Einsame Fuß besitzt tatsächlich alle Vorzüge der klassischen Zange, während er dem Schüler noch die für ihn charakteristischen günstigen Wirkungen bietet; diese bestehen im wesentlichen aus:
  a) der bedeutenden Einwirkung von ganz besonderer Art auf die Wirbelsäule, ganz speziell auf ihren Lendenbereich;
  b) dem abwechselnden Zusammendrücken jeder Bauchhälfte.

WIRKUNGEN AUF DIE WIRBELSÄULE:
Die Wirkungen unterscheiden sich stark von denen von Paschimottanasana, da der Einsame Fuß auf die Wirbelsäule asymmetrisch einwirkt. Bei der klassischen Zange am Boden beugt sich der Rücken in Längsrichtung der Wirbelsäule, während der Einsame Fuß dieser Krümmung eine seitliche Biegung hinzufügt (siehe Abb). Die Kombination dieser beiden Biegungen übt auf die Wirbelsäule Wirkungen aus, die sich von denen aller anderen Yoga-Übungen unterscheiden. Die verstärkte Streckung des Lendenbereichs der Wirbelsäule rechtfertigt es, sie zu den Varianten von Paschimottanasana zu zählen, deren Name wörtlich bedeutet: »Die Haltung, die den unteren Rücken streckt«. Sie stimuliert alle Nervenzentren der Wirbelsäule und gleichzeitig den Strang sympathischer Nerven, der an der Wirbelsäule entlangführt. Diese Stellung macht die Wirbelsäule in bemerkenswerter Weise nach vorn zu geschmeidiger.

MUSKELN UND BÄNDER:
Die gesamte Rückenmuskulatur wird gestreckt, gedehnt und mit frischem Blut versorgt. Alle Bänder der Wirbelsäule werden in Tätigkeit gesetzt.

194

BAUCH:

Die Bedeutung der Rückwirkungen dieser Asana auf den Bauch beruht in erster Linie auf einem verstärkten Zusammenpressen gewisser Eingeweide. Aber dieses Zusammenpressen erfolgt abwechselnd auf der einen und auf der anderen Seite, so daß immer eine Hälfte des Bauches in diese Bewegung einbezogen ist. Darin unterscheidet sich der Einsame Fuß von den anderen Yoga-Übungen und sogar vom Ardha Matsyendrasana. Tatäschlich preßt auch der Drehsitz jede Hälfte des Bauches zusammen, aber in diesem Fall wird die Gesamtheit des Bauches durch die Asana bearbeitet, während der Einsame Fuß selektiv auf den Unterleib, auf den aufsteigenden und absteigenden Grimmdarm, auf den Leberbereich (wenn die Übung nach rechts ausgeführt wird) und auf den Bereich der Milz und der Bauchspeicheldrüse (wenn die Übung nach links ausgeführt wird) einwirkt.

Diese Organe werden mit großer Intensität aktiviert, was durch den starken, bei der vollständigen Übung hervorgerufenen Druck erreicht wird. Vergessen wir auch nicht ihre Einwirkung auf die Nieren, diese lebenswichtigen Organe, von denen es heißt, mit guten Nieren könnte man hundert Jahre alt werden, selbst wenn das Herz krank ist.

HYGIENISCHE WIRKUNGEN:

Die wesentlichen hygienischen Wirkungen des Einsamen Fußes sind:

die zuweilen erstaunliche Linderung gewisser Ischiasbeschwerden, die auf das Eingeklemmtsein des Nervs bei seinem Austreten aus der Wirbelsäule zurückzuführen sind. Es ist manchmal ratsam, diese Stellung nur nach einer Seite hin zu üben, nämlich nach der, die sich der Erfahrung auch als günstig erwiesen hat;

die Verstopfung wird energisch bekämpft, aber man sollte darauf achten, den Einsamen Fuß zuerst auf der rechten Seite zu üben, um in Richtung der Peristaltik der Gedärme einzuwirken;

die Leber wird ausgeschlämmt; auch eine nur geringe Stauung in diesem Organ wirkt sich auf das gesamte Verdauungssystem aus;

Milz und Bauchspeicheldrüse werden durch diese Stellung angeregt;

die Nieren werden durch sie erreicht und massiert (dennoch ist es schwierig, sie unmittelbar zu beeinflussen, da sie geschützt und in der Eingeweidemasse verborgen liegen). Daher die Steigerung der Harnausscheidung;

die Stimulation des Parasympathikus des Beckenbereiches wirkt insbesondere auf die Funktionen der Ausscheidung, deren Bedeutung ich bereits an anderer Stelle unterstrichen habe (siehe Kapitel Schank Prakschalana).

Diese Aufnahmen wurden unter Berücksichtigung des günstigsten Blickwinkels gemacht.

Sie zeigen die nach der linken Seite hin ausgeführte Übung, aber in Wirklichkeit soll man mit dem rechten Fuß anfangen.

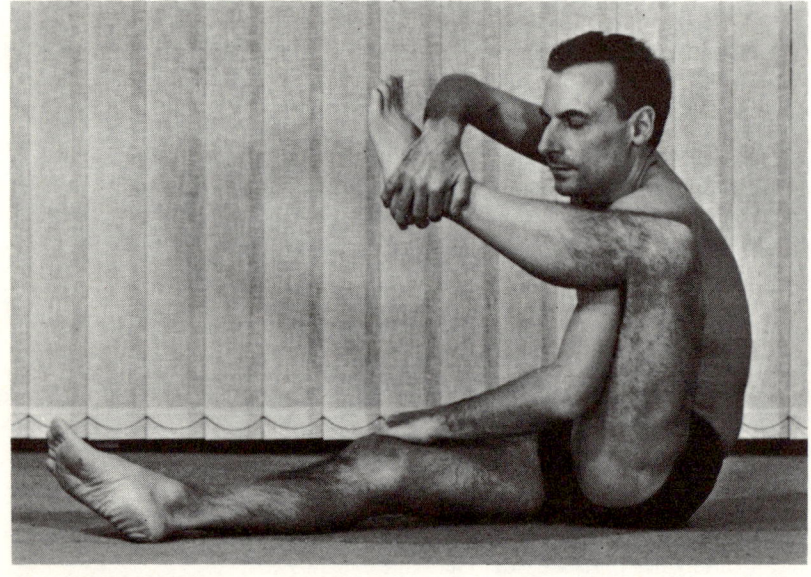

Richtige Ausgangsstellung: Das rechte Bein ist leicht gebeugt (manche Yogis beugen es ganz).

Die Art und Weise, den Fuß zu halten, ist für das Gelingen der Übung ganz wichtig.

Die Achillessehne wird vom Mittelfinger gestützt, während Ringfinger und kleiner Finger, Daumen und Zeigefinger nicht in Aktion treten.

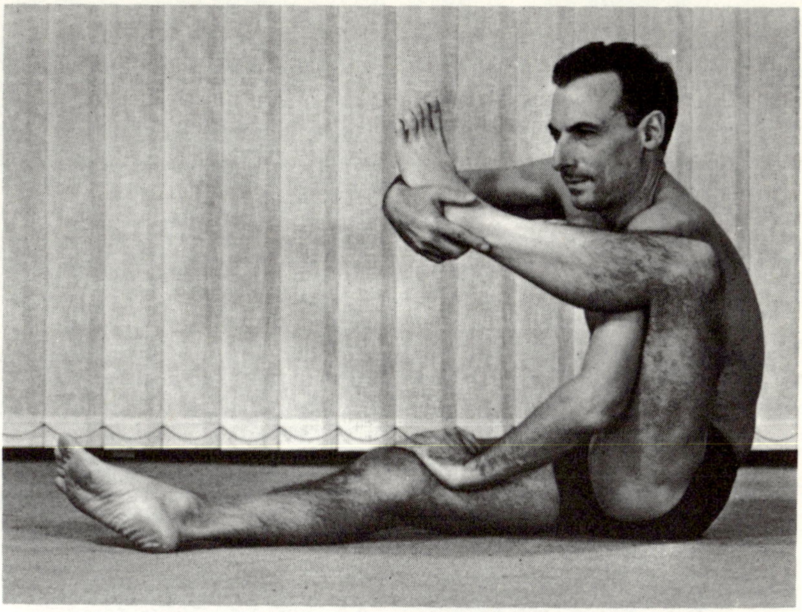

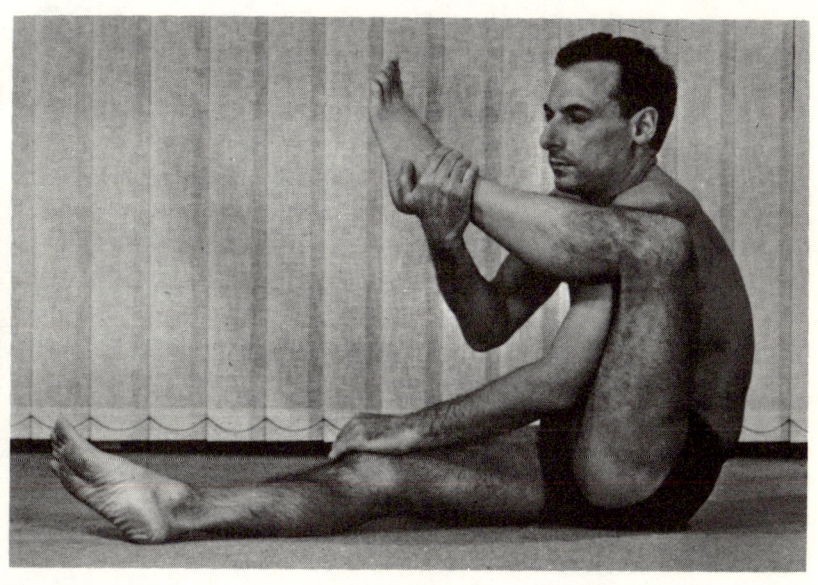

Diese beiden Arten, den Fuß zu halten, sind falsch.

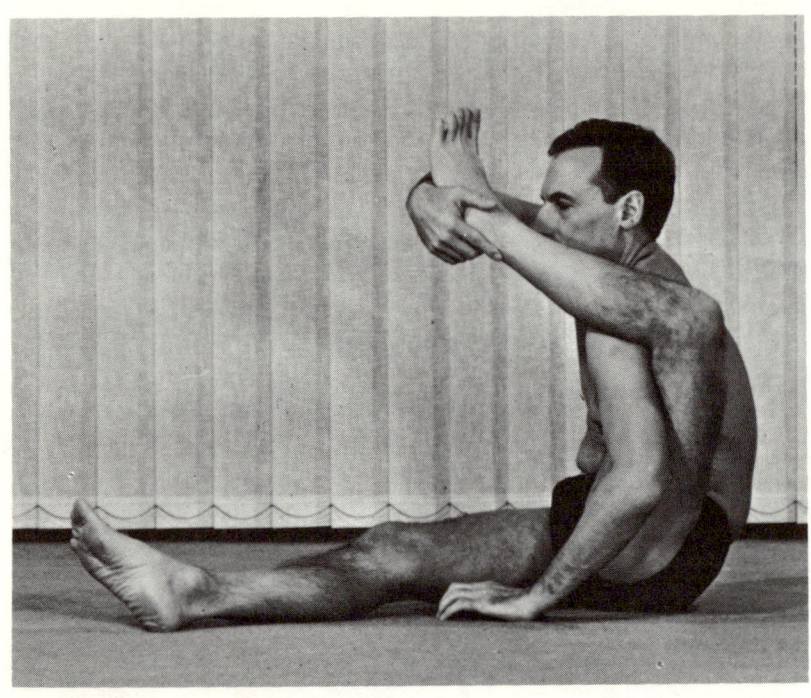

Erste Bewegung und, für die Anfänger, die Endstellung!
Die Schulter so weit wie möglich zur Kniekehle vorschie-
ben:

    a) man hebt den Fuß, während man das Knie nach
hinten drückt;

    b) man läßt den Rumpf sich drehen, um den Rücken
dem Bein leicht zuzuwenden.

Für die fortgeschrittenen Schüler Einnahme der Endstellung:

den Kopf senken, den Fuß unter Strecken des Beins nach hinten ziehen und mit Hilfe des durch den linken Arm gebildeten kräftigen Hebels den Fuß so weit wie möglich nach hinten führen. Schließlich ihn in den Nacken legen.

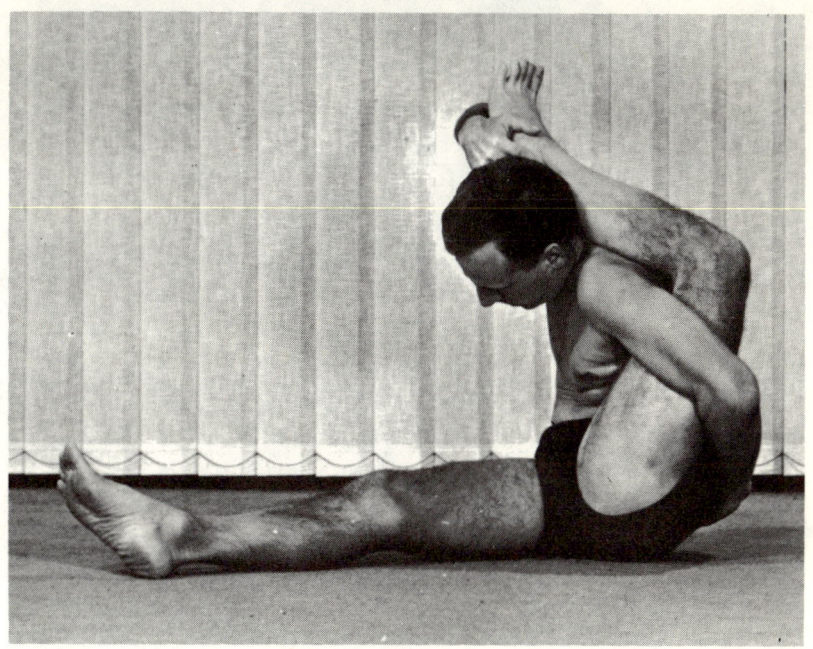

Der Einsame Fuß, von hinten gesehen, zeigt:
   a) die jeweilige Stellung von Armen und Händen;
   b) wie sich die beiden Krümmungen in der Längs- und
in der Seitenrichtung verbinden. Es wird klar, in welchem Ausmaß der Unterleib auf der Seite des erhobenen Beins zusammengepreßt wird.

Bei der Übung Dvi Pada Schirschasana, deren Wirkungen etwas ähnlich sind, ist die Krümmung des Rückens eine völlig andere und das Zusammenpressen des Bauches weniger stark. Die obere Wirbelsäule wird weniger beeinflußt. Die beiden Stellungen ergänzen sich und werden nicht doppelseitig angewendet. Sie können einander im übrigen in der Reihe der Übungen folgen und an die Stelle der klassischen Zange treten.

SARPASANA – DIE SCHLANGE

Sarpasana stellt eine Asana und zugleich eine Atemübung dar, die jedem zugänglich ist.

ZIEL DER ÜBUNG UND IHRE WIRKUNG

Diesmal werden wir, mit der alten Gewohnheit brechend, zunächst die günstigen Wirkungen der Asana betrachten, bevor wir uns mit ihrer Technik befassen.

Wir wissen, daß die Lungen, Schwämmen ähnlich, aus Millionen von Alveolen bestehen (nach einigen Autoren 70 Millionen, nach anderen 100 oder 150 Millionen . . .), deren Gesamtoberfläche ungefähr 150 qm entsprechen würde. Von größerer Bedeutung als die vom Spirometer gemessene Lungenkapazität ist die Menge der Alveolen, die sich wirksam und aktiv am Atmungsvorgang beteiligen. Während der oberflächlichen Atmung bleibt eine große Zahl, wenn nicht überhaupt die Mehrheit der Alveolen untätig; da sie nicht abwechselnd aufgebläht und wieder entleert werden, sind sie schließlich auf Grund des Gesetzes – für das keine Ausnahme gilt –, daß nämlich jedes Organ, das nicht arbeitet, verkümmert, unbrauchbar. Jeden Tag muß man, zumindest während einiger Minuten, ein Maximum von Alveolen in Tätigkeit setzen, um die Lungenkapazität zu erhalten. Die vollständige Atmung des Yoga erreicht dies bis zu einem gewissen Grad; aber um alle Alveolen zu entfalten, ist nichts Sarpasana vergleichbar, die ihnen frische Luft einbläst und die vollständige Durchlüftung der Lungen gewährleistet.

Sarpasana erreicht dieses Ziel auf eine einfache, sehr wirkungsvolle Weise, ohne die empfindliche Struktur der Lungen zu beeinträchtigen.

Die einzige, unfehlbare Methode, die eingeatmete Luft in alle Alveolen zu leiten und sie zu entfalten, besteht darin, in den Lungen während eines Verhaltens des Atems einen leichten Überdruck zu erzeugen. Auf diese Weise wird die eingeschlossene Luft bis in die unzugänglichsten Winkel gedrängt. Diese Übung erlaubt eine genaue Dosierung, indem man entweder die Stellung der Arme, den Umfang der Bewegung oder die Dauer des Atemverhaltens ändert. Durch Beeinflussung dieser Faktoren ist es möglich, die Intensität der Übung endlos zu variieren, um sie jedem einzelnen Fall anzupassen.

TECHNIK

AUSGANGSSTELLUNG:
Flach auf dem Bauch liegend die Arme rechtwinklig zum Rumpf ausstrecken, die Handflächen auf dem Boden; die Haltung der Arme darf variieren (siehe Abb.), aber im allgemeinen ist die Ausgangshaltung mit den rechtwinklig ausgebreiteten Armen am besten.

Die Beine liegen eng beieinander; die Fußsohle ist nach oben gewandt.

Die rechte Wange auf den Boden legen.

Sich entspannen und ruhig atmen.

Wenn man gut entspannt ist:

1. sinken die Schultern ab und berühren den Boden;

2. heben und senken sich die Lenden in Übereinstimmung mit der Atmung.

ERSTE PHASE:
In drei Zeitabschnitten tief einatmen (Bauch, Brustkorb und Oberteil der Brust), indem man den Bauch gegen den Boden aufbläht: das ist wichtig. Den Atem nicht stoßartig blockieren.

Während man auf diese Weise die Luft in den Lungen eingeschlossen hält, wie bei der Kobra, hebt man langsam den Kopf und Rumpf an, indem man die Rückenmuskeln zusammenzieht, um das Gewicht des Körpers auf den aufgeblähten Bauch zu legen. Die zusammengepreßte Masse der Eingeweide drückt das Zwerchfell zurück, das seinerseits die Lungen zurückdrängt, und dadurch entsteht ein beabsichtigter, unschädlicher, leichter Druck.

VERHALTEN DES ATEMS UND RÜCKKEHR AUF DEN BODEN:
Je nach Fähigkeit des einzelnen einige Sekunden so verweilen, dann unter langsamem Ausatmen auf den Boden zurückkehren und dabei die Muskulatur entspannen. Die andere Wange auf den Boden legen.

ZWEITE PHASE:
Wieder einatmen und die Übung mehrmals wiederholen, wobei man abwechselnd die linke und die rechte Wange auf den Boden legt. Wenn diese Übung Müdigkeit hervorruft, sollte man sich ausruhen und, bevor man weitermacht, einige normale Atemzüge einlegen.

DAUER DER ÜBUNG:
Die Gesamtdauer der Übung variiert im Durchschnitt zwischen 2 und 5 Minuten. Hier zählt nicht die Dauer der einzelnen Atemverhaltungen, sondern die Gesamtzeit der Verhaltungen. Dreißig Sekunden auf vier ungezwungene Verhaltungen verteilt, sind einem einzigen langen Verhalten von einer Minute vorzuziehen, das fast zum Ersticken führt, ohne größere Vorzüge aufzuweisen, ganz im Gegenteil. Die mittlere Dauer der Atemverhaltungen liegt im allgemeinen zwischen 5 und 15 Sekunden.

DOSIERUNG DER INTENSITÄT

Die Haltung der Arme ist für den Grad der Intensität der Übung entscheidend: es handelt sich hier um eine Asana mit »veränderlicher Geometrie«. Die am wenigsten intensive Ausführung geschieht mit an den Körper angelegten Armen. Die »Durchschnittsformel« ist die oben beschriebene, mit den Armen im rechten Winkel zum Körper. Die Intensivform der Asana wird mit vorgestreckten Armen durchgeführt.

Alle Zwischenstellungen sind erlaubt.

Man kann also ganz nach Belieben den Druck innerhalb der Lunge erhöhen oder herabsetzen, indem man den Winkel der Arme zur Körperachse verändert. Auch die Höhe, zu der man sich über den Boden erhebt, spielt eine Rolle. Der Kopf muß ziemlich hoch gehalten werden, um das Gewicht des Oberkörpers auf den Bauch zu verlagern, denn sonst wäre die Erhöhung des Drucks ungenügend, um die Ziele dieser Übung zu erreichen.

Was nun das Verhalten des Atems betrifft, darf es einem zu keinem Zeitpunkt unangenehm sein.

KONTRA-INDIKATIONEN

Ist diese Übung für Menschen mit Emphysem verboten, denen grundsätzlich das Verhalten des Atems untersagt ist? Nein, denn das Emphysem (Geschwulst) ist eine nichtwiedergutzumachende Schädigung, auf jeden Fall ist der von ihm befallene Teil der Lunge nachhaltig geschädigt: Sarpasana kann also das Übel nicht verschlimmern. Hingegen kann sie den unbenutzten – daher unversehrt gebliebenen – Teil der Lungen wieder in Tätigkeit setzen. Ich kenne den Fall eines Menschen mit Emphysem, dem das regelmäßige Ausführen dieser Übung wesentliche Erleichterung gebracht hat. Leute mit Herzfehlern müssen vorsichtig sein. Sie sollen zunächst mit der gemilderten Form beginnen und dabei ihre Reaktionen beobachten. Da diese Bewegung nicht gewaltsam ist, kann sie auch leicht unter Kontrolle gehalten werden.

Der eine oder andere Leser könnte vielleicht befürchten, daß ein allzu starker Druck den Lungen schädlich sein könnte. Der Überdruck ist jedoch ganz gering. Bezüglich des Bauches wirkt er sich auf eine verringerte Oberfläche aus, aber in den Lungen auf mehrere Dutzend Quadratmeter. Er wird also genügen, um die Alveolen zu entfalten, aber zu schwach sein, um eine übermäßige Ausdehnung herbeizuführen. Dieser Überdruck erhöht die Durchlässigkeit der Wandungen der Lunge für den Sauerstoff während des Verhaltens. Eine erhöhte Austauschfläche wird unter optimalen Bedingungen mit der Luft in Berührung gebracht; der Austausch vollzieht sich unter idealen Bedingungen.

ANDERE WIRKUNGEN

MUSKELN:
Die Rückenmuskulatur wird gekräftigt, und in dieser Hinsicht sind die Wirkungen denen der dynamischen Phase der Kobra ähnlich.

EINGEWEIDE DES BAUCHES:
Die Erhöhung des Drucks wird nicht nur im Brustkorb, sondern auch symmetrisch unterhalb des Zwerchfells verspürt. Leber, Gallenblase, Milz und Bauchspeicheldrüse sind auf der einen Seite zwischen der elastisch zusammengepreßten Eingeweidemasse und dem Zwerchfell auf der anderen Seite eingezwängt. Diese Organe werden daher von ihren Stauungen befreit, in der Tiefe massiert und physiologisch angeregt.

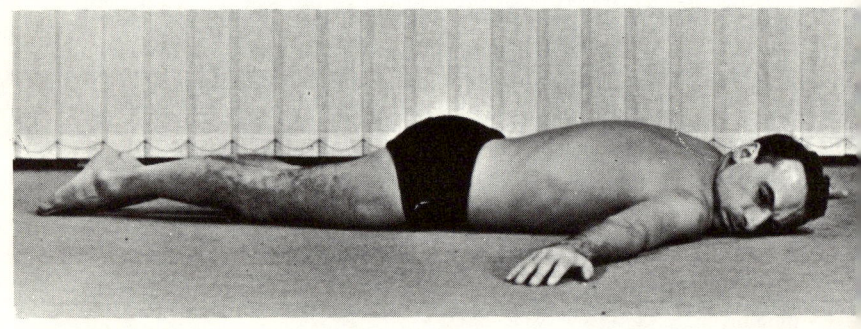

Ausgangsstellung: Liegend, eine Wange auf dem Boden, die Arme ausgestreckt; die Schultern berühren den Boden. Sich entspannen und ruhige Bauchatmung durchführen.

Vor Beginn der Übung ein vollständiges, tiefes Einatmen durchführen, dann den Atem verhalten.

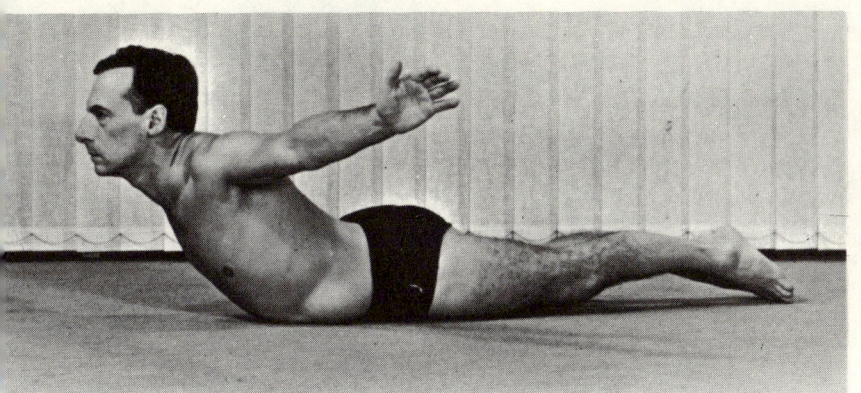

Die Rückenmuskeln zusammenziehen und den Kopf so hoch wie möglich heben. Unter Verhalten des Atems geradeaus blicken.

Das Gewicht weitgehend auf den Bauch verlagern, der infolge der Druckerhöhung im Bauch und im Brustkorb wie ein Schlauch aufgeblasen wird. Einige Sekunden lang diese Haltung beibehalten, dann langsam ausatmen, während man sich wieder auf den Boden sinken läßt; die andere Wange auf den Boden legen.

Sich entspannen und wieder anfangen.

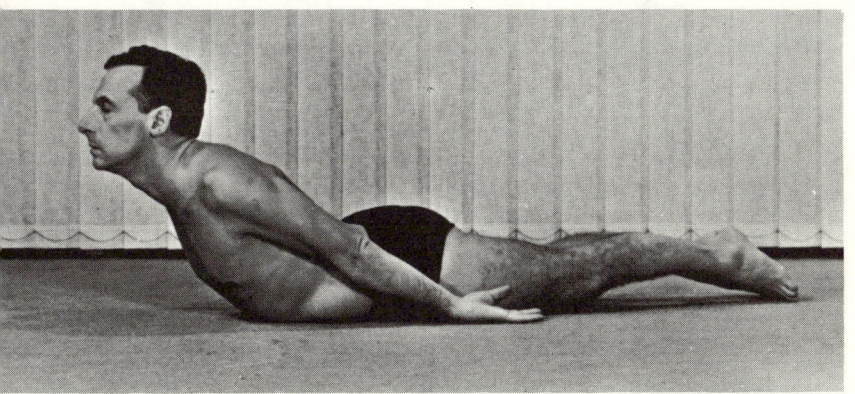

Wenn die Übung mit gespreizten Armen zu schwierig ist, kann man mit den Armen am Körper entlang anfangen, wie bei der Heuschrecke. Im übrigen den bereits gegebenen Anweisungen folgen.

INTENSIVFORM DER ASANA:

Mit nach vorn ausgestreckten Armen beginnen, dann sie heben, den Blick auf die Finger gerichtet. Die Daumen ineinander verschlingen, damit die Bewegung symmetrisch verläuft.

BHUDSCHANGENDRASANA –
DIE KATZE UND DIE
KÖNIGSSCHLANGE

Das Leben unserer Zeit zwingt uns zu einem sitzenden Dasein; Stunden hindurch sind wir zu Bewegungslosigkeit verurteilt. Der Schüler sitzt über sein Pult gebeugt, wie der Geschäftsmann über seinen Schreibtisch, und beide drücken sie ihren Brustkorb zusammen: die Atmung wird oberflächlich, der Rücken wölbt sich.

Die Asanas mit Rückwärtsbeugen erweisen sich also für uns von größter Bedeutung. In diesem Kapitel werden zwei Varianten der Kobra vorgeschlagen: die Katze und die Königsschlange (Bhudschangendrasana). Man kann sie getrennt üben oder sie zu einer einzigen Übung verbinden, die auch die widerspenstigsten Wirbelsäulen wieder geradestreckt und geschmeidig macht.

DIE KATZE

In dieser Übung wird die Wirbelsäule gestreckt. Sie heißt die Katze, weil alle Katzen der Welt, einschließlich der indischen, einer unwandelbaren, für ihre Art typischen Gewohnheit folgend, sich beim Erwachen wollüstig strecken.

AUSGANGSSTELLUNG:
Die Ausgangsstellung ist mit der bei der Kobra fast identisch, nur daß hier Füße und Knie gegrätscht sind.

Das Gesäß anheben, dann die Gesäßbacken nach hinten führen, bis die Arme gestreckt sind; bei dieser Bewegung streift das Kinn über den Boden. In dieser Übung fortfahren, bis der Rücken völlig gestreckt ist.

STATISCHE PHASE:
In der Endstellung ist der Rücken maximal gestreckt, und das Kinn berührt den Boden.

Den Blick so weit wie möglich geradeaus richten.

Die Streckung muß sich vor allem zwischen den Schulterblättern vollziehen: man soll sich auf diesen Teil des Rückens konzentrieren.

Tief atmen.

Die Asana mindestens für die Dauer von 5 bis 10 Atemzügen beibehalten.

RÜCKKEHR ZUR AUSGANGSSTELLUNG:
In umgekehrter Reihenfolge.

DIE KÖNIGSSCHLANGE

AUSGANGSSTELLUNG:
Normalerweise dient die Endstellung der Katze als Ausgangsstellung für die Königsschlange.

ERSTE PHASE:
Den Kopf anheben, die Arme ausstrecken und auf diese Weise die auf der vierten Abb. gezeigte Stellung einnehmen. Die Waden den Schenkeln nähern.

ZWEITE PHASE UND ENDSTELLUNG:
Die Arme ausgestreckt behalten; weiterhin normal atmen, den Rücken entspannen und den Bauch allmählich auf den Boden absinken lassen. Wenn die Rückenmuskeln gut entspannt sind, die Füße in Richtung auf das Gesäß anziehen, das Kinn nach oben stoßen und dann den Kopf in Richtung auf die Füße strecken. Füße und Kopf nähern sich einander wie die Backen eines Schraubstocks.

Ist die Stellung vollständig erreicht, so sind die Lenden einer starken

Biegung unterworfen.

Die Asana für die Dauer von 5 bis 10 Atemzügen beibehalten, dann zur Stellung der Katze zurückkehren.

RÜCKKEHR AUF DEN BODEN:
In umgekehrter Reihenfolge zur Ausgangsstellung zurückkehren. Diese Übungen sind eine Ergänzung der Kobra; man kann sie endgültig in die Rishikesh-Reihe aufnehmen: sie beanspruchen nur wenig Zeit. Vorübergehend, für einige Wochen, können sie sogar in Ihrer Übungsreihe *an die Stelle* der klassischen Kobra treten (jedoch ohne sie endgültig abzulösen, denn ihre Einwirkung ist örtlich beschränkter).

ATMUNG

Wie schon angegeben, soll die Atmung normal und stetig sein. Bei den fortgeschrittenen Schülern kann die Atmung wie folgt ausgeführt werden:

a) Einatmen während der ersten Phase (Einnahme der Stellung);

b) Ausatmen, sobald sich die Füße dem Kopf nähern (zweiter Teil der Bewegung);

c) Einige Sekunden lang die Maximalstellung mit *leeren Lungen* beibehalten;

d) erneut einatmen, dann während der Rückkehr auf den Boden normal atmen.

ENTSPANNUNG

Da diese Übung ziemlich anstrengend ist, läßt man ihr, auf dem Bauch liegend, eine kurze Pause völliger Entspannung folgen.

KONZENTRATION

Sich auf die Wirbelsäule konzentrieren, vor allem auf den Lendenbereich.

WIEDERHOLUNG

Die Schüler im Westen können sich mit einer einzigen Ausführung als Ergänzung der Kobra zufriedengeben. Wenn man die Übung der Königsschlange anstelle der Kobra ausführt, so wird sie, ob ihr die Katze vorangegangen ist oder nicht, folgendermaßen unterteilt:

a) DYNAMISCHE PHASE:
   Die dynamische Phase besteht darin, daß die vollständige Bewegung dreimal wiederholt wird, ohne sie jedoch, am Maximalpunkt angelangt, zu unterbrechen;

b) STATISCHE PHASE:
   In der Endstellung sich für die Dauer von 10 bis 20 Atemzügen völlig bewegungslos verhalten.

WIRKUNGEN

Alles in allem sind die Wirkungen die gleichen wie bei der Kobra. Es muß jedoch auf die bedeutende Lockerung der Wirbelsäule hingewiesen werden; sie ist Menschen zu empfehlen, denen es schwerfällt, die Übung des Bogens auszuführen.

Die Stellung der Katze ist sehr angenehm und dynamisierend; sie lockert die gesamte Schultermuskulatur, was eine sehr aufrechte Haltung begünstigt. Sie erleichtert die richtige Atmung.

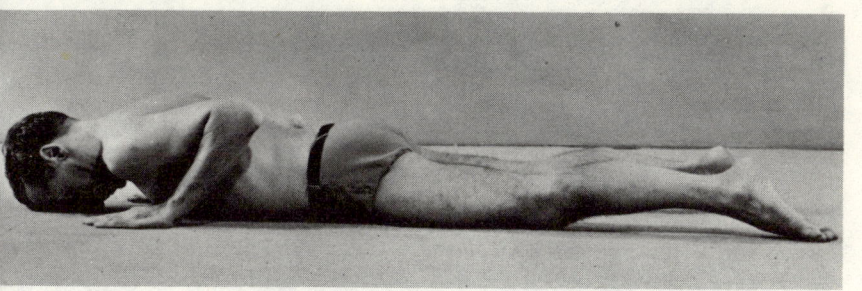

Man geht von der Ausgangsstellung der klassischen Kobra aus und grätscht Füße und Knie.

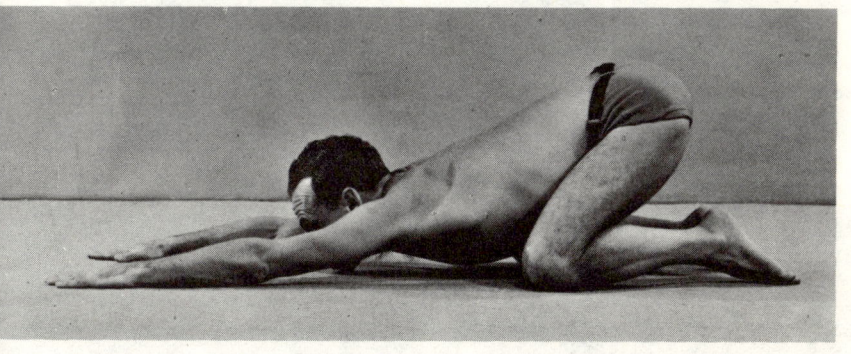

Ohne die Hände nach hinten gleiten zu lassen (sie müssen dort bleiben, wo sie sich zu Anfang befanden), sich strecken, während man das Kinn über den Boden streichen läßt. So weit wie möglich geradeaus blicken und die Brust dem Boden nähern. Von der Seite gesehen wäre es der Idealfall, wenn Rücken und Arme eine gerade Linie bildeten.

Man spürt die Streckung in der ganzen Wirbelsäule, vor allem zwischen den Schulterblättern.

213

FEHLER:
Das Kinn ruht nicht auf dem Boden, und das Gesäß befindet sich zu hoch, was ein kräftiges Strecken des Rückens verhindert. Arme und Rücken bilden keine völlig gerade Linie.

Den Kopf vom Boden heben und sich auf Händen und Knien aufstützen. Die Knie sind gespreizt, die Fersen berühren einander und die Füße nähern sich den Schenkeln. Den Blick geradeaus richten, ruhig atmen. Den Kopf nicht zwischen die Schultern sinken lassen.

Nach und nach den Rücken entspannen und den Bauch durch das Gewicht des Körpers, verbunden mit der Entspannung der Muskeln, sich dem Boden nähern lassen. Lassen Sie sich in dieser Haltung passiv »sinken«. Der Bauch darf den Boden *nicht* berühren. Am Maximalpunkt angelangt, den Kopf, ohne die Rückenmuskeln anzuspannen, soweit wie möglich nach hinten stoßen, während sich die Waden den Gesäßbacken annähern. Kopf und Füße nähern sich einander wie die Backen eines Schraubstocks.

Einige Atemzüge lang die Stellung beibehalten.

In die Stellung der Katze oder in die Ausgangsstellung der Kobra zurückkehren. In der Endstellung die Haltung der Arme beachten, die ausgestreckt sind und mit dem Boden einen deutlich erkennbaren Winkel bilden. Sie werden dadurch zu kräftigen Stützen, was die Übung sehr erleichtert und den Bauch daran hindert, den Boden zu berühren.

Diese Aufnahme, die den Autor zeigt, wurde 1963 am Ufer des Ganges, in Rishikesh, im Ashram von Swami Sivananda gemacht.

UTTYTHA DHANURASANA
DER »ERHOBENE BOGEN«

Es ist bedauerlich, daß Uttytha Dhanurasana, diese Variante des Bogens, im Westen so wenig bekannt ist. Auch wenn es zutrifft, daß es für die normalen Bedürfnisse nicht erforderlich ist, eine große Zahl von Asanas zu üben, ist es dennoch von Nutzen, viele zu kennen, um abwechseln zu können und die Übungsreihe den individuellen Bedürfnissen anzupassen.

WARUM DIESE ÜBUNG?

Um diese Übung schätzen zu lernen und sie voll auszunutzen, muß man wissen, worin sie sich von allen anderen unterscheidet.

Sie ist eher für Frauen interessant, aber auch die Männer haben gute Gründe, sie zu praktizieren.

Betrachten wir zunächst einmal ihre Vorteile für das weibliche Geschlecht. Es ist bekannt, daß die Frau während ihrer Regel Yoga mit Vorsicht anwenden soll. So muß sie jene Asanas meiden, bei denen der Bauch zusammengedrückt wird, vor allem den klassischen Bogen am Boden, bei dem der Druck innerhalb des Bauches leicht einen sehr hohen Grad erreicht. Uttytha Dhanurasana bietet die meisten Vorzüge des Bogens am Boden, ohne daß dabei der Bauch zusammengepreßt wird: die Frauen dürfen also den Bogen den ganzen Monat hindurch praktizieren.

Das gleiche gilt für werdende Mütter. Die schwangere Frau darf normalerweise alle Übungen bis zum vierten Monat der Schwangerschaft ausführen, aber von diesem Zeitpunkt an sollte sie jedes stärkere Zusammendrücken des Bauches meiden. Der erhobene Bogen darf bis zu den letzten Tagen der Schwangerschaft ohne Nachteile für Mutter und Kind praktiziert werden.

Diese Übung weist aber auch genügend Vorzüge auf, um auch Männer zu veranlassen, sie zu üben, denn sie ist unter anderem die einzige Asana in der Diagonale, die Einwirkungen auf den Rücken hat. Tatsächlich wirken sich die Asanas systematisch auf die Längsrichtung der Wirbelsäule aus. So erhalten die schrägen Muskeln des Rückens keine Gelegenheit, gestreckt und gedehnt zu werden, es sei denn, bei den Drehstellungen. Beim erhobenen Bogen werden die Schrägmuskeln in Tätigkeit gesetzt.

Diese Übung begünstigt häufig das Erlernen des klassischen Bogens, der in vielen Fällen eine der schwierigsten Asanas darstellt, vor allem, wenn der Schüler die Rückenmuskulatur nicht genügend entspannt. Der erhobene Bogen streckt und dehnt die Rückenmuskeln, und es kommt häufig vor, daß man den Bogen am Boden sehr viel leichter schafft, wenn man Uttytha Dhanurasana einige Zeit praktiziert hat.

TECHNIK

AUSGANGSSTELLUNG:
Sich auf allen Vieren niederlassen (auf die Knie), indem man den linken Unterarm auf dem Boden aufstützt, parallel zur Linie der Schultern und unter diesen, die Handfläche flach am Boden.

VORBEREITENDE HALTUNG:
Die *rechte* Hand umfaßt das *linke* Fußgelenk. In diesem Augenblick wird der Körper vom linken Unterarm und vom rechten Bein gestützt. Man muß das Gewicht des Körpers gleichmäßig auf diese beiden Stützen verteilen; dazu müssen sich der Arm ebenso wie der Schenkel, der als zweiter Pfeiler dient, ungefähr senkrecht zum Boden befinden. Das Gewicht liegt auf dem Ellbogen, nicht etwa auf dem Unterarm, der so entspannt wie möglich sein soll.

EINNAHME DER STELLUNG:
Beeilen Sie sich nicht damit, die Asana einzunehmen. Lassen Sie sich Zeit, um den Rücken sorgfältig zu entspannen, strecken Sie dann das

Bein aus und stoßen Sie den linken Fuß gleichzeitig nach hinten und nach oben, wodurch die Wirbelsäule durchgebogen wird. Richten Sie den Blick zur Decke, um den Kopf zu heben und den Genickteil der Wirbelsäule in Tätigkeit zu setzen. Der Arm wird nicht gebeugt; er dient als passives Bindeglied zwischen dem Fußgelenk und der Schulter. Man sollte vermeiden, den Kopf zur Seite zu neigen, denn das würde Schultern und Rumpf zum Schwanken bringen. Bei richtiger Durchführung der Übung soll der Nabel unbeweglich über dem Punkt am Boden bleiben, über dem er sich bei der vorbereitenden Haltung befand.

VERVOLLSTÄNDIGUNG DER STELLUNG:
Den Fuß so hoch wie möglich stoßen, um die Biegung des Rückens maximal zu steigern. Der Arm bleibt entspannt (wichtig). Die Asana für die Dauer von fünf bis zehn Atemzügen beibehalten. Auf den Boden zurückkehren und wiederholen, indem die Stellung der Arme und Beine gewechselt wird.

ATMUNG UND KONZENTRATION

Während der ganzen Übung tief atmen, wobei man sich bemüht, die Atmung bei Vervollständigung der Stellung noch zu steigern, um die Massage im Innern des Bauches zu verstärken, die jedoch recht sanft bleibt.

Die Konzentration richtet sich auf den Rücken, besonders auf die quergestreifte Muskulatur, die jedoch so passiv und entspannt bleiben soll wie möglich.

FEHLER

Der häufigste Fehler besteht darin, das rechte Fußgelenk mit der rechten Hand zu umfassen und umgekehrt im zweiten Teil der Übung.

WIRKUNGEN

Diese Asana bringt fühlbar die gleichen Wirkungen hervor wie die Stellung des Bogens, mit Ausnahme jener, die sich aus dem Zusammendrücken des Bauches ergeben.

REIHENFOLGE IN DEN ÜBUNGEN

Diese Stellung kann entweder die Übung des Bogens vervollständigen, dann führt man sie unmittelbar vor oder nach dieser Übung durch, oder sie kann auch an ihre Stelle treten.

Auf allen Vieren legt man den linken Unterarm auf den Boden, unterhalb der Linie der Schultern und parallel zu dieser. Der rechte Arm bereitet sich darauf vor, das linke Fußgelenk zu umfassen, der Blick ist auf den Boden gerichtet.

Linkes Fußgelenk mit rechter Hand umfassen.

Man beachte die Stellung des Daumens, der das Fußgelenk nicht umgreift, sondern am Zeigefinger anliegt.

Anfänglich befindet sich der Rumpf parallel zum Boden, wobei der Blick nach unten gerichtet ist.

Man beachte die Haltung der Zehen des rechten Fußes.

Das Gewicht des Körpers verteilt sich halb auf den Ellbogen und halb auf das Knie.

Ruhig atmen und erst zur folgenden Bewegung übergehen, wenn die Rückenmuskeln gut entspannt sind. Sich konzentrieren.

Nur durch Anspannen der Beinmuskeln den linken Fuß nach oben strecken. Der Rücken bleibt entspannt. Während dieser Zeit den Blick nach oben richten, um die Genickpartie ebenso wie den oberen Teil des Rückens so stark wie möglich durchzubiegen. Der rechte Arm verhält sich passiv und bleibt es: seine Rolle besteht darin, als Verbindung zwischen dem Fußgelenk und der Schulter zu dienen. Er darf nicht gebeugt werden. Den Bizeps so stark wie möglich entspannen.

Möglichst tief atmen. Bei dieser Asana gibt es kein Verhalten des Atems.

Nach Rückkehr in die Ausgangsstellung am Boden wechselt man
die Stellung der Arme und der Beine. Diese Abb. zeigt, wie diese Stellung auf den Rücken in der Diagnonalen einwirkt.

Diese Frontaufnahme der Stellung zeigt, daß der Blick so weit wie möglich nach oben gerichtet ist und der Kopf so gut wie im rechten Winkel zum Boden bleibt. Sie zeigt auch, daß Unterarm und Oberarm einen rechten Winkel bilden und das Gewicht des Körpers auf dem *Ellbogen* ruht und nicht auf dem Unterarm.

FEHLER:
Der Kopf ist zur Seite geneigt.

FEHLER:
Der linke Arm erfaßt das linke Fußgelenk anstelle des rechten.

DHRITYSANA – DIE FESTIGKEIT

Während die Bezeichnung einer gewissen Zahl von Stellungen in ganz Indien gleich ist, gibt es auch andere, die mehrere Namen tragen, und dies trifft vor allem für die zu, mit der wir uns in diesem Kapitel befassen.

Außer der in der Überschrift angegebenen Bezeichnung wird sie zuweilen auch die Stellung des Rades (Tschakrasana) genannt, denn sie wird als eine seiner Formen angesehen. Wir ziehen es vor, den Namen Asana des Rades für eine seiner Varianten zu verwenden, mit der wir uns an anderer Stelle befassen werden.

Im Süden Indiens wird sie Uschtrasana genannt, die Stellung des Kamels. Ich habe diesen Namen nicht übernehmen wollen, denn er bezeichnet auch eine Asana, die eine Vorbereitungsübung der Stellung des Bogens ist, und so könnte dadurch nur Unklarheit entstehen. Außerdem unterscheidet sich die Technik in Südindien von der hier geschilderten.

Wir halten uns also an die Bezeichnung Asana der Festigkeit, denn tatsächlich ist sie etwas Festes. Jedoch könnte diese Asana ebensogut der »Bogen auf Knien« heißen.

TECHNIK

AUSGANGSSTELLUNG:
Die Ausgangsstellung: auf den Knien, ohne auf den Fersen zu sitzen. Wir müssen uns jedoch ein wenig bei dieser Ausgangsstellung aufhalten, denn das richtige Einnehmen dieser Stellung ist für die richtige

Ausführung der ganzen Übung entscheidend.

Zunächst muß man sich in dieser Stellung unbeweglich halten und den Schwerpunkt so legen, daß es möglich wird, die Muskeln der Waden, der Schenkel, des Gesäßes und des Rückens zu entspannen. Dies erreicht man, indem man das Gewicht des Körpers auf die Kniescheiben verlagert und den Bauch ganz leicht vorschiebt. Man muß also diesen »Nullpunkt« finden, an dem man sich vollkommen im Gleichgewicht befindet und entspannt ist. Während der ganzen Dauer der Übung, von der Ausgangsstellung bis zur Endstellung, muß der Schwerpunkt an der gleichen Stelle liegen, und die Waden müssen entspannt sein.

Die Knie dürfen gespreizt werden, aber die Zehen müssen einander berühren.

ERSTE PHASE:
Die Hände auf den Rücken legen, die Daumen nach innen gewandt, und auf die »Grübchen« des Kreuzbeines drücken. Wenn sie den Bereich des Gesäßansatzes von der Mitte des Kreuzbeines an abtasten, werden sie auf der einen und der anderen Seite eine Stelle finden, die Druck gegenüber empfindlicher ist: dort muß man die Daumen auflegen.

Man kann auch die Hände auf den Lenden aufsetzen, aber die Daumen stets in Richtung zur Wirbelsäule.

ZWEITE PHASE:
Die Muskeln des Nackens und des Halses entspannen und den Kopf unter seinem eigenen Gewicht nach hinten sinken lassen. Dann soll man sich vorstellen, der Kopf sei sehr schwer und werde vom Boden her angezogen. Lassen Sie die Beugung rückwärts nach und nach alle Rückenwirbel erfassen. In dem Maße, in dem sich auf diese Weise die Beugung die Wirbelsäule entlang fortsetzt, trägt das Gewicht der Schultern und des Oberkörpers dazu bei, ganz allmählich die Biegung der Wirbelsäule zu verstärken, die jedoch so passiv und entspannt wie möglich bleiben soll. Achten Sie darauf, die Waden ebenso wie die Schenkel entspannt zu halten; um den Schwerpunkt in der Vertikalen der Knie beizubehalten, wird es erforderlich sein, den Unterleib vorzuschieben.

Die ganze Zeit über so normal wie möglich atmen.

DRITTE PHASE (ENDSTELLUNG):
Jetzt die Hände lösen und sie auf die Fersen legen. Dies ist der Augenblick, in dem man sehr aufmerksam sein und genau den Anweisungen folgen sollte, sonst verliert die Übung, da sie nicht richtig ausgeführt wird, jeden Wert und jede Wirksamkeit. Man darf die Arme nicht wie Pfeiler betrachten, deren Bestimmung es ist, den Körper zu stützen, sondern ganz im Gegenteil wie Haltetaue, die den Rumpf daran hindern, nach vorn abzukippen, und man muß sich damit zufrieden geben, diese Stellung zu verfestigen, was den Namen dieser Asana rechtfertigt. Sobald man die Rückenmuskulatur entspannt – was wesentlich ist –, ist es das Gewicht des Rumpfes, das die Biegung der Wirbelsäule gewährleistet, das heißt, das Strecken der Muskeln und Bänder der Wirbelsäule.

Diese Asana umfaßt keine dynamische Phase.

Man behält diese Stellung möglichst lange bei. Wird man vom Atem her bedrängt, ist es kaum möglich, länger als einige Sekunden in dieser Stellung zu verharren.

RÜCKKEHR ZUR AUSGANGSSTELLUNG:
Die Rückkehr zur Ausgangsstellung vollzieht sich, indem man die Wirbelsäule langsam vom Kreuzbein bis zu den Nackenwirbeln wieder aufrichtet. Während dieser Rückkehr liegt der Schwerpunkt weiterhin auf den Kniescheiben, und die Waden bleiben entspannt.

Die Zwischenhaltung mit den Händen auf den Lenden wird *nicht* wieder eingenommen.

WIEDERHOLUNG

Je nach der verfügbaren Zeit kann man sich mit einer einzigen Übung begnügen oder sie auch zwei- oder dreimal wiederholen. Im letzteren Fall sollte man stufenweise vorgehen, das heißt, die Haltung bei der ersten Ausführung nur andeuten, ohne es mit der Biegung zu weit zu treiben. Man sollte auch nicht lange in ihr verharren. Erst bei der dritten Ausführung wird man das mögliche Maximum zu erreichen suchen, jedoch ohne Gewalt, und so lange in der Stellung verharren, wie man es, ohne es als unangenehm zu empfinden, ertragen kann.

KONZENTRATION

Die Konzentration wird sich im wesentlichen auf die Wirbelsäule richten, wobei man jedoch die Entspannung der Waden und die Beibehaltung des Schwerpunkts unter den Kniescheiben weiterhin beachten
soll.

FEHLER

Der Hauptfehler (im übrigen sehr häufig, denn im allgemeinen gehen
die Lehrbücher nicht auf die Einzelheiten der Ausführung ein) besteht
darin, das Gewicht des Körpers ebensosehr auf die Füße wie auf die
Knie zu verteilen. Dadurch (probieren Sie es) ziehen sich Waden und
Schenkel sogleich zusammen, und es ist fast unvermeidlich, daß beim
Rücken dasselbe eintritt. Auf jeden Fall steht fest, daß die Bauchwand
(die normalerweise entspannt bleiben soll, um passiv die durch die
richtige Ausführung hervorgerufene Streckung mitzumachen) zusammengezogen wird und sich jeder Dehnung widersetzt.

Der andere sehr häufige Fehler besteht darin, sich auf den Armen
aufzustützen: dadurch verliert die Übung erheblich an Intensität und
damit auch an Wirksamkeit. Der zuletzt genannte Fehler ist jedoch bei
Anfängern zulässig, deren Rücken noch nicht imstande ist, die Anfor-
derungen dieser korrekt durchgeführten Asana zu erfüllen. Man kann
also vorübergehend diese Art der Ausführung zulassen, die jedoch
nicht erlaubt sein sollte, sobald die Wiedergewinnung der Geschmeidigkeit der Wirbelsäule es ermöglicht.

KONTRA-INDIKATIONEN

Diese Übung ist Personen, die an hochgradiger Überfunktion der
Schilddrüse leiden, untersagt. Menschen, deren Wirbelsäule im Lendenbereich eine starke konvexe Verkrümmung aufweist, sollten nicht über
die zweite Phase der Übung hinausgehen. Diese zweite Phase wird jedoch für sie sehr günstig sein, denn sie wirkt sich nur auf den oberen
Teil der Wirbelsäule aus und trägt, weit davon entfernt, die Verkrümmung etwa zu verschärfen, dazu bei, diesen Schaden zu beheben, in-

dem sie die kompensatorische, nach hinten konvexe Verkrümmung (Kyphose) abbaut. Denn jeder weiß, daß keine Deformation der Wirbelsäule jemals isoliert auftritt, sondern auf der nächsthöheren Ebene sogleich durch eine Deformation in umgekehrter Richtung ausgeglichen wird, oder je nach dem Fall auch auf der nächstniedrigeren. Hingegen würde die vollständige Durchführung der Übung den Schaden verschlimmern; sie müssen also auf sie verzichten.

GÜNSTIGE AUSWIRKUNGEN

Ich habe meine Einleitung zu dieser Übung mit der Bemerkung abgeschlossen, daß diese Asana es verdient hätte, der Bogen auf Knien zu heißen. Sie bietet nämlich alle Vorteile der Bogenstellung, mit Ausnahme jener, die der Zusammenpressung des Bauches entspringen, die es aber bei dieser Asana nicht gibt.

Hingegen ermöglicht sie es, die Wirbelsäule nach hinten erheblich geschmeidiger zu machen, und begünstigt ganz deutlich die Ausführung der Bogenübung am Boden. In dieser zuletzt genannten Asana vollbringt allein die Kraft der Beine die Biegung der Wirbelsäule nach hinten. Nun geht dadurch beim Anheben des Rumpfes oder vielmehr des Brustkorbes ein guter Teil der Kraftaufwendung verloren. In der Asana der Festigkeit hingegen wird die Schwere zu unserem Verbündeten, und es ist das Gewicht des Kopfes, dann des Brustkorbs und schließlich fast des gesamten Rumpfes, das die Wirbelsäule nach hinten biegt. Wenn man bedenkt, daß der Rumpf einige zehn Kilo wiegt, wird klar, welcher Dehnungsbewegung die Muskelbänder der Lenden unterworfen werden. Jedoch bleibt dieses Strecken stets innerhalb der normalen physiologischen Grenzen, und man riskiert also nicht, eine Anomalie herbeizuführen, zum Beispiel eine Überdehnung der Bänder. Diese Übung eignet sich in hervorragender Weise zur Wiederherstellung der Geschmeidigkeit unserer Wirbelsäule bei der Biegung nach hinten, denn unsere Wirbelsäulen sind durch die sitzende Lebensweise, die die »Zivilisation des Stuhls« uns auferlegt, entsetzlich versteift. Sie erleichtert auch die Ausführung des Bogens am Boden.

BESONDERE WIRKUNGEN

Bezüglich der allgemeinen Wirkungen verweisen wir unsere Leser auf mein Buch *Yoga für Menschen von heute,* S. 215 ff.

Die Asana der Festigkeit wirkt besonders lockernd auf den Lendenbereich der Wirbelsäule. Sie beeinflußt in hervorragender Weise das parasympathische Nervensystem des Beckens, das die Organe der Ausscheidung (Darm, Blase) und die Geschlechtsorgane steuert. Sie bekämpft also gleichzeitig die Verstopfung, indem sie die Peristaltik auf reflektorischem Wege über das Rückenmark anregt und den Menstruationszyklus der Frau reguliert. Der Ischiasnerv, unter dem so viele leiden, wird an seiner Berührungsstelle mit dem Rückenwirbel gelockert, was in Ischiasfällen zu einer Erleichterung führen kann. Sollte die Ausführung der Übung die Schmerzen *auf die Dauer* verstärken, muß auf sie verzichtet werden. Es kommt häufig vor, daß diese Stellung zu Reibungen mit dem Ischiasnerv führt, aber in den meisten Fällen verschwinden diese Schmerzen nach wenigen Tagen, und die Anfälle dieses schmerzlichen Übels bleiben aus. Auf keinen Fall soll diese Asana ein Martyrium darstellen. Wird der Schmerz zu stark, sollte man auf diese Übung verzichten oder sich doch zumindest auf die mittlere Phase beschränken.

Wir wollen ganz besonders auf ihre Wirkungen auf die Nebennieren hinweisen. Diese Übung wirkt mechanisch und reflektorisch auf die Nerven der Nieren ein, und die Folge ist eine Steigerung der Harnausscheidung sowie die Stimulation der Nebennieren. Diese Stellung wirkt also dynamisierend, denn sie regt die Erzeugung von Adrenalin an. Ist das Herz müde, fehlt es an Energie, so kann die Ausführung dieser Asana im Verlauf von einigen Sekunden die ganze Schwungkraft wiederherstellen. Menschen unter Streß oder jene, deren sympathisches Nervensystem sich im Zustand dauernder Überreizung befindet, also dieselben, die auf ärztliche Verordnung hin Beruhigungsmittel nehmen, sollten ihre Reaktionen beobachten. Sollte diese Übung ihre Nervosität steigern, müssen sie auf sie verzichten. Es kommt vor, daß diese Übung, wenn sie am Abend ausgeführt wird, ein leichtes Einschlafen behindert; in einem solchen Fall muß man sie in die Morgen-Reihe hineinnehmen oder ganz auf sie verzichten.

(Legende zu Bild auf S. 232)

AUSGANGSSTELLUNG:
Diese Stellung ist sehr einfach, aber man muß das Gewicht des Kör-
pers ausschließlich auf die Kniescheiben verlagern, damit man nicht
nur Waden, Schenkel und Gesäß entspannen kann, sondern auch den
Bauch und die Rückenmuskeln. Man beachte auch die Stellung der
Hände.

Jedoch könnte man, ohne daß dies falsch wäre, die Hände auch auf
die Lenden legen, die Daumen der Wirbelsäule zugewandt, ohne einander zu berühren.

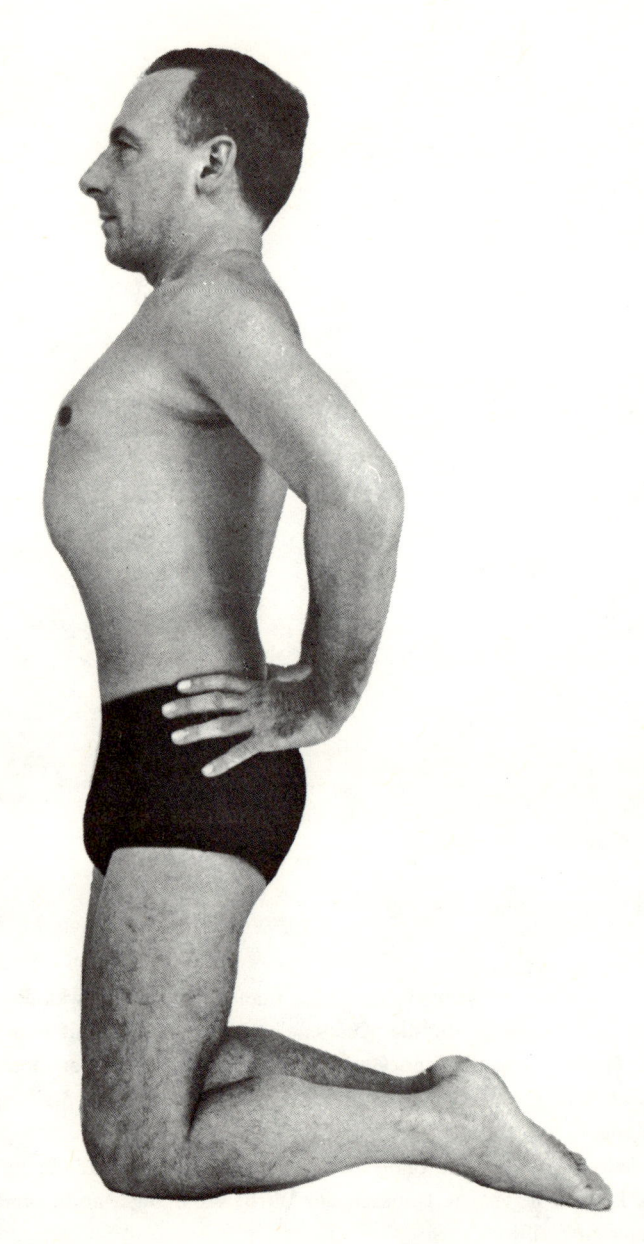

Die Muskeln der Beine (Waden, Schenkel, Gesäß) völlig entspannt lassen, was voraussetzt, daß das Gewicht weiterhin auf den Kniescheiben ruht und infolgedessen der Bauch vorgeschoben wird. Man läßt den Kopf unter seinem eigenen Gewicht nach hinten sinken, wobei man nach und nach die gesamte Muskulatur der Wirbelsäule entspannt.

Die Wirbelsäule soll ganz allmählich von den Nackenwirbeln bis zu den Lenden abrollen, ohne daß ein einziger Teil der Wirbelsäule ausgelassen wird.

Um die Endstellung einzunehmen, die Hände, die auf den Lenden oder dem Kreuzbein ruhten, lösen und sie auf die Fußgelenke legen.

Die Arme dienen dem Körper nicht als Stütze. Sie verhindern lediglich ein Abkippen nach vorn. Sie sind Haltetaue, aber keine Pfeiler. Das Gewicht liegt weiterhin auf den Kniescheiben.

Hier dienen die Arme dem Rumpf als Stütze. Diese Haltung ist jedoch
bei Anfängern erlaubt.

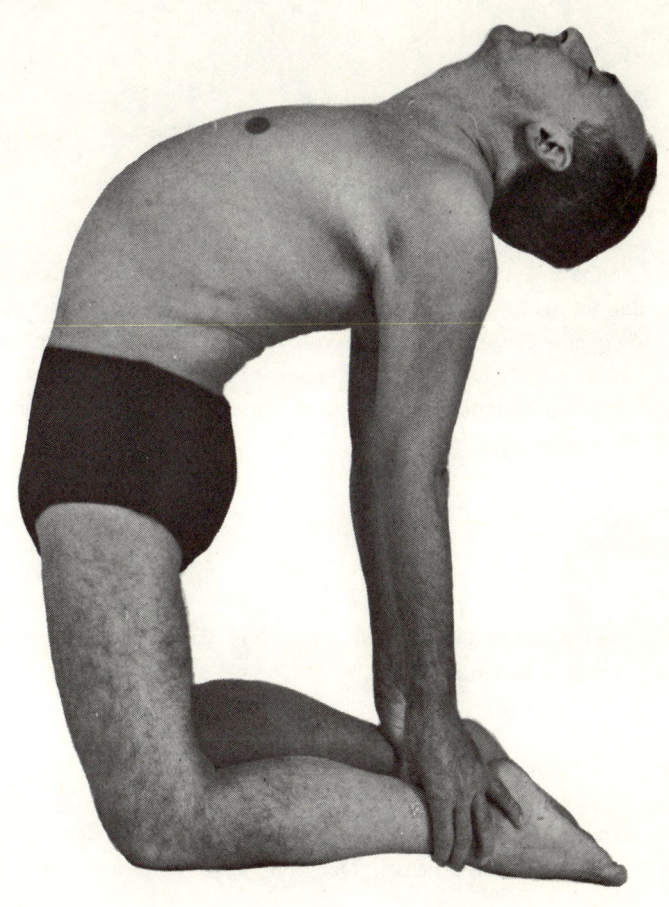

MARICHYASANA I

Diese Asana soll ihren Namen dem Weisen Marichy zu verdanken haben, der sie als erster gelehrt haben soll; tatsächlich könnte er aber ebensogut eine Zusammenziehung von »Maha Rishi« darstellen, wobei »Maha« »groß« und »Rishi« »Weiser, Einsiedler« bedeutet.

Diese Asana umfaßt mehrere Grade: wir erlernen erst Marichyasana I, die leichteste Form.

TECHNIK

AUSGANGSSTELLUNG:
Die Ausgangsstellung ist einfach: es genügt, sich mit ausgestreckten Beinen auf den Boden zu setzen.

ERSTE PHASE:
Zuerst das rechte Bein beugen (man *muß* mit diesem Bein anfangen), dann die rechte Ferse bis an den Damm heranführen. Bei dieser Haltung bildet das Schienbein fast einen rechten Winkel mit dem Boden, die Wade berührt den Schenkel. Der Fuß liegt am linken Schenkel an.

ZWEITE PHASE:
Den Rumpf leicht vorwärtsbeugen und ihn drehen, um den rechten Arm an das gebeugte Bein heranzuführen.

DRITTE PHASE:
Da man nun über eine feste Stütze verfügt, denn der Arm dient als Hebel, wird jetzt eine Drehung der Wirbelsäule nach links eingeleitet,

während die linke Hand die Taille umfaßt. Der rechte Arm wird gebeugt und die beiden Hände nähern sich einander wie bei der Variante von Ardha Matsyendrasana; dann greifen die Finger, sobald sie sich begegnen, ineinander, um die Maximaldrehung herbeizuführen.

Man beachte: das Schienbein sollte weiterhin einen rechten Winkel mit dem Boden bilden.

ENDSTELLUNG, PHASE A (DREHUNG):
Unter tiefem Atmen so weit wie möglich hinter sich blicken. Diese Haltung für die Dauer von mindestens fünf tiefen Atemzügen beibehalten. Das ist die Phase der Drehung.

ENDSTELLUNG, PHASE B (BEUGUNG):
Den Blick geradeaus richten, also in Richtung des ausgestreckten Beins. Tief einatmen, den Rücken aufrichten und dann unter gründlichem Ausatmen die Stirn dem Knie nähern, ohne die Stellung des gebeugten Beins zu verändern. Jetzt kommt es zunächst darauf an, die Stirn auf das Knie zu legen und dann, sobald die Praxis es erlaubt, das Kinn nach vorn zu stoßen und dieses auf das Knie zu legen. Man muß sich um das Schienbein herumrollen. In der Endhaltung zwei- oder dreimal atmen und dann nach einem letzten gründlichen Ausatmen den Rumpf unter tiefem Einatmen aufrichten; schließlich die Asana wieder auflösen und auf der anderen Seite neu anfangen.

KONZENTRATION

In der Schlußphase A sich auf die Wirbelsäule konzentrieren; in der Schlußphase B auf das kräftige Ausatmen und das Zusammenziehen der Bauchmuskeln.

WIEDERHOLUNG

Eine einzige Ausführung im Verlauf der Übungsreihe genügt.

REIHENFOLGE IN DEN ÜBUNGEN

Marichyasana kann ganz nach Belieben des Schülers oder nach der ihm zur Verfügung stehenden Zeit Ardha Matsyendrasana ersetzen oder ergänzen: in diesem Fall ist es gleichgültig, ob sie vorher oder naher durchgeführt wird. In ihrer Funktion als Drehungsübung ist ihr Platz logischerweise am Ende der Reihe der Beugungen vorwärts oder rückwärts.

FEHLER

Bei der Ausführung dieser Asana ist es kaum möglich, etwas falsch zu machen. Die einzigen möglichen Fehler könnten darin bestehen, den Fuß nicht genügend weit zurückzunehmen oder den Arm falsch zu halten. Im Verlauf der Übung darf sich der Winkel des Schienbeins im Verhältnis zum Boden nicht ändern; also das Bein nicht neigen.

GÜNSTIGE AUSWIRKUNGEN

Marichyasana dehnt und kräftigt alle schrägen Muskeln und Bänder des Wirbelsäulenbereiches, macht die Wirbelsäule selber geschmeidig und verbessert dabei ihren Spannungszustand.

Die Endphase B trägt dazu bei, die Zange richtig auszuführen.

BAUCHORGANE:

Während Ardha Matsyendrasana abwechselnd die eine und die andere Hälfte des Bauches zusammenpreßt, beschränkt sich hier das Zusammenpressen auf den Unterleib.

Insbesondere der untere Teil des Grimmdarms (des aufsteigenden oder absteigenden, je nach Fall) wird durch den Druck der Schenkel auf diesen Bereich stimuliert.

Diese Stellung bekämpft die Verstopfung.

Leber und rechte Niere werden bei Ausführung der Übung nach rechts massiert und gekräftigt; Milz, Bauchspeicheldrüse und linke Niere, wenn sie nach links ausgeführt wird.

Die Ausführung der Phase B (Beugung nach vorn) erfordert ein kräftiges Zusammenziehen der Bauchwand, das sie kräftigt, während gleichzeitig die Eingeweide zusammengedrückt und massiert werden. Alle Funktionen werden günstig beeinflußt.

WIRBELSÄULE:
Die Drehung ist vielleicht weniger wirksam als bei Ardha Matsyendrasana, aber das ist kein Fehler: sie kann als Ersatz für jene dienen, die diese nicht auszuführen vermögen. Außerdem ist die Drehung selektiver als die durch Ardha Matsyendrasana herbeigeführte, die sich vor allem auf die Lendenwirbel auswirkt. Die Drehung von Marichyasana liegt weiter oben im Rücken. Sie stimuliert also besonders die Nerven im Brustkorbbereich der Wirbelsäule, vor allem jene, die die muskulären Mechanismen der Atmung steuern. Die Tiefenmuskulatur ebenso wie die schrägen Bänder der Wirbelsäule werden gedehnt und gestärkt. Die Phase B (Beugung nach vorn) bietet im großen und ganzen die gleichen Vorzüge wie Paschimottanasana, die Zange in sitzender Stellung.

Um diese erste Stellung einzunehmen, genügt es, das rechte Bein anzuziehen und die Ferse bis an den Damm zu führen. Ruhig atmen.

Nach vorn beugen, den rechten Arm so weit wie möglich vor das rechte Knie gleiten lassen, so daß sich die Achselhöhle ihm maximal nähert, um über eine feste Stütze zu verfügen.

MARICHYASANA PHASE A

Der linke Arm umschlingt die Taille; die linke Hand ergreift das rechte Handgelenk. Der Blick ist so weit wie möglich nach hinten gerichtet. Die Drehung des Kopfes beendet die maximale Drehung der Wirbelsäule. Mindestens fünfmal tief atmen.

MARICHYASANA PHASE A
Die Asana auf der anderen Seite ausführen. Man beachte die Stellung
der Arme und Hände hinter dem Rücken.

MARICHYASANA PHASE B

Unter Vorbeugen nach vorn ausatmen. Man sollte versuchen, das Knie zuerst mit der Stirn, dann mit dem Kinn zu berühren. Die Bauch-muskeln kräftig zusammendrücken und tief atmen.

MARICHYASANA II

Marichyasana II ist ganz einfach die im Halb-Lotos ausgeführte Marichyasana I, nicht etwa, um eine besondere Schwierigkeit zu suchen, sondern um sie wirkungsvoller zu gestalten und noch wesentlichere günstige Wirkungen herbeizuführen als die bei der Übung I.

TECHNIK

AUSGANGSSTELLUNG:
Auf dem Boden sitzend, das rechte Bein beugen und den rechten Fuß auf den linken Schenkel legen (Halb-Lotos).

ERSTE PHASE:
Die linke Ferse dem Gesäß nähern, den Fuß flach auf dem Boden. Die Ferse soll den Unterleib oberhalb des Schambeins berühren.

ZWEITE PHASE:
Rumpf strecken, ihn auf das rechte Knie ausrichten und den linken Arm an das Schienbein legen.

DRITTE PHASE UND EINNAHME DER ENDSTELLUNG; ABSCHNITT A:
Mit dem noch freien Arm die Taille umschlingen, während die beiden Hände ineinander greifen. Den Blick hinter sich richten. Ein Anziehen des Arms führt zu einer wirkungsvollen Drehung der Wirbelsäule.

ENDE DER ÜBUNG; ABSCHNITT B:
Den Blick geradeaus richten, die Lungen entleeren, sich nach vorn beu-

gen und die Stirn auf das rechte Knie legen. In dieser Stellung tief atmen.

DAUER UND ATMUNG

Die Endstellung für die Dauer von 5 bis 10 Atemzügen beibehalten.

WIEDERHOLUNG

In umgekehrter Reihenfolge zur Ausgangsstellung zurückkehren und dann die Asana auf der anderen Seite ausführen.

KONZENTRATION

Die Rückenmuskulatur soll die Drehung so passiv wie möglich über sich ergehen lassen. Man muß sich also auf die Entspannung dieser Muskulatur konzentrieren und insbesondere auf die Drehung des Lendenbereiches der Wirbelsäule.

GÜNSTIGE AUSWIRKUNGEN

Die günstigen, dieser Übung eigenen Auswirkungen erstrecken sich besonders auf zwei Bereiche: die Bauchwand und den Lendenbereich der Wirbelsäule – insbesondere auf den 5. Lendenwirbel.

BAUCHWAND:
Es ist nicht das Ziel des Yoga, die Muskulatur übermäßig zu entwickeln; der Körper der Yogis bietet niemals diese Muskelanhäufung, die solche Athleten, die man in Zeitschriften für »Body Building« zu sehen bekommt, voller Stolz vorweisen. Dennoch ist Yoga bestrebt, die Bauchwand, die Muskulatur im Wirbelsäulenbereich und die des Atmungsapparates wegen ihrer gewaltigen Bedeutung für das richtige Funktionieren lebenswichtiger Organe zu kräftigen. Die hier vorgeschlagene Variante ist von unbestrittener Wirksamkeit auf die Kräfti-

gung der Bauchwand (insbesondere der beiden »großen Senkrechten«). Es ist möglich, daß diese Muskeln anfänglich etwas steif sind. Dennoch die Übung fortsetzen; nach einigen Tagen werden diese Muskeln keine Schwierigkeiten mehr bereiten.

LENDENBEREICH:
In dieser Stellung macht sich der Lendenbereich eine intensive Drehung nutzbar, die ihn geschmeidig macht und kräftigt. Dieser Bereich, Basis des Wirbel- und Skelettgebäudes, stellt häufig einen der schwachen Punkte des Menschen dar, dieses mit der Wirbelsäule eines Vierfüßlers ausgestatteten Zweifüßlers. Beim Vierfüßler beschränkt sich der letzte Lendenwirbel darauf, das Scharnier zwischen dem Kreuzbein und dem beweglichen Teil der Wirbelsäule zu bilden: er wird also nicht zusammengedrückt, während er beim Menschen die gesamte Last des Körpers tragen muß – selbstverständlich mit Ausnahme der Beine. Dadurch gewinnt er eine außergewöhnliche »strategische« Bedeutung. Die Verschiebung dieses Wirbels oder das Zusammendrücken seiner Bandscheibe sind die Ursachen vieler Rückenschmerzen, ganz zu schweigen von Ischiasanfällen, die auf das Einklemmen des Nervs an dieser Stelle zurückzuführen sind. Die Asanas der Drehung haben daher eine besondere Bedeutung.

FEHLER

Es ist tatsächlich unmöglich, bei der Ausführung dieser Asana einen Schnitzer zu machen, denn jeder Fehler (falsche Haltung des Fußes, des Arms usw.) macht die Stellung undurchführbar.

KONTRA-INDIKATIONEN

Es gibt keine Kontra-Indikation, denn diese Stellung ist für alle unausführbar, für die sie möglicherweise ungeeignet wäre.

Nachdem sich der Schüler auf den Boden gesetzt hat, zunächst das rechte Bein beugen, den rechten Fuß auf das linke Bein legen, dann das linke Bein beugen und die Ferse zum Körper heranziehen (die nicht unbedingt den Damm zu berühren braucht).

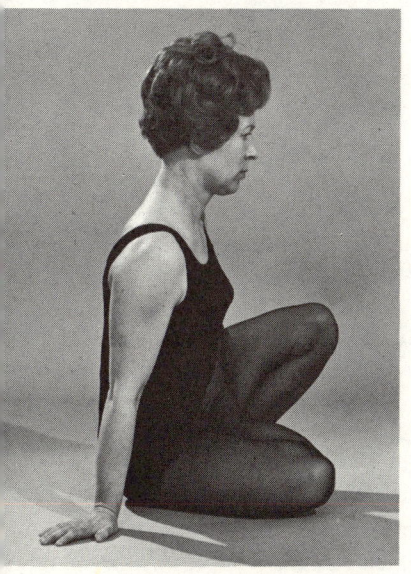

Den Oberkörper aufrichten, bevor man ihn sich in der folgenden Bewegung drehen läßt.

Der linke Arm wird um das linke Bein
herumgeführt. Gründlich ausatmen, sich
vorwärts neigen und die linke Hand sc
weit wie möglich nach hinten führen.

Der rechte Arm umschlingt die Taille;
die rechte Hand ergreift die linke (oder
umgekehrt). So weit wie möglich nach
hinten blicken.

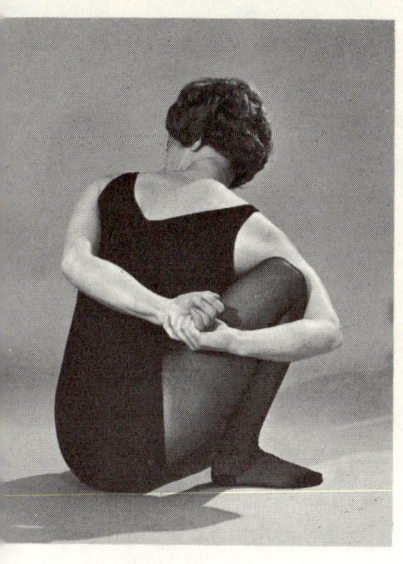

Diese Rückenansicht zeigt zwei wichtige Einzelheiten: die richtige Stellung des linken Arms und das Ineinandergreifen der Hände. Menschen mit langen Gliedmaßen wird es leichtfallen, das linke Handgelenk zu ergreifen – unnötig darauf hinzuweisen, daß dies kein Fehler ist.

Unter Ausatmen vorbeugen. Dann, in dieser Stellung, so tief wie möglich atmen. Man sollte versuchen, das Kinn – und nicht etwa die Nase – auf das Knie zu legen.

ICH VERVOLLSTÄNDIGE
ARDHA MATSYENDRASANA

In *Yoga für Menschen von heute,* S. 222 ff., findet sich die Beschreibung der Übung Ardha Matsyendrasana.

Unter Veränderung der Endstellung ist es möglich, die Wirksamkeit der Drehung erheblich zu steigern.

TECHNIK

Man nimmt die Stellung Ardha Matsyendrasana ein, wobei man darauf achtet, das Gewicht des Körpers gleichmäßig auf beide Gesäßbacken zu verteilen. Falls erforderlich, sich leicht vorbeugen, wodurch der Druck innerhalb des Bauches erhöht wird.

ERSTE PHASE:
Den linken gebeugten Arm jetzt in den freien Raum unter dem Knie führen, und zwar so, daß der Handrücken an der Außenseite des linken Schenkels anliegt: auf der Abb. wird diese Phase deutlich. Sie werden auch bemerken, daß sich diese Bewegung sehr viel leichter ausführen läßt, wenn man darauf achtet, das Gewicht des Körpers, wie oben angegeben, auf beide Gesäßbacken zu verteilen.

ZWEITE PHASE:
Den rechten Arm beugen, der die Taille umschlingt, und die rechte Hand nach links führen. Zuerst die Finger ineinander verschlingen, dann nach und nach versuchen, das Handgelenk zu umfassen.

ENDSTELLUNG:
Damit ist die Endstellung erreicht. Die Vereinigung der beiden Arme verleiht eine Kraftsteigerung, die es ermöglicht, die Drehung zu verschärfen und sie dadurch wirksamer zu gestalten. Bei jedem Ausatmen die Wirbelsäule noch ein wenig mehr drehen, vom Kreuzbein ausgehend in Richtung nach oben.

Während des Einatmens in der gewonnenen Stellung unbeweglich bleiben, dann weitermachen. Sobald die Maximaldrehung erreicht ist, sich unbeweglich verhalten und zehnmal tief atmen, dann nach und nach die Asana auflösen.

Die gleiche Bewegung in der anderen Richtung der Asana erneut beginnen.

Diese Variante wird sogar angenehmer empfunden als die gewohnte Stellung. Der Schüler fühlt sich in ihr wohl und verweilt gern länger in ihr als in der klassischen Stellung. Um den Unterschied in der »Leistung« festzustellen, kann man folgenden Versuch machen: führen Sie die Asana auf der einen Seite in ihrer Variante durch und auf der anderen Seite auf die übliche Art, dann entspannen Sie sich auf dem Rücken und ... warten Sie auf das, was geschieht. Sie werden bald feststellen, daß sich die eine Hälfte des Rückens weit stärker erwärmt als die andere, was nicht nur eine weit bessere Gefäßerweiterung der die Wirbelsäule umgebenden Gewebe, sondern auch die der Körperseiten anzeigt.

WIRKUNGEN

Diese Variante verstärkt die Einwirkung der klassischen Ardha Matsyendrasana, deren Auswirkungen wir im folgenden kurz zusammenfassen:

WIRKUNGEN AUF DIE WIRBELSÄULE:
a) Muskeln und Bänder:
Die Drehung streckt und dehnt die Muskeln und Bänder der Wirbelsäule; es kommt dort zu einer stärkeren Durchblutung: der Rücken rötet sich. Ardha Matsyendrasana bringt die Muskulatur der Wirbelsäule wieder in Ordnung, verhindert oder behebt Versteifungen und führt sofort zu einem Gefühl des Wohlbefindens.

b) NERVEN:
Durch ihre Einwirkung auf die Wirbelsäule, in der das Rückenmark liegt, gesäumt von der Kette der Ganglien, kräftigt diese Asana den gesamten Organismus. Aus diesem Grund betrachten sie die Yogis als ein starkes Verjüngungsmittel.

c) WIRBELSÄULE:
Zitieren wir Kernéiz:
»Hauptziel dieser Asana ist die Verhinderung der Sakralisation des 5. Lendenwirbels, das heißt, seiner Verwachsung mit dem Kreuzbein oder, sollte sie sich schon eingestellt haben, diese zu beheben. Eine solche Versteifung tritt so häufig ein, daß diejenigen, die davon befallen sind, sie für gewöhnlich als etwas ganz Normales betrachten und sie sich entwickeln lassen, ohne es überhaupt zu beachten, bis sie den akuten Zustand einer Schädigung erreicht, die für das Alter charakteristisch ist. Es ist heutzutage selten, wenn man fünfzig Jahre erreicht hat, sich die Fähigkeit eines normalen Gangs zu erhalten, was darauf zurückzuführen ist, daß man die Geschmeidigkeit im Lendenbereich eingebüßt hat. Die Verkrampfung, eine Folge dieser Versteifung, erfaßt auf arglistige Weise auch den psychischen Bereich und führt zu dieser griesgrämigen, mürrischen Stimmung, die eins der Merkmale alter Menschen ist.«

BAUCH:
Ardha Matsyendrasana stärkt die Eingeweide, indem sie abwechselnd jede Bauchseite zusammenpreßt. Die Asana beeinflußt in erster Linie den Grimmdarm: seine Peristaltik wird angeregt. Denken wir daran, daß man zuerst die rechte Seite des Bauches zusammendrücken muß, um in der Richtung der Peristaltik einzuwirken. Diese Asana bekämpft also Verstopfungen. Der aufsteigende Grimmdarm, Leber und rechte Niere werden in der ersten Hälfte der Übung stimuliert, der absteigende Grimmdarm, Milz, Bauchspeicheldrüse und linke Niere während des zweiten Teils der Übung.

INNERSEKRETORISCHE DRÜSEN:
Ardha Matsyendrasana wirkt sich in erster Linie auf die Nebennieren aus.

HYGIENISCHE WIRKUNGEN:

Die hygienischen Wirkungen ergeben sich aus dem bisher Gesagten.

Ardha Matsyendrasana:

stärkt das sympathische Nervensystem und belebt den Organismus;

korrigiert die Verkrümmungen der Wirbelsäule;

verhindert Hüftweh, »Hexenschuß« und sogar gewisse Formen des Ischias;

begünstigt durch Anregung der Nieren die Harnausscheidung und wirkt auch auf die Nebennieren;

bekämpft die Verstopfung, behebt Stauungen in der Leber und im gesamten Verdauungstrakt;

bekämpft Fettleibigkeit und Zellulitis.

Das Gelingen dieser Übung hängt weitgehend vom Körperbau ab. Menschen mit kurzen Beinen, kräftig ausgebildeten, harten Muskeln an Schenkeln und Bauch werden bei der Ausführung dieser Übung Schwierigkeiten haben. Sollte sie wirklich außerhalb Ihrer Möglichkeiten liegen, so ist das bedauerlich, aber fahren Sie dann in der Ausführung der klassischen Asana fort.

Von der klassischen Stellung der Ardha Matsyendrasana ausgehen
und dann den linken Unterarm unter das angewinkelte Knie führen.
Der Rücken der linken Hand liegt an der Außenseite des Schenkels.

Der rechte Arm umschlingt die Taille, und die rechte Hand nähert sich der linken, die sie erwartet. Man versuche, das Handgelenk zu ergreifen. Hat man sich in der Asana gut »niedergelassen«, fünf- bis zehnmal tief atmen. Bei jedem Ausatmen die Drehung verstärken. Beim Einatmen hingegen sich bewegungslos verhalten.

Vorderansicht.

KAKASANA – DER RABE

Die vollständige Rishikesh-Reihe enthält eine sehr wichtige Asana, die verglichen mit den anderen sehr viel schwieriger ist. Sie erfordert Kraft, Gleichgewicht und darüber hinaus eine gut entwickelte Rücken-muskulatur; es handelt sich um die im folgenden Kapitel geschilderte Stellung des Pfaus. Um sie ohne allzu große Mühe zu erlernen, emp-fiehlt es sich, zunächst Kakasana zu üben, die Stellung des Raben, die die beste Vorbereitung darstellt. Die Übung des Pfaus steht in dem Ruf, für Frauen unerreichbar zu sein, was jedoch nicht stimmt, denn es gibt viele, die sie beherrschen. Trotzdem verzichten 60 bis 70 Prozent der Anfängerinnen, zumindest zeitweise, auf diese Übung, und in einem solchen Fall kann man Kakasana an ihre Stelle setzen.

ETYMOLOGIE

Kakasana wird vom Sanskritwort »Kakha« abgeleitet, das »Rabe« be-deutet. Die Yogis haben sie zweifellos so genannt, weil sie, bei der Endstellung von der Seite betrachtet, an diesen Vogel erinnert.

TECHNIK

AUSGANGSSTELLUNG:
In die Hocke gehen und die Hände mit einem Abstand von ungefähr 50 cm auf den Boden legen, die Knie zwischen den Ellbogen, während die Füße etwa 30 cm Abstand haben. (Beim Yoga wäre es vielleicht

empfehlenswert, die alten Maße wieder einzuführen, die Elle und den Fuß, was dem Körperbau jedes einzelnen Schülers entspräche.)

Was die genaue Stellung der Hände betrifft, so sollte man sich die erste Abb. als Vorbild nehmen; die Arme sind leicht gebeugt.

Den Blick geradeaus richten.

ERSTE PHASE:
Sich so hoch wie möglich auf den Zehenspitzen erheben, dabei die Arme leicht gebeugt lassen, sonst wird das Gleichgewicht gefährdet. Die Knie sind den Achselhöhlen ganz nah, die Kniescheiben berühren die Oberarmknochen.

Während der ganzen Übung (mit Ausnahme der dynamischen Phase) einen festen Punkt am Boden in etwa 50 cm Entfernung vor sich fixieren. Ruhig atmen.

EINNAHME DER STELLUNG UND STATISCHE PHASE:
Kopf und Schultern nach vorn verlagern, um zunächst den Körper in Gleichgewichtsstellung zu bringen.

Sobald die Zehen den Boden verlassen haben, muß das Gewicht des Körpers auf den Handwurzeln und auf den Fingern ruhen (die Handfläche ist leicht abgehoben und die Finger sind ein wenig gekrümmt). In der Endstellung die Waden durch kräftiges Zusammenziehen der Bauchdecke so dicht wie möglich an die Gesäßbacken herannehmen. Weiterhin normal atmen, den Blick auf den vorher gewählten Punkt gerichtet. Die Füße einander nähern, so daß sich die Zehen berühren.

KONZENTRATION

Sich auf das Bewahren des Gleichgewichts konzentrieren; darauf achten, daß das Gewicht nicht auf der Handfläche, sondern auf der Handwurzel ruht.

BEIBEHALTUNG DER STELLUNG UND WIEDERHOLUNG

So lange wie möglich die Stellung beibehalten und die Übung zwei- oder dreimal wiederholen. Tatsächlich wird dieses »lange« selten einige Sekunden überschreiten, sondern allerhöchstens etwa zehn Sekunden dauern!

Es ist darauf zu achten, eine möglichst hohe Zahl von Muskeln zu entspannen.

RÜCKKEHR AUF DEN BODEN

Die Rückkehr auf den Boden vollzieht sich in der umgekehrten Reihenfolge des Ablaufs der Übung.

DYNAMISCHE PHASE

Sobald Sie sich mit dieser Übung vertraut gemacht haben, fügen Sie die folgende dynamische Phase an, die noch niemals beschrieben wurde. Obwohl sie nicht unerläßlich ist und im übrigen recht mühsam in der Ausführung, ist sie dennoch sehr wichtig.

Ich gebe sie hier an, um meinen Grundsatz zu befolgen, den Lesern einen vollständigen Bericht zu liefern, der an Ort und Stelle aufgezeichnet wurde und viel unveröffentlichtes Material enthält.

Diese dynamische Phase ist gewiß schwierig in der Ausführung, aber das würde es nicht rechtfertigen, sie von der Beschreibung auszuschließen, und noch weniger, darauf zu verzichten, sie zu erlernen.

TECHNIK

Die dynamische Phase besteht, wenn man von der statischen Endphase ausgeht, darin, die Ellbogen zu beugen und die Nase langsam dem Boden zu nähern, um mit den Zähnen einen kleinen, dort abgelegten Gegenstand zu erfassen und dann langsam zur statischen Stellung zurückzukehren. Dies setzt eine ausgezeichnete Beherrschung des Körpergleichgewichts voraus. Diese Bewegung muß man nicht mit Aufwendung von Kraft, sondern durch die beherrschte Verlagerung des Schwerpunkts ausführen. Während der dynamischen Phase bleibt das Gesicht parallel zum Boden. Es ist daher zu vermeiden, den Schädel dem Boden zu nähern, denn die Rückkehr in die Schwebestellung (statische Phase) wäre unmöglich. Die dynamische Phase erlernt man nach und nach, indem man anfänglich den Kopf um ein paar Zentimeter senkt, um jeden Tag ein wenig tiefer zu gehen. Man soll sehr langsam arbeiten und jede ruckartige Bewegung meiden: durch sie verliert man leicht die Beherrschung über die Bewegung. Brillenträger werden vorsichtshalber die Brille vorher absetzen. In Erwartung einer etwas heftigen Begegnung mit dem Boden ist es ratsam, ein Kissen vor sich hinzulegen.

ATMUNG

Die Atmung soll normal und stetig sein.

ENTSPANNEN DER HANDGELENKE

Nach Kakasana die Handgelenke entspannen, indem man sie vorwärts und rückwärts schüttelt. Der Antrieb erfolgt von den Unterarmen her, die Handgelenke selber bleiben passiv und gelockert.

EINFÜGEN VON KAKASANA UND KAPALASANA

Wenn die Stirn den Boden berührt hat und man den Rumpf wiegt, kommt der Schädel mit dem Boden in Berührung, und man befindet sich in der Stellung des »Dreifußes«, des Ausgangspunkts für den Kopfstand (Kapalasana).

Für den stets sehr beschäftigten westlichen Menschen besteht das Problem darin, nicht etwa eine große Anzahl von Asanas zu erlernen, die zu üben er kaum die Zeit aufbrächte, sondern über Übungen zu verfügen, die die tägliche Sitzung nicht allzusehr verlängern. Kakasana, als Vorbereitung für den Pfau sehr nützlich, verdient es nur, in die tägliche Übungsreihe aufgenommen zu werden, wenn der Pfau nicht gelingen will. Dennoch üben viele Schüler im Westen sie täglich als Anfangsphase für Kapalasana. Sie widmen ihr dann nur etwa zehn Sekunden.

KONTRA-INDIKATIONEN

Es dürfte für diese Übung keine besondere Kontra-Indikation geben.

GÜNSTIGE AUSWIRKUNGEN AUF DIE HANDGELENKE
Um steif gewordene Handgelenke geschmeidig zu machen, gibt es nichts Besseres als Kakasana.

AUF DIE BAUCHWAND:
Um die Füße so nah wie möglich an die Gesäßbacken heranzuführen, wird die Bauchwand kräftig zusammengezogen, was zugleich die Organe des Bauches kräftigt und den Spannungszustand der Gewebe erhöht.

AUF DEN KREISLAUF:
Das Blut strömt reichlich zum Kopf. Die Durchblutung des Gehirns ist jedoch geringer als beim Kopfstand oder bei Sarwangasana, was in manchen Fällen wünschenswert sein kann.

Richtige Ausgangsstellung. Die Arme sind leicht gebeugt, die Handflächen liegen senkrecht unter den Knien.

Richtige Ausgangsstellung, die Knie befinden sich so hoch wie möglich, fast unter den Achselhöhlen.

Die gleiche richtige Ausgangsstellung, von vorn gesehen.

STATISCHE STELLUNG:
Die Zehen berühren einander, und die Füße werden dicht an die Gesäßbacken

herangehoben. Das Gewicht des Körpers ruht genau auf der Handwurzel und nicht auf der Mitte der Handfläche oder auf den Fingern, was eine große Kraftanstrengung erforderte. Man beachte, daß der Bizeps entspannt ist: entscheidend ist das Gleichgewicht und nicht die Kraft.

Dieselbe Stellung von vorn gesehen.

ENDE DER DYNAMISCHEN PHASE:
Die Stirn wird langsam zum Boden gesenkt, und der Schüler schickt sich an,
mit den Zähnen einen auf den Boden ge-
legten Federhalter aufzuheben.

Langsam in umgekehrter Reihenfolge
zur statischen Stellung zurückkehren.

Diese Abb. veranschaulicht zwei häufige
Fehler, die die Wirksamkeit der Übung
erheblich herabsetzen:

1. die Zehen berühren nicht einander.

2. Die Knie werden falsch gehalten;

a) die Kniescheibe wurde nicht hoch
genug zur Achselhöhle gehoben; außerdem

b) berührt die Innenseite des Knies
statt der Kniescheibe den Arm.

Folgen: das Gewicht des Körpers ruht
auf den Fingern, die Bauchmuskeln sind
nicht angespannt, wodurch die dynamische Phase äußerst schwierig, wenn nicht
überhaupt unmöglich wird.

MAYURASANA – DER PFAU

Mayur bedeutet Pfau auf Sanskrit, und Mayurasana führt diese Bezeichnung, weil der Körper in dieser Stellung, von der Seite her gesehen, an den Pfau erinnert, der seinen langen Schwanz hinter sich herzieht.

WAS STEHT IN DEN ALTEN SCHRIFTEN?

Mayurasana und ihre Wirkungen werden im Hatha-Yoga Pradipika, I, 32/3 beschrieben: »Leg die Handflächen auf den Boden und setze den Nabel auf die Ellbogen; bring dann den Körper ins Gleichgewicht. Der Körper soll sich strecken wie ein Stock. Das heißt Mayurasana, die die Krankheiten und alle Störungen im Bauch vernichtet, ebenso wie jene, die den Unregelmäßigkeiten der Ausscheidung, der Schleimhäute, der Galle und der Luft entspringen; Mayurasana läßt die Nahrung verdauen (selbst im Übermaß eingenommen), steigert den Appetit und zerstört die tödlichen Gifte.« In der Gheranda Samhita II, 29–30, wird eine ähnliche Schilderung gegeben, aber es wird im einzelnen noch darauf hingewiesen, daß die Beine im Lotos gekreuzt sein sollen, was die heutigen Yogis »Lolasana« nennen, die Stellung der Krabbe.

Der summarische Charakter dieser Beschreibungen läßt erkennen, daß diese Ausführungen nur als Gedächtnisstütze gedacht waren; dennoch sind sie sehr wertvoll. Ich werde wie üblich die Technik im einzelnen darlegen.

TECHNIK

Mayurasana erfordert geschmeidige Handgelenke, ein sicheres Gefühl
für Gleichgewicht und auch Kraft.

AUSGANGSSTELLUNG:

Knien, die Hände auf den Boden legen, die Handwurzel in einer Linie
mit den gespreizten Knien. Die Finger weisen nach hinten.

Die kleinen Finger und die Handkanten berühren einander, um die
Handgelenke in Kontakt zu bringen.

Wichtig: man muß die Schultern hochziehen, um die spätere Annä-
herung der Ellbogen zu erleichtern.

EINNAHME DER STELLUNG

ERSTE PHASE:
Den Oberkörper vorbeugen, den Blick weit geradeaus gerichtet. Die
Ellbogen so stark wie möglich einander nähern: damit die Stellung
vollkommen ist, sollten sie sich berühren. Im allgemeinen ist dies an-
fänglich unmöglich. Die Nabelgegend gegen die Ellbogen pressen.
Während des Erlernens der Übung kann es von Nutzen sein, sich eines
Riemens zu bedienen (siehe Abb.).

ZWEITE PHASE (NUR WÄHREND DER ZEIT DES LERNENS):
Die zweite Phase besteht darin, mit der Stirn den Boden zu berühren
und dabei den Blick auf die Hände zu richten (bei der klassischen Stellung stützen die Ellbogen den Körper von Anfang an; dieser entfaltet
sich nach und nach bis zur Erlangung der vollständigen Stellung, ohne
Zwischenstellungen).

DRITTE PHASE:
Zuerst das linke Bein ausstrecken und die Zehen mit den Kuppen auf
den Boden setzen. Das gleiche mit dem anderen Bein. Die Knie berühren einander, ebenso die Fußgelenke, während die Stirn auf dem Boden bleibt. So bildet der Körper eine Brücke in Form eines Esels-
rückens, wobei die Unterarme als Hauptstütze dienen und sich an den

äußersten Enden zwei Kontaktpunkte befinden: an der Stirn und an den Füßen.

ENDSTELLUNG

Die Endstellung wird eingenommen, indem man die beiden Kontaktpunkte aufgibt. Dafür muß man:

a) den Kopf vom Boden heben und einen Punkt vor sich fixieren. Normal atmen;

b) dann Füße und Beine vom Boden heben, um auf den Ellbogen das »Brett« zu machen, ohne jedoch Schwung zu nehmen.

Sollten Sie ein »Aufknallen« fürchten, legen Sie ein Kissen vor sich hin: es ist zwar weniger ruhmvoll, jedoch ein Gebot der Klugheit.

Wenn davon abgeraten wird, seine Zuflucht zum Schwung oder zur Kraft zu nehmen, wie soll man dann vorgehen, um die Endstellung ohne Schwung oder Kraftanstrengung einzunehmen? Folgendermaßen: die Zehen drücken den Körper leicht nach vorn, um den Schwerpunkt senkrecht über den Handflächen anzusetzen. Man muß die Stütze auf den Handwurzeln und nicht auf der ganzen Hand finden. Die Unterarme, die im rechten Winkel zum Boden standen, befinden sich nun in einem Winkel von ungefähr 70° zum Boden; auf diese Weise findet die Masse des Körpers ihr Gleichgewicht auf beiden Seiten der Ellbogen. Sobald dieser Gleichgewichtszustand erreicht ist, genügt ein leichtes Abstoßen mit den Zehenspitzen, um die Füße vom Boden zu heben. Anfänglich wird ein Riemen notwendig sein, um die Ellbogen zusammenzuhalten, denn da diese der Mitte des Körpers nicht nah genug sind, gleiten sie auseinander, und es folgt der Sturz.

Nachdem die Zehen den Boden verlassen haben, muß der Körper eine gerade, mit dem Boden parallele Linie bilden. Um zu diesem Ergebnis zu gelangen, muß man die Stirn heben, damit die Füße nicht zu hoch steigen. Den Rücken strecken, die Knie aneinander legen und die Beine nicht einknicken: Mayurasana ist keine Übung zum Ausruhen.

ATMUNG

Grundsätzlich sollte man während der Asana normal atmen: Shundar

Goswami weist ausdrücklich darauf hin. In der Praxis ist es im Anfang unmöglich, und es ist ohne größere Bedeutung, wenn Sie den Atem verhalten. Sobald Sie später genügend Gleichgewichtsgefühl und Ungezwungenheit erlangt haben, werden Sie während der ganzen Übung normal atmen können.

KONZENTRATION

Sich ganz auf die Übung selber konzentrieren.

DAUER UND WIEDERHOLUNG

Die Stellung so lange wie möglich beibehalten, was auf jeden Fall doch nur ein paar Sekunden bedeutet. Bei viel Übung kann man es auf eine Minute bringen. Alain Daniélou gibt an einer Stelle eine Dauer von acht Minuten vor dem Akt der Reinigung der Eingeweide (Basti) an. Eine solche Leistung scheint außerhalb des Bereiches westlicher Menschen zu liegen.

Nachdem man die Stellung ein paar Sekunden lang beibehalten und sich dann einen Augenblick ausgeruht hat, beginnt man ein zweites und sogar ein drittes Mal mit der Übung.

Wesentlicher Hinweis: während der Mayurasana folgenden Ruhepause vollziehen sich die stärksten Wirkungen. Im Verlauf der Asana unterbricht das Abschnüren der Bauchaorta so gut wie ganz den Zufluß des Blutes in den Unterleib und in die Beine. Gleich nach Beendigung der Übung strömt das Blut reichlich (vergl. »Wirkungen«).

FEHLER

Am Anfang die Handflächen vor der Linie der Knie aufzusetzen;

die Finger nicht nach hinten zu richten und die Handgelenke zu weit auseinander zu halten;

die Ellbogen auf die Seiten und nicht auf die Mitte des Bauches zu drücken;

den Versuch zu machen, die Asana auszuführen, ohne den Schwerpunkt nach vorn zu verlegen;

den Körper nicht parallel zum Boden zu halten;

die Knie nicht aneinanderzulegen (da der Körper eine einzige gerade Linie bilden soll);

die Beine einzuknicken;

den Blick auf den Boden zu richten.

REIHENFOLGE IN DEN ÜBUNGEN

In der Rishikesh-Reihe wird Mayurasana unmittelbar nach der Übung des Drehsitzes ausgeführt.

WIRKUNGEN

ALLGEMEIN:

Die Wirkungen von Mayurasana rühren in der Hauptsache vom Zusammendrücken der Bauchaorta her, was durch das Eindringen der Ellbogen in den Nabelbereich herbeigeführt wird. Dadurch wird die Blutzirkulation gründlich verändert, wonach eine Erhöhung des Drucks innerhalb des Bauches im Bereich des Sonnengeflechts eintritt. Betrachten wir nun die Wirkungen im einzelnen.

MAGEN, LEBER, MILZ:

Das Zusammenpressen der Aorta des Bauches leitet die Blutzirkulation zum Magen, zur Leber und zur Milz. Swami Sivananda schreibt ihm günstige Wirkungen auf die Verdauung zu. Wenn als Folge eines allzu reichlichen Mahles die Verdauung nicht nach 4 oder 5 Stunden beendet ist, regelt Mayurasana diese Frage innerhalb weniger Augenblicke. Swami Sivananda versichert, daß Mayurasana Verdauungsschwäche bekämpft. Was nun Blutstauungen in der Milz und in der Leber betrifft, so werden sie schnell behoben. Die Asana reguliert die Lebertätigkeit und entlastet die Gallenblase. Mayurasana beseitigt auch Blähungen und ihre Ursachen.

GRIMM- UND DICKDARM:
Die Tätigkeit dieser Organe wird, wenn auch weniger unmittelbar, angeregt. Mayurasana bekämpft gleichfalls die Verstopfung.

NIERENBEREICH:
Die Erhöhung des Drucks innerhalb des Bauches setzt sich bis zu den Nieren fort, die stimuliert werden. Mayurasana beeinflußt auch die Nebennieren; die erhöhte Erzeugung von Adrenalin macht Mayurasana daher zu einer Übung von außerordentlich belebender Wirkung.

Nach Swami Sivananda soll sich Mayurasana sogar auf Diabetes auswirken, indem die Bauchspeicheldrüse gestärkt und die Erzeugung von Insulin in den Langerhansschen Inseln aktiviert wird. Zweifellos sollte man hier die Einschränkung machen, daß die Diabetiker im allgemeinen dickleibig und daher nicht imstande sind, diese Stellung einzunehmen. Mayurasana setzt die Hämorrhoidengefahr herab.

SONNENGEFLECHT:
Die Ellbogen drücken das Sonnengeflecht zusammen und dehnen es. Durch die daraus sich ergebende Stimulation des Sonnengeflechts beeinflußt Mayurasana indirekt Organe, die an sich von der Stellung nicht berührt werden. Tatsächlich wird die gesamte Tätigkeit der Organe angeregt.

LUNGEN UND HERZ:
Die günstigen Wirkungen dieser Asana beschränken sich nicht auf den Bauch. In den Lungen steigt der Luftdruck, wodurch die Alveolen entfaltet werden. Das Herz wird durch das Zusammendrücken der Bauchaorta und durch den auf diese Weise dem Herzschlag entgegengesetzten Widerstand gekräftigt.

Von Bedeutung ist auch der kräftige Blutzustrom zum Gehirn.

MUSKULATUR:
Mayurasana stärkt die Rückenmuskulatur, in die vor allem während der Entspannungspause, die dieser Asana unbedingt folgen muß, frisches Blut zufließt. Man verspürt dort ein angenehmes Gefühl der Wärme. Auch die Wirbelsäule und alle ihr entspringenden Nervenbahnen werden durch diese Übung günstig beeinflußt.

KONTRA-INDIKATIONEN

Selbstverständlich gelten alle schweren Schäden des Verdauungsapparates (Magengeschwür, starke Gastritis usw.) als Kontra-Indikationen. Im Zweifelsfall fragen Sie Ihren Arzt. Im übrigen sollte der gesunde Menschenverstand alle, denen diese Übung unangenehm ist, daran hindern, sie zu praktizieren. Ich glaube auch an die »natürliche Auslese«: diese Übung erfordert Kraft, und alle, für die diese Stellung ungünstig sein könnte, sind auch tatsächlich physisch nicht imstande, sie auszuführen. Menschen mit Herzfehlern sollten sehr vorsichtig sein.

ENTSPANNUNG

Nach Mayurasana muß man sich ungefähr eine Minute in Schabasana ausruhen und tiefe Yoga-Atmungen durchführen.

ZUM LERNEN

Ein letzter »Trick« zum Erlernen der Stellung: vielen wird Mayurasana leichter gelingen, wenn sie mit den Händen auf der Kante eines Stuhls oder eines niedrigen Tischs üben, bevor sie am Boden arbeiten.

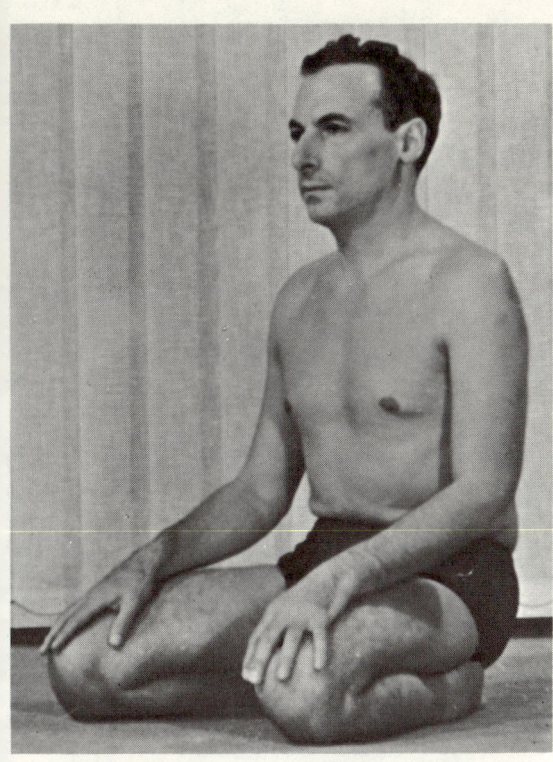

AUSGANGSSTEL-
LUNG:
In Vajrasana,
mit gespreizten
Knien.

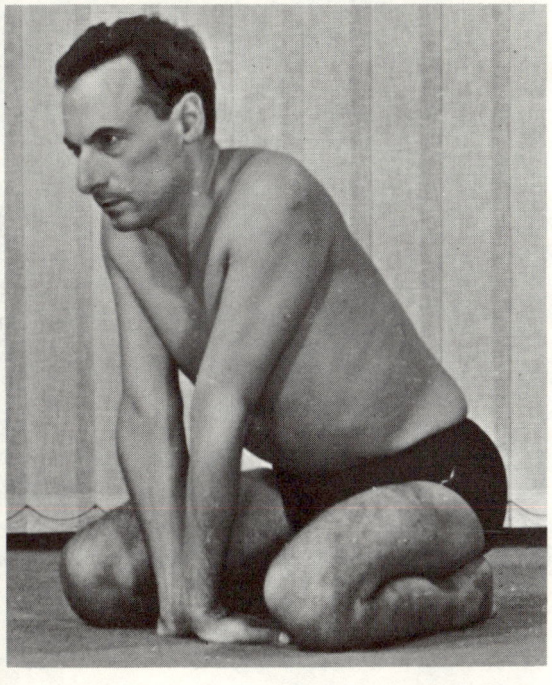

KARPFENSTEL-
LUNG:
Die   Handwurzel
liegt auf der Linie
der Knie, die Dau-
men   nach   außen
und   die   Handge-
lenke einander be-
rührend.

271

Nach vorn beugen; die Magengegend an die geschlossenen Ellbogen drücken. Die Unterarme in ihrer ganzen Länge in Berührung. Der Blick ist nach vorn gerichtet. Normal atmen.

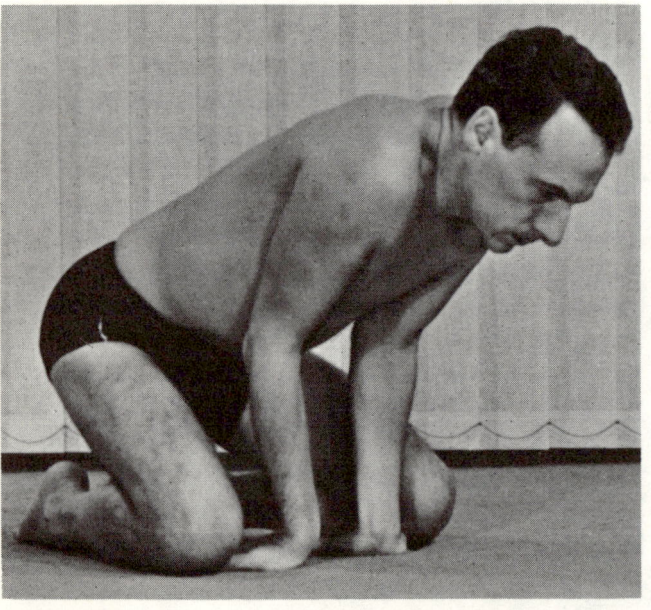

FALSCH:
Da die Hände zu weit auseinander sind, werden sich die Ellbogen in die Seiten und nicht in die Magengrube drücken. Man riskiert einen Sturz, da die Ellbogen im Augenblick der Einnahme der Stellung nach außen gleiten werden.

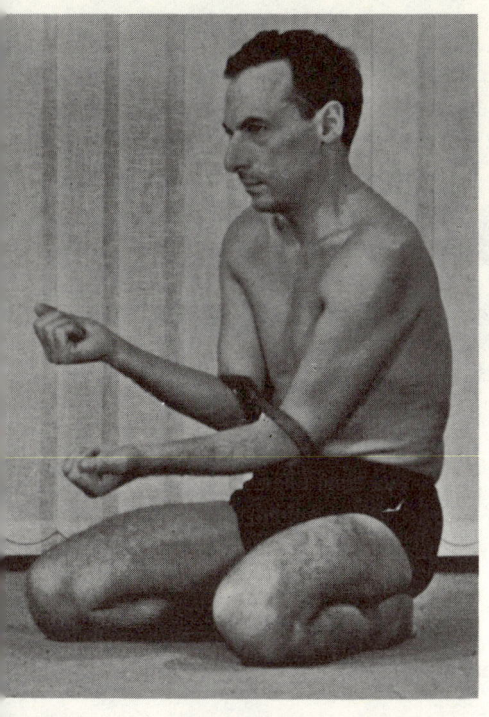

Im Anfang ist es bequemer, sich mit einer Schlinge aus einem alten Riemen zu helfen, die die Ellbogen daran hindert, sich zu spreizen. Zu Beginn dürfen die Ellbogen etwas Abstand haben. In dem Maße, in dem man größere Sicherheit erlangt, wird die Schlinge immer enger gezogen, bis die Ellbogen einander berühren.

Die Ausgangsstellung ist die gleiche wie ohne den Riemen; die Handflächen dürfen, um das Gleichgewicht zu erleichtern, ein wenig Abstand haben.

Erste Phase der Asana. Die Hände dürfen sich ein wenig vor der Linie der Knie ohne spürbare Beeinträchtigung befinden.

Blick auf die Hände. Normal atmen. Jede Hast vermeiden!

Die Stirn bleibt am Boden, ein Bein wird nach hinten ausgestreckt, wobei der Fuß den Boden mit den Zehenkuppen berührt.

Das andere Bein ausstrecken, wobei die Knie sich berühren, dann den Kopf, den Blick geradeaus gewandt, heben: in diesem Augenblick stehen die Unterarme senkrecht auf dem Boden. In dieser Stellung neigt sich das Gleichgewicht auf die Seite der Beine; es wäre daher unmöglich, sie zu heben, ohne den Schwerpunkt nach vorn zu verlagern.

Nach Verlegung des Schwerpunkts nach vorn weisen die Unterarme gegenüber dem Boden eine leichte Neigung auf. Sobald sich der Körper im Gleichgewicht befindet, hebt ein leichter Stoß mit den Zehenspitzen die Füße vom Boden. Die Knie geschlossen halten; die Beine nicht einknicken. Die Rückenmuskeln anspannen und den Blick nach vorn richten, damit der Körper parallel zum Boden bleibt und eine möglichst gerade Linie bildet. Der Druck innerhalb des Bauches steigt. Weiterhin normal atmen (wenn möglich!).

Bei der Rückkehr zur Ausgangsstellung die Beine anziehen und
die Knie spreizen: die Unterarme
stehen wieder senkrecht; mit den
Knien den Boden berühren. Sich
entspannen.

Häufig ist es leichter, Mayurasana auf der Kante eines Stuhls
oder eines niedrigen Tisches und
nicht unmittelbar am Boden zu
erlernen.

Sobald Ihnen Mayurasana ohne Hilfe des Riemens gelingt, wird es Ihnen leichtfallen, die klassische Technik zu erlernen. Tatsächlich soll
man im Yoga diese Asana einnehmen, ohne Zwischenstellungen.

Von Anfang an befindet sich bei der klassischen Übung der Körper
im Gleichgewicht auf den Unterarmen; nach und nach verlagert sich
der Rumpf nach vorn, während sich die Beine in symmetrischer Entsprechung nach hinten ausstrecken.

Von Anfang an ruht der Körper völlig auf den Unterarmen, wobei die
Handflächen die einzigen Berührungspunkte mit dem Boden bilden.
Die Füße befinden sich in etwa 20 cm Abstand voneinander, während
die Knie erheblich weiter gespreizt sind.

Die gleiche Bewegung wird fortgesetzt, um sich nach und nach der
Endstellung zu nähern.

Die Füße aneinander legen und langsam die Beine strecken, während
der Rumpf nach vorn verlagert wird, um das Gleichgewicht zu halten.

VERBINDUNG VON PFAU UND HEUSCHRECKE

Der Rumpf kann parallel zum Boden sein (das wäre der klassische Pfau), aber man kann auch durch kräftiges Anspannen der Muskeln des Lendenbereiches die Beine so hoch wie möglich heben, eine Kombinierung der Effekte, die für die Stellung des Pfaus und die der Heuschrecke charakteristisch sind. Man beachte, daß Waden wie Schenkel entspannt sind.

Die Unterarme stehen dicht beieinander, wodurch sich die Ellbogen in den Bauch bohren, genau im Bereich der Aorta.

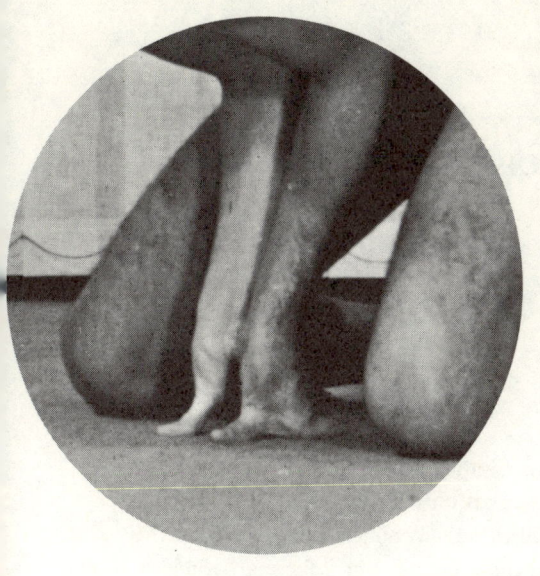

Der Vollständigkeit halber sei hier darauf hingewiesen, daß man nach Belieben auch andere Haltungen mit den Händen einnehmen kann; diese Abb. zeigt eine erste Variante, bei der die Daumen nach vorn weisen, während die anderen Finger nach hinten gerichtet sind.

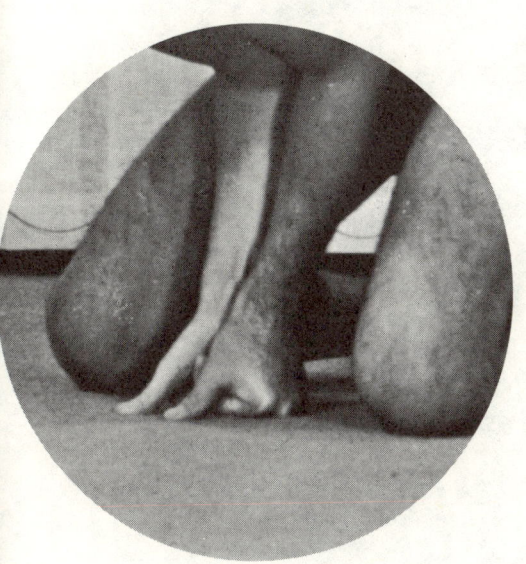

Bei dieser neuen Variante weisen die Daumen gleichfalls nach vorn, aber die Hände sind zur Faust geschlossen; diese Fäuste werden bei der Endstellung das Gewicht des Körpers tragen.

LOLASANA –
DIE STELLUNG DER KRABBE

Lolasana, das heißt, die Stellung der Krabbe, besteht ganz einfach darin, den Pfau im Lotossitz auszuführen.

Diese Stellung ist ziemlich ungewöhnlich, aber in Wirklichkeit nicht
schwieriger als die klassische Stellung. Bei Lolasana befindet sich der
Schwerpunkt näher an der Mitte des Rumpfes, was sogar das Einnehmen der Stellung erleichtert.

AUSGANGSSTELLUNG:

Die Stellung der Hände wird unter den bereits angezeigten Stellungen der freien Wahl überlassen. Es ist möglich, wie auf der Abb. links, Lolasana im Gleichgewicht auf den Daumen auszuführen, die dann so gut wie das ganze Gewicht des Körpers tragen müssen, da die anderen Finger vor allem der Wahrung des Gleichgewichts dienen. Die Ausgangsstellung braucht nicht beschrieben zu werden, das Betrachten der Abb. genügt.

ERSTE PHASE DER AUSFÜHRUNG:

Rumpf vorwärts beugen, die Ellbogen einander nähern und sie in der gewohnten Weise in die Bauchmitte drücken.

Ohne mit der Stirn den Boden zu berühren, den Rumpf nach vorn schieben und das Gleichgewicht auf die Ellbogen verlagern; den Rumpf parallel zum Boden halten und dann die Muskeln des unteren Rückens anspannen, um die angewinkelten Beine parallel zum Boden zu bringen.

Auf jeden Fall muß man sich bemühen, normal zu atmen und sich während der Beibehaltung dieser Stellung nicht übermäßig zu verhärten. Diese Stellung, obwohl für geübte Schüler bestimmt, ist dennoch weniger schwierig, als man nach den Abbildungen annehmen könnte.

VAJRASANA

Vajrasana ist eine Sitzstellung, deren Name erstaunlicherweise Asana des Donners oder des Blitzes bedeutet.

TECHNIK

Diese an sich ganz einfache Asana bietet zwei Stufen zunehmender Schwierigkeit.

Jedoch wird auch die einfachere für viele Menschen des Westens unangenehm sein. Au, meine Knie! Au, meine Schenkel! Leider haben sich durch unser Sitzen auf Stühlen unsere Bänder versteift und sind verkürzt; im Anfang lassen sie uns leiden, aber bald gelangt man dahin, diese Stellung ohne allzu große Unannehmlichkeiten einzunehmen und nach zwei oder drei Wochen bequem in ihr zu sitzen. Seien Sie sich selber gegenüber freundlich. Quälen Sie sich nicht und bleiben Sie stets innerhalb der Grenzen dessen, was ohne wirklichen Schmerz erträglich ist.

Anfänglich kann man die Schmerzen verringern, indem man ein kleines Kissen gerade unter dem Spann auf den Boden legt. Nach einiger Zeit sind die Bänder gedehnt, und Sie können auf das Kissen verzichten.

ZIEL DER ASANA

Diese Asana ersetzt die Stellung des Lotos oder die Vollkommene Stellung, wenn man diese Stellungen nicht (oder noch nicht) völlig beherrscht und sie dem Schüler unangenehm sind.

Sie wird also den gleichen Zwecken dienen wie die eben genannten Stellungen, das heißt, den Übungen der Konzentration, der Meditation und dem Pranayama. Jedoch sind die ihr eigenen Wirkungen nicht gering zu achten.

Diese Einleitung ist vielleicht zu pessimistisch: es ist nicht ausgeschlossen, daß diese Stellung Ihnen vom ersten Versuch an möglich ist und Sie sie als angenehm empfinden, ja sogar, daß Sie von Anfang an ihre gesteigerte Form zu bewältigen vermögen. Frauen befinden sich hier im Vorteil, denn ihre Bänder weisen im allgemeinen eine höhere Geschmeidigkeit auf als die der Männer.

AUSGANGSSTELLUNG

Man beginnt auf den Knien. Bevor man sich niederläßt, die Fersen spreizen, wobei die großen Zehen in Berührung bleiben. Abb. 1 und 2 veranschaulichen diese Einzelheit: dadurch wird eine Wanne gebildet, die die Gesäßbacken aufnehmen kann.

EINNAHME DER STELLUNG

Man läßt sich langsam auf den Boden nieder, so daß man nicht auf den Fersen, sondern in der von den Fersen gebildeten Wanne sitzt.

ENDGÜLTIGE STELLUNG

Man legt die Hände auf die Schenkel, Handfläche nach unten. Arme und Hände entspannen: sie sollen von selber ihre Haltung finden. Tatsächlich muß man nach und nach alle Muskeln entspannen, angefangen mit der Bauchwand.

Im Idealfall ist kein einziger Muskel mehr angespannt, und diese Asana erlaubt es, die Bewegungslosigkeit einer Statue endlos lange Zeit zu bewahren (selbstverständlich nach ausreichendem Üben).

Vajrasana versetzt das Becken automatisch in eine für die Wirbelsäule ideale Winkelstellung. Die Augen schließen, den Kopf im Gleichgewicht auf der Wirbelsäule halten, Spannungen im Nacken vermeiden und dann sorgfältig die Rückenmuskulatur entspannen. Auf diese Weise findet die Wirbelsäule vom Schädel bis zum Kreuzbein ihre richtige Stellung. Man sollte nicht vergessen, auch die Schenkel zu entspannen, denn man neigt anfänglich dazu, wegen des damit verbundenen Schmerzes ihre Muskeln zusammenzuziehen. In dem Maße, in dem die Bänder ihre natürliche, normale Länge zurückerhalten, gelingt es auch, Schenkel, Gesäßbacken und Waden zu entspannen (vergl. »Für die Anfänger«). Das Gesicht sorgfältig entspannen.

ATMUNG UND KONZENTRATION

Sobald man diese Stellung eingenommen hat, das heißt, sobald sie gesichert, angenehm und entspannt ist, dient sie der einen oder anderen Übung der Konzentration oder des Pranayama, die Ihre ganze Aufmerksamkeit in Anspruch nehmen wird, als Grundlage. Wenn es sich um eine Konzentrationsübung handelt, können Sie ihr einige langsame, tiefe Atemzüge vorangehen lassen, um die Zirkulation des Prana im ganzen Körper zu harmonisieren.

FÜR DIE ANFÄNGER:
Es wird Ihnen leichter fallen, das Kap der »schmerzhaften« Wochen zu umschiffen, indem Sie Ihre Aufmerksamkeit gerade auf die empfindlichsten Punkte richten und die Beinmuskeln entspannen. Stellen Sie sich vor, daß Sie ganz sanft zum Boden hin versinken. Der Schmerz verstärkt sich keineswegs, sondern wird gemildert, indem Sie sich auf ihn konzentrieren, vorausgesetzt, daß er von Anfang an nicht allzu heftig ist.

FEHLER

Es gibt im Fall dieser Asana kaum die Möglichkeit von Fehlern. Jedoch sollte man darauf achten, sich nicht auf die Fersen zu setzen.

VOLLSTÄNDIGE YOGASTELLUNG

Die oben geschilderte Technik bietet bereits alle Vorteile der Stellung, jedoch setzt man sich bei der vollständigen Yogastellung nicht in die von den Fersen und der Achillessehne gebildete Wanne, sondern auf den Boden zwischen den Waden. Die Beanspruchung der Bänder und der Muskeln ist – muß man es noch erwähnen? – noch viel stärker. Es ist nicht notwendig, so weit zu gehen, aber wenn Sie das Gefühl haben, daß die vollständige Stellung innerhalb Ihres Bereiches liegt, dann nehmen Sie diese zusätzliche Anstrengung auf sich. Sie ermöglicht eine sehr viel längere Ruhigstellung als in der weiter oben beschriebenen gemilderten Form, bei der die Last des Körpers auf den Waden und den Bändern des Fußes die Stellung nach einigen Minuten recht unbehaglich gestalten kann. Bei der vollständigen Yogastellung wird die Zirkulation in den Beinen weniger behindert.

WIRKUNGEN

Durch Darlegung der Ziele der Asana habe ich gleichzeitig ihre Wirkungen beschrieben.

Jedoch ergeben sich einige wichtige praktische Anwendungsmöglichkeiten über den Rahmen dieser allgemeinen Ziele hinaus. Es kommt vor allem darauf an, die Wirkungen auf den Kreislauf zu kennen, um sich ihrer gezielt zu bedienen.

KREISLAUF:
Bei der gemilderten Stellung schränkt das Zusammendrücken der Beinmuskeln den Kreislauf dort ein. Daher wird das Blut, das das Herz normalerweise für die unteren Gliedmaßen bestimmte, zum Teil in die Organe des Bauches umgeleitet. Daraus ergibt sich der Einfluß auf den ...

VERDAUUNGSTRAKT:
Swami Sivananda hat diese Stellung Menschen mit Verdauungsschwäche und Leberentzündung empfohlen, kurz allen, die an einer Schwäche des Verdauungstraktes oder seiner benachbarten Drüsen leiden. Während einiger Minuten unmittelbar nach der Hauptmahlzeit

eingenommen und von tiefer Atmung begleitet, gewährleistet sie eine gute, leichte Verdauung. Aber das entbindet die Menschen mit Verdauungsschwäche keineswegs davon, während der Mahlzeiten die Nahrungsstoffe gründlich zu kauen.

WIRBELSÄULE:
Vajrasana stellt den Gleichgewichtszustand in der Funktion der Wirbelsäule wieder her. So manches müde Kreuz erholt sich. Sie ist für Menschen mit sitzender Lebensweise und für alle, deren Beruf sie zwingt, lange zu stehen, von großem Nutzen.

GESCHLECHTSORGANE:
Bei der Frau tragen die besondere Stellung des Beckens, des Bereiches der Lenden und des Kreuzbeins ebenso wie die Aktivierung der Zirkulation im Unterleib dazu bei, gewisse Störungen des Menstruationszyklus oder des Klimateriums auszuschalten.

Beim Mann normalisiert die verstärkte Durchblutung der Gonaden die Erzeugung von Hormonen und gewährleistet eine normale sexuelle Aktivität – ohne Übererregung, aber auch ohne Abschwächung.

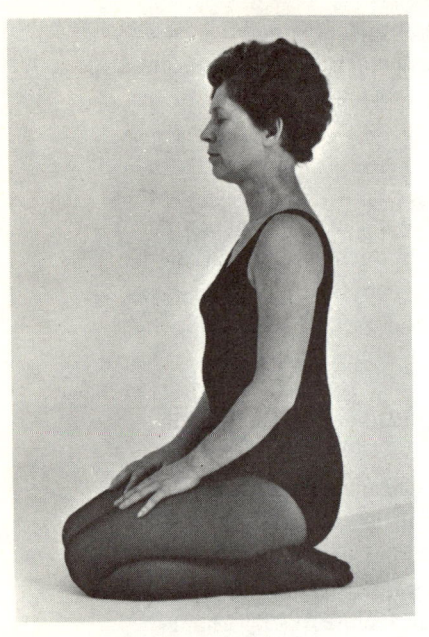

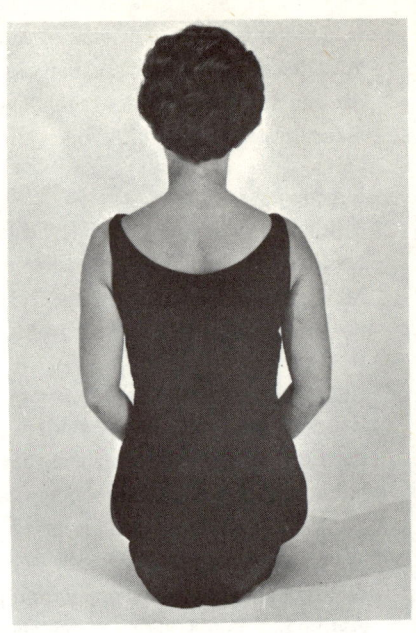

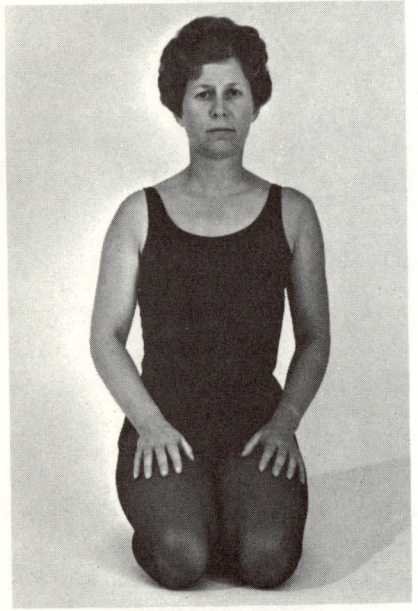

1.
Diese Seitenansicht zeigt die richtige Haltung der Füße.

2.
Die Rückenansicht vermittelt einen Blick auf die Stellung von Fersen und Zehen.

3.
Bei der Vorderansicht ist erkennbar, daß die Knie nicht aneinander gepreßt sind. Die Hände liegen – entspannt – auf den Schenkeln; der ganze Körper ist sorgfältig entspannt.

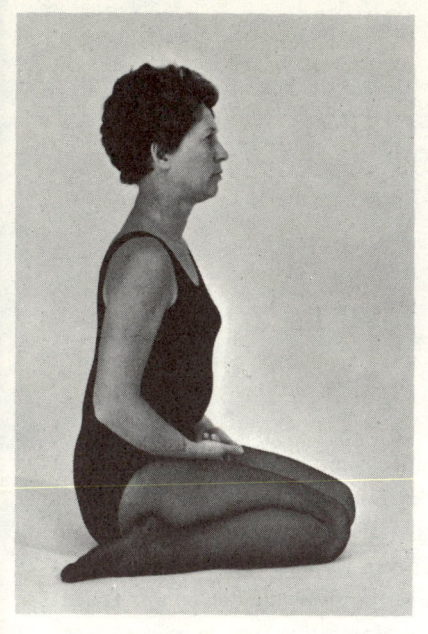

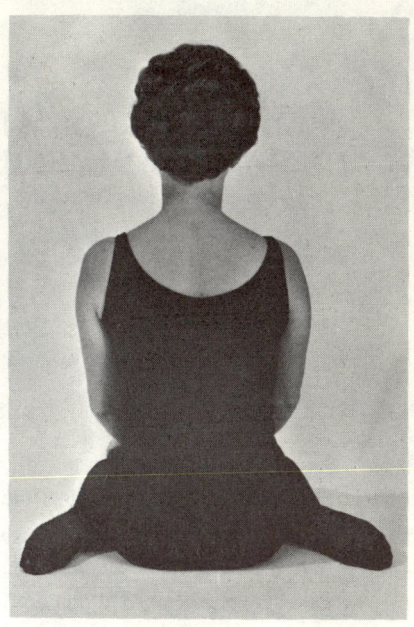

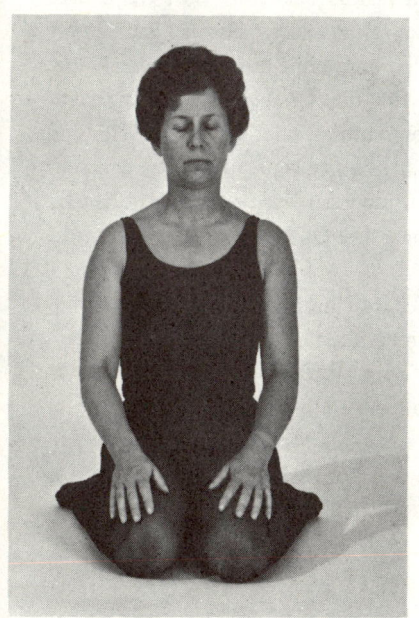

4.
Vollständige Yogastellung: das Gesäß berührt den Boden zwischen den Füßen.

5.
Die Rückenansicht zeigt die Stellung der Füße.

6.
Vorderansicht.

289

SIDDHASANA – DIE STELLUNG DER VOLLKOMMENHEIT

Unter den für Pranayama, für die Konzentration und die Meditation bestimmten Stellungen wird die des Lotos zweifellos am meisten gewürdigt, aber diese Asana hat den Nachteil, für westliche Menschen häufig unerreichbar zu sein. Die in dem Kapitel über die Stellung des Lotos angegebenen Übungen erlauben es zwar, die Bänder und Gelenke der Knie und Füße nach und nach geschmeidiger zu machen, aber trotzdem können viele Lotos nicht ausführen. Und selbst wenn man die Stellung des Lotos erreicht, verstreicht häufig sehr viel Zeit, bevor man es schafft, sie mehrere Minuten lang ohne ein Gefühl des Unbehagens beizubehalten, was aber für die Übungen der Konzentration, der Meditation und sogar der Atmung unerläßlich ist. Während dieser Übung *muß* sich der Körper in einer sehr ausgewogenen, sehr bequemen Stellung befinden, damit man ihn vergessen kann; Schmerz und ein Gefühl der Beeinträchtigung sind Quellen der Ablenkung, die den Erfolg gefährden.

Die Stellung, die in der Yoga-Hierarchie dem Lotos folgt, ist Siddhasana, die Stellung der Vollkommenheit (siddha = vollkommen), mit der wir uns jetzt eingehend befassen werden.

Während Sie darauf warten, daß die Lotosstellung Ihnen kein Unbehagen mehr bereitet, erlernen Sie also die Stellung der Vollkommenheit und führen Sie Ihre Übungen der Konzentration und der Atmung in dieser Asana aus.

290

TECHNIK

AUSGANGSSTELLUNG:
Auf dem Boden sitzend die Knie spreizen, damit die Beine untereinander ungefähr einen rechten Winkel bilden.

ERSTE PHASE:
Das linke Bein anwinkeln und die Ferse an den Damm anlegen. Die Fußsohle berührt den rechten Schenkel.

ZWEITE PHASE:
Das rechte Bein zu sich heranziehen, so daß sich der rechte Fuß mit der Ferse nach oben gewandt dem Nabel gegenüber befindet.

Die Stellung des rechten Fußes ist von großer Bedeutung: mit Hilfe der Finger die Muskeln des linken Schenkels strecken und die Zehen, einschließlich des großen Zehs, zwischen Wade und Schenkel schieben. So bleibt der Fuß mühelos an dieser Stelle liegen. Man sollte auch darauf achten, den Fußknöchel so zu legen, daß man keinen Schmerz und keine Unbequemlichkeit verspürt: indem man sich vortastet, wird man die angenehmste Stelle finden.

ENDSTELLUNG:
Die Arme ausstrecken, die Innenseite nach vorn gewandt, und die Handgelenke auf den Knien. Jnana Mudra – das Siegel der Erkenntnis – darstellen, indem die Spitze des Zeigefingers die Daumenspitze berührt.

Manche Yogis legen den Nagel des Zeigefingers an den Knick in der Mitte des Daumens und bilden damit einen Kreis.

Die drei anderen Finger bleiben ausgestreckt nebeneinander; sie dürfen sogar ein wenig eingeknickt werden, jedoch ohne jede Steifheit. Auch keine Steifheit in den Armen, deren Muskeln entspannt sind. Die Wirbelsäule ist völlig gerade und senkrecht.

Man achte darauf, den Kopf auf der Wirbelsäule im Gleichgewicht zu halten. So spürt man sein Gewicht nicht mehr und kann die Muskeln des Nackens und des Halses entspannen. Man soll auch das Gesicht entspannen und die Kiefer lösen.

VARIANTE FÜR WESTLICHE MENSCHEN

Zu unserem Glück ist es möglich, Siddhasana richtig und sehr bequem auszuführen, indem man das Gesäß mit Hilfe einer zusammengefalteten Decke oder eines in Form eines zylindrischen Kissens gerollten Teppichs anhebt. Man soll sich jedoch nicht ganz auf dieses Kissen setzen, sondern eher auf den Rand, denn man muß das Gewicht des Körpers ebensosehr auf die Knie wie auf die Gesäßbacken verteilen. Da das Gewicht des Körpers teilweise nach vorn verlagert ist, stützt er sich also auch auf die Knie und nicht nur auf die Gesäßbacken.

VORZÜGE DIESER ASANA

Diese Asana stabilisiert den Körper und beruhigt den Geist. Die Vereinigung der Füße und die Haltung der Hände sind für den Geist sehr erholsam. Die Stellung der Handflächen nach vorn und nach oben übt eine recht unerklärliche beruhigende Wirkung aus, aber sie ist doch so stark, daß sie in manchen psychiatrischen Anstalten benutzt wird, um die »Aufgeregten« zu beruhigen. Die Richtung des Bizeps entlastet die Schulter und den oberen Teil des Brustkorbs und erleichtert das Aufrichten der Wirbelsäule. Der Brustkasten dehnt sich, was eine gründliche, leichte Atmung begünstigt.

Die Wirbelsäule findet ihre ideale Stellung dank der richtigen Lage des Beckens und der Beine, wodurch eine lange Unbeweglichkeit ohne jede Ermüdung ermöglicht wird.

Swami Satchidananda sagt dazu: »Nur die, die keine Wirbelsäule haben, besitzen das Recht, sich anzulehnen.«

Während des Einatmens bläht sich der Bauch ein wenig auf, und der Schwerpunkt des Körpers liegt in der Mitte des Bauches. Das ist die Stellung des Hara, die in Japan praktiziert wird und im Westen von Graf Dürckheim in seinem Buch, das diesen Titel trägt, weiteren Kreisen bekanntgemacht wurde. Sie verleiht Sicherheit, Gelassenheit und löst Angstvorstellungen auf. Durch sie verlagert sich die Atmung an die richtige Stelle. Sie begünstigt die geistige Konzentration.

ERSTE PHASE:

Diese Abb. zeigt die richtige Stellung der Ferse des linken Fußes, die an den Damm gelegt wird.

Das linke Knie und das Schienbein berühren den Boden; die Oberseite des Fußes hat Berührung mit dem Boden.

ENDSTELLUNG:

Die Stellung des rechten Fußes ist sehr wichtig. Die nach oben gewandte Ferse liegt gerade dem Nabel gegenüber, während sich die Zehen einschließlich des großen Zehs zwischen Wade und Schenkel schieben. Von vorn gesehen ist keine der Zehen sichtbar.

Während der Übung der Konzentration oder der Atmung richtet sich der Blick auf einen imaginären Punkt zwischen den Augenbrauen.

Der Daumen berührt den Zeigefinger und bildet so Jnana Mudra.

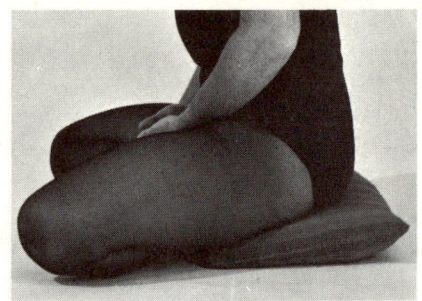

VARIANTE FÜR DEN ANFÄNGER:

Wenn die Endstellung für den westlichen Menschen nicht sehr angenehm ist, kann man einen zusammengerollten Teppich unter das Gesäß schieben, um den Sitz zu erhöhen. Indem man nach und nach die
Höhe dieser Stütze verringert, wird man sich schließlich auch am Boden wohlfühlen.

PADMASANA – DER LOTOS

Die Stellung des Lotos und die Stellung auf dem Kopf teilen sich in das Privileg, beim großen Publikum, für das sie in gewisser Weise den gesamten Yoga symbolisieren, die beiden berühmtesten Asanas zu sein. Der Schüler, der imstande ist, sich länger als eine Minute auf dem Kopf zu halten und ebensolange die Stellung des Lotos einzunehmen, gilt als vollendeter Yogi. Was nun die Anhänger des Yoga anbelangt, so übt die Stellung des Lotos eine ganz besondere, im übrigen berechtigte Anziehungskraft auf sie aus. Aber aus welchen Gründen eigentlich? Wir wollen versuchen, sie darzulegen und, mit diesem Ziel, sie in ihren Einzelheiten und ihren verschiedenen Aspekten genau betrachten, denn sie führt zu grundlegend verschiedenen Wirkungen, wenn gewisse Methoden der Durchführung verändert werden. Diese Ziele und diese Wirkungen variieren auch beträchtlich, wenn der Lotos die Grundlage der Übungen des Pranayama bildet, sobald man diesem seinen eigentlichen Sinn zugrunde legt, also als eine Methode der Beherrschung der feinstofflichen Energien, die unseren grobstofflichen sichtbaren Körper durchlaufen und mit Lebenskraft erfüllen, und nicht etwa im vereinfachten Sinn gewöhnlicher Atemübungen.

ETYMOLOGIE

Im Sanskrit heißt diese Asana Padmasana, wobei Padma ganz einfach Lotos bedeutet.

Warum diese Bezeichnung? Weil bei dieser Stellung Hände und

Füße in gewisser Weise an die Blütenblätter eines Lotos, der heiligen Blume Indiens, erinnern.

TECHNIK

Wenn die Technik der Stellung als solche sehr einfach und bald beschrieben ist, so gilt das gleiche nicht für die zu ihrer Erlernung bestimmten Übungen.

Ist es eigentlich notwendig, sie zu beschreiben? Alle wissen doch, daß man bei dieser Stellung den rechten Fuß auf den linken Schenkel und dann den linken Fuß auf den rechten Schenkel legt und auf diese Weise die Beine kreuzt. Das ist alles ... Fügt man dem noch die Einzelheiten hinzu, die die Stellung der Arme und der Hände, insbesondere der Finger betrifft, so scheint in bezug auf den Lotos alles gesagt zu sein.

Damit aber ist man noch weit von der Wirklichkeit entfernt.

LOTOS UND HATHA-YOGA

Wir beginnen unsere Untersuchung, indem wir zunächst die Eigentümlichkeiten des Lotos und die Rückwirkungen betrachten, die diese Übung im Organismus des Eingeweihten hervorrufen soll, indem wir uns auf den Standpunkt des Hatha-Yoga stellen. Wir befassen uns also zunächst mit Lotos als einer Asana als solcher und nicht als einer Stellung für die Ausführung des Pranayama, da dieser Zweig tatsächlich von Hatha-Yoga nicht zu trennen ist.

Versuchen wir zunächst den Mechanismus der physiologischen Rückwirkungen zu begreifen, die Padmasana im Organismus des Hatha-Yogi zur Folge hat.

Padmasana führt zu einem Zusammenpressen der Schenkel, was eine Verlangsamung der Blutzirkulation in den Beinen nach sich zieht. Dieses Abbremsen des Blutstroms vollzieht sich vor allem in der Schenkelarterie, deren Aufgabe es ist, das arterielle Blut in die Muskeln der Schenkel, der Waden und des Fußes zu leiten, die zu den stärksten des menschlichen Körpers gehören. Die Wirkungen des Lotos rühren daher in erster Linie von den bedeutenden Veränderungen innerhalb des Blutkreislaufs her.

Nachdem man eine Zeitlang die Stellung beibehalten hat, bemerkt man, daß sich die Beine leicht bläulich verfärben, was anzeigt, daß das Blut dort stagniert und immer venöser wird. Es sei hier bezüglich dieser Zunahme venösen Blutes, das sich in den Beinen staut, gleich darauf hingewiesen, daß dies keinerlei unangenehme Folgen hat, denn trotz des »Knotens« bleibt die Zirkulation in den Beinen noch ausreichend, um die normale Ernährung ihrer Muskulatur zu gewährleisten, dies um so mehr, als der Verbrauch an Sauerstoff stark herabgesetzt ist, da sie keinerlei Arbeit zu leisten haben. Die Erfahrung zeigt, daß der Lotos, selbst wenn die Stellung lange Zeit beibehalten wird, nicht zu der bekannten Erscheinung von »Ameisen« in den Beinen führt, was eine mangelnde Ernährung mit Sauerstoff anzeigen würde.

Es besteht auch keine Gefahr, daß Lotos Krampfadern verschlimmern oder zu ihrer Ursache werden könnte, denn wenn es auch zutrifft, daß die Zirkulation verlangsamt ist, gilt doch gleichermaßen, daß die Spannung nicht erhöht wird und die Adern sich daher nicht weiter ausdehnen können als üblich. Nachdem dies klargestellt ist, können wir unsere Aufmerksamkeit den allgemeinen Auswirkungen der Stellung zuwenden.

Das Herz pumpt weiterhin den normalen, kräftigen arteriellen Blutstrom, der für die Beine bestimmt ist, durch die Bauchaorta und ihre Verästelungen. Das Abbremsen auf der Ebene der Beine wird sich in erster Linie im Bauch bemerkbar machen. Ebenso wie z. B. ein »Stau« in einer Hauptverkehrsader einer Großstadt während der Stoßzeit durch ein Ableiten des Verkehrs in die anliegenden Straßen ausgeglichen wird, so wird auch durch die beim Lotos herbeigeführte Stauung in den Schenkeln ein Teil des für die Beine bestimmten Blutes zum Bauch abgeleitet, insbesondere zu den Organen des Unterleibs. Die Organe, die in der Hauptsache von diesem zusätzlichen Zustrom arteriellen Blutes begünstigt werden, sind im wesentlichen die Geschlechtsorgane und die Ausscheidungssysteme (das Harnsystem, die Nieren, ohne die Nebennieren zu vergessen, der Grimmdarm). Der Übende kommt in den Genuß der Auswirkungen einer physiologischen Stimulation, die denen der Hodensackdusche* ähnelt, deren wohltuende Wirkung durch die Lotosstellung vervollständigt und verstärkt wird.

*Vergl. »Verjüngung«, S. 58 ff.

LOTOS MIT ANDEREN STELLUNGEN KOMBINIERT

Jedoch ist Padmasana keine rein statische Asana. Eine Anzahl von Yogastellungen hat eine Variante im Lotos, angefangen mit dem Kopfstand. Der Schüler hat die Wahl zwischen zwei Lösungen:

a) man nimmt den Lotos als Ausgangsstellung und erhebt sich, bis man auf dem Kopf steht;

b) man stellt sich auf normale Weise auf den Kopf und verschlingt in dieser Stellung verbleibend die Beine in der Lotosstellung. Es braucht eigentlich nicht erst erwähnt zu werden, daß einem diese Stellung so vertraut sein und so leicht fallen muß, daß sie ebenso selbstverständlich ist, wie wenn man die Arme kreuzt, denn der Schüler kann sich – aus gutem Grund – nicht mit den Händen helfen, um die Beine in die Lotosstellung zu bringen! Dann heißt der Kopfstand mit Lotos kombiniert: »Urdhva Padmasana« – der umgekehrte Lotos.

Padmasana dient auch als Ausgangsstellung für eine besondere Art der Asana des Pfaus, die aus diesem Anlaß den Namen wechselt und zu Lolasana wird. Dem Zuschauer erscheint diese Stellung weit schwieriger als die des gewöhnlichen Pfaus. In Wirklichkeit wird, da der Schwerpunkt des Organismus durch die Haltung der Beine im Lotos nach vorn verlagert wird, ganz im Gegenteil das Einnehmen und das Beibehalten der Stellung begünstigt.

Ich möchte hier auch noch rasch Parvatanasana erwähnen, die Stellung des Berges, bei der der Schüler sich im Gleichgewicht auf die Knie niederläßt und die Hände zum Himmel hebt, eine sehr schwierige Asana. Vergessen wir auch nicht Kukutasana, die Stellung des Hahns, bei der man zunächst die Unterarme zwischen Schenkel und Waden schiebt (sehr schwierig auszuführen, vor allem wenn die Schenkel sehr muskulös sind), wonach man sich auf den Unterarmen erhebt. In diesem Fall verbindet sich die Abbremsung des Blutkreislaufs in den Armen mit der in den Beinen.

Padmasana dient als klassische Ausgangsstellung für Matsyasana, den Fisch.

Die Yogis verfügen also über eine große Auswahl von Übungen, die im Lotos ausgeführt werden: Beugung nach vorn, Drehung usw.

Wenn sich Padmasana mit einer Übung verbindet, die eine Kraftanstrengung erfordert, wie es zum Beispiel bei Lolasana der Fall ist, um nur diese eine Asana zu erwähnen, so reagiert das Herz auf die Aufforderung der durch die Anstrengung angeregten Muskeln und schlägt schneller. Die allgemeine Stärkung des Kreislaufs erhöht die günstigen Wirkungen der Lotosstellung. Die Stellungen, zu denen der Lotos noch hinzugefügt wird, bewahren also die Gesamtheit ihrer günstigen Wirkungen, noch durch die des Lotos selber gesteigert.

DER LOTOS MIT HEBUNG

Eine der Übungen des Hatha-Yoga »mit Kraftaufwand« ist der Lotos mit Hebung und Wiederholung. Von der Stellung des Lotos ausgehend hebt der Übende das Gesäß vom Boden, indem er die Bauchwand zusammenzieht und sich auf die Arme hebt, jedoch ohne die Unterarme wie bei Kukutasana zwischen Waden und Schenkel zu schieben.

Es kommt vor, daß diese Stellung in völliger Unbeweglichkeit ziemlich lange Zeit hindurch beibehalten wird: dann erfordert sie sehr viel Ausdauer und Kraft. Für gewöhnlich wird sie mit Wiederholung ausgeführt: nachdem sich der Schüler vom Boden erhoben hat, läßt er sich auf das Gesäß zurückfallen, das auf dem Boden aufschlägt und dadurch an der Basis der Wirbelsäule einen (beabsichtigten) Schock hervorruft. Sogleich erhebt er sich von neuem, um wieder anzufangen und in dieser Weise fortzufahren. Das Ganze sieht so aus, als spielte der Schüler einen Dampfhammer. Der Lotos wird in dieser Art vor allem bei den Techniken des tantrischen und tibetanischen Yoga ausgeführt.

Es gibt Übungen, bei denen der Übende vom Kopfstand ausgeht und sich auf den Boden fallenläßt. Während des Sturzes kreuzt er mitten im Flug die Beine und gelangt im Lotos auf den Boden. Das muß man einmal versuchen! Das alles gehört zu einer Gesamtheit besonderer, sehr geheimer Übungen aus dem Kundalini-Yoga. Aus zwei Gründen werde ich diese Geheimnisse nicht preisgeben:

a) es ist nicht ratsam, das Geheimnis dieser Übungen aufzudecken, da die meisten von ihnen sehr gefährlich sind;

b) ich kenne sie selber nicht . . .!

Dieser zweite Grund ist zweifellos entscheidend.

Wenn ich eine kurze Übersicht aller dieser Möglichkeiten gegeben habe, so deshalb, um aufzuzeigen, welche Stellung die Übung des Lotos in diesem besonders aktiven, dynamischen Yoga-Typ einnimmt;

gleichzeitig wird damit auch bewiesen, daß er nicht einzig und allein als eine rein statische Stellung betrachtet werden darf.

EINE WICHTIGE TECHNISCHE EINZELHEIT

Wenn sich der Yoga-Schüler der Lotosstellung im Rahmen des reinen Hatha-Yoga bedient, muß die Stellung sehr zusammengedrängt eingenommen werden. Das bedeutet, daß die Fersen dicht an den Bauch oberhalb des Schamhügels herangeführt werden müssen. Die Stellung ist auf diese Weise gewiß weniger bequem, und es ist kaum möglich, sie lange Zeit durchzuhalten, aber das Abschnüren der Zirkulation vollzieht sich um so wirkungsvoller, und so sind auch die Wirkungen auf den Kreislauf entsprechend stärker.

In meinem nächsten Buch werde ich mich eingehender mit dem Lotos in bezug auf Pranayama und Raja-Yoga (den geistigen Yoga) befassen.

RATSCHLÄGE

Wie stets beim Yoga sind Geduld und Regelmäßigkeit wichtiger als Kraft oder blinder Eifer. Niemals Gewalt anwenden, insbesondere bei den Übungen, bei denen die Ellbogen auf den Knien als Hebel wirken, um nicht die Bänder zu verletzen.

Der ideale Zeitpunkt: nach einem warmen Bad.

EIN REZEPT

Steife Gelenke mit ein wenig Terpentinöl einreiben. Terpentinöl findet sich in zahlreichen Einreibungsmitteln für Sportler; es begünstigt die Durchblutung und macht die Bänder geschmeidig. Man sollte das Terpentinöl vorzugsweise in der Apotheke und nicht in der Drogerie kaufen, denn es gibt Mittel, die mit unerwünschten hydrierten Kohlenwasserstoffen vermischt sind. Vor oder nach der Anwendung von Terpentinöl kann man die schmerzhaften Stellen mit Oliven- oder Erdnußöl massieren.

WIE LERNT MAN DEN LOTOS?

Das Erlernen der Lotosstellung dauert von 3 Sekunden bis zu ... 3 Jahren! Es kommt tatsächlich zuweilen vor, daß Menschen, die noch niemals Yoga betrieben haben, den Lotossitz beim ersten Versuch schaffen. Im allgemeinen jedoch erscheint er – leider! –, wenn ein Mensch des Westens mit seinen eingerosteten Gelenken ihn zu meistern versucht, völlig undurchführbar, ohne sich die Knie auszurenken! Dank der im folgenden noch beschriebenen fortschreitenden Übungen kann, bis auf wenige Ausnahmen, jeder darauf hinarbeiten, ihn eines Tages zu schaffen, allerdings unter der Voraussetzung, es nicht eilig zu haben.

Sehr sichere Sitzhaltung. In dieser Stellung sind Arme und Beine anders angeordnet. Insbesondere für Atemübungen empfohlen. Man kann die Handflächen auch auf die Knie legen.

Die Abb. zeigt die richtige Stellung des Knöchelgelenks. Die rechte Fußsohle ist deutlich nach oben gekehrt. Auf diese Weise nimmt das Fußgelenk eine besondere, gekrümmte Form an, um Platz für den linken Fußknöchel zu schaffen.

Um den Knöchel geschmeidig zu machen, beachte man die Art und Weise, in der der Fuß gehalten wird. Die linke Hand stützt den Fuß, und der Daumen drückt auf die Wurzel des großen Zehs, um die Fußsohle stärker nach oben zu drehen, während die rechte Hand den Knöchel umfaßt und eine Drehbewegung vollführt, deren Ziel es gleichfalls ist, die Fußsohle nach oben auszurichten.

RICHTIG:
Der Fuß liegt auf der Innenseite des linken Schenkels, die Biegung des Knöchels ist richtig.

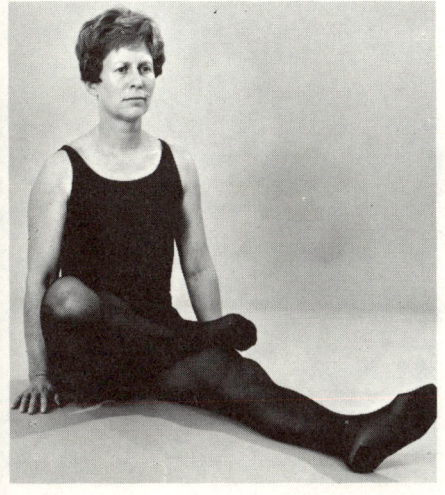

FALSCH:
Der Fuß liegt zu hoch auf dem Schenkel, die Fußsohle ist nicht nach oben gerichtet. Daher befindet sich das Knie zu hoch, und es ist unmöglich, es auf den Boden zu drücken.

Diese Asana übt einen sehr starken Druck auf die Gelenke aus, die von der Lotosstellung betroffen sind, vor allem auf den Fußknöchel.

Um die Kniegelenke gelenkig zu machen, legt man die Füße einander gegenüber, wobei die Beine einen Rhombus bilden. Abstand der Fersen vom Körper: etwa 50 bis 70 cm. Dann, in der ersten Phase, die Knöchel umfassen.

Die Ellbogen leicht oberhalb der Knie auf der Innenseite der Schenkel aufstützen und mit Hilfe dieses so gebildeten Hebels eine Bewegung von oben nach unten durchführen, so daß sich die Knie dem Boden nähern. Den Druck nach und nach erhöhen.

Dann, um die Kniegelenke noch geschmeidiger zu machen, aber auch die der Hüfte, die Füße, noch immer Fußsohle an Fußsohle, an den Körper heranziehen, bis jedes Schienbein in der gradlinigen Verlängerung des anderen liegt. Man kann auch die Fersen ganz bis an den Körper heranziehen.

Die Hände auf die Knie legen und wiederholte, jedoch nicht grobe Stöße ausführen.

YOGA MUDRA –
DAS SIEGEL DES YOGA

Yoga Mudra bedeutet »Die Gebärde des Yoga« oder »Das Siegel des Yoga«. Diese Übung ist nicht schwierig, wenn man die Lotosstellung beherrscht.

Es gibt zwei Formen, die sich durch die Stellung der Hände und der Arme unterscheiden.

TECHNIK

AUSGANGSSTELLUNG:
Die Ausgangsstellung, bei beiden Formen gleich, ist Padmasana, die Stellung des Lotos.

FORM A:

ERSTE PHASE:
Die Hände zu Fäusten ballen und sie an die Fersen legen, nach vorn und unten gewandt.

ZWEITE PHASE:
Tief einatmen und den Atem verhalten.

Sich nach vorn beugen und zuerst die Stirn genau vor sich auf den Boden drücken, dann ausatmen, indem man das Kinn so weit wie möglich vorstößt – im übrigen muß man versuchen, es auf dem Boden aufzusetzen.

In dieser Stellung sich unbeweglich verhalten und tief atmen.

DAUER UND WIEDERHOLUNG

Für die Dauer von 10 bis 20 Atemzügen beibehalten, dann sich unter Einatmen langsam aufrichten

Unter Umständen zwei- oder dreimal von neuem anfangen, je nach der verfügbaren Zeit.

KONZENTRATION

Sobald die Stirn den Boden berührt, sich auf den Druck innerhalb des Bauches konzentrieren.

Sobald das Kinn auf dem Boden aufsetzt, sich auf die Streckung des unteren Rückens konzentrieren.

FORM B:

AUSGANGSSTELLUNG:
Lotosstellung wie vorher; die rechte Hand ergreift das linke Handgelenk hinter dem Rücken (oder umgekehrt, ganz nach Belieben).

AUSFÜHRUNG:
Wie bei der vorhergehenden Übung.

WIRKUNGEN

Yoga Mudra soll das Wecken der Kundalini begünstigen, dieser geheimnisvollen Kraft, die im untersten Teil der Wirbelsäule schläft – das heißt, die dort als potentielle, passive Energie schlummert. Sie zu wecken – das heißt, den Übergang vom latenten Zustand in einen aktiv sich manifestierenden herzustellen – ist eins der Ziele des Yoga, aber es wäre nutzlos, im Augenblick auf diese Frage näher einzugehen; ich werde mich in einem späteren Buch damit befassen.

Um die Übung durchzuführen oder in den Genuß ihrer Auswirkungen zu gelangen, die sich in zwei ganz bestimmten Bereichen abspielen, muß man nicht unbedingt wissen, was Kundalini ist (man braucht nicht einmal an sie zu glauben!). Die beiden Bereiche sind der Unterleib und die Wirbelsäule.

Yoga Mudra zielt vor allem auf den Unterleib, und da ganz besonders auf den aufsteigenden und absteigenden Grimmdarm. Die Fäuste bohren sich in die Eingeweidemasse dieses Bereichs, das heißt, in den Dickdarm. Dieses Zusammendrücken regt die Peristaltik an und bekämpft die Verstopfung. Die Erhöhung des Drucks innerhalb des Bauches beschränkt sich nicht auf den Grimmdarm, obwohl er gerade in diesem Teil des Verdauungstraktes sein Maximum erreicht. Während der tiefen Atmung senkt sich das Zwerchfell und drängt die Eingeweide nach unten; das führt zu einer allgemeinen Stimulation aller lebenswichtigen Funktionen, die ihren Sitz im Bauch haben. Ich möchte hier vor allem auf eine starke Einwirkung auf die Blase und sogar auf die Nieren hinweisen.

WIRKUNGEN AUF DIE WIRBELSÄULE:
Im Verlauf der ersten Phase (Stirn am Boden) vollzieht sich eine Krümmung des Rückens, die ihn nach vorn zu geschmeidig macht; wenn das Kinn den Boden berührt, lockert die Streckung des unteren Rückens (vor allem im Bereich des Kreuzbeins) in ganz besonderem Maße die Lendenwirbel, wirkt auf den Beckenteil des Parasympathikus ein und trägt dazu bei, alle Ausscheidungsorgane ebenso wie die männlichen oder weiblichen Geschlechtsdrüsen zu stimulieren.

Die Auswirkung dieser Stellung beschränkt sich indessen nicht auf den unteren Teil der Wirbelsäule: die Dehnung erstreckt sich auf die gesamte Wirbelsäule, was zu einer Erhöhung der Spannkraft der Wirbelsäule und der Nervenwurzeln an ihren Berührungspunkten in den Verbindungskanälen der Wirbel, ebenso wie zu einer Stärkung des Sympathikus führt, dessen Ganglienstrang an der Wirbelsäule entlangläuft. Yoga Mudra hat also auf dem Weg über das gesamte Nervensystem des Sympathikus und Parasympathikus Auswirkungen auf den ganzen Organismus.

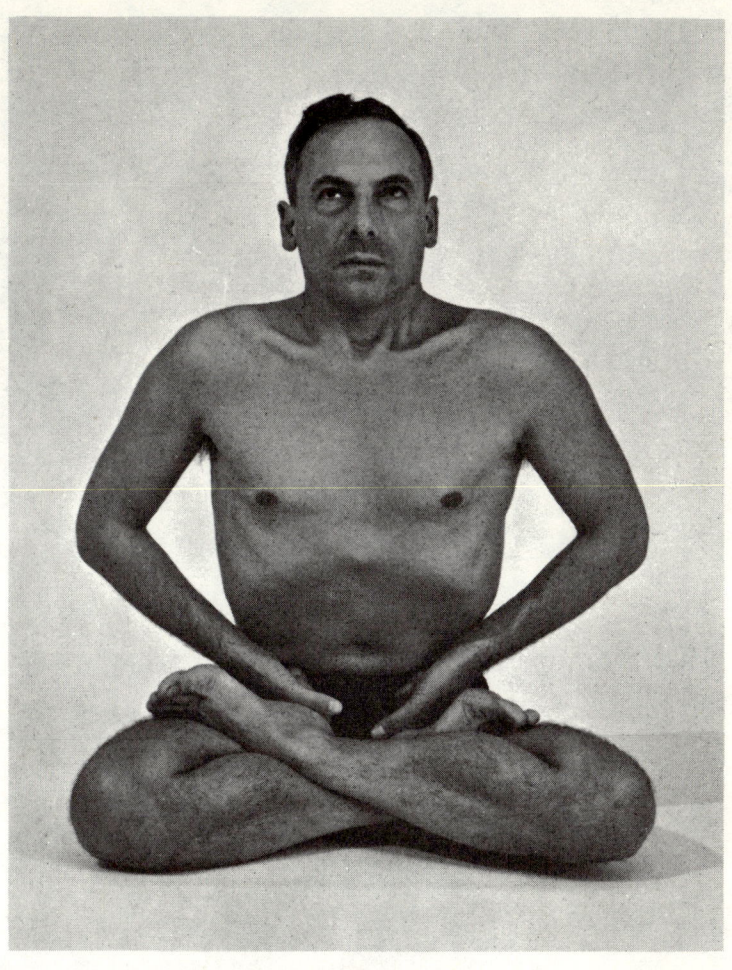

Tief einatmen, bei vollen Lungen den Atem verhalten und dann die geschlossenen Fäuste auf die Fersen legen. Man beachte die Haltung der Daumen, die nicht in den geschlossenen Fäusten liegen, sondern die Rundung der Ferse umfassen, um die Fäuste in der richtigen Stellung festzuhalten.

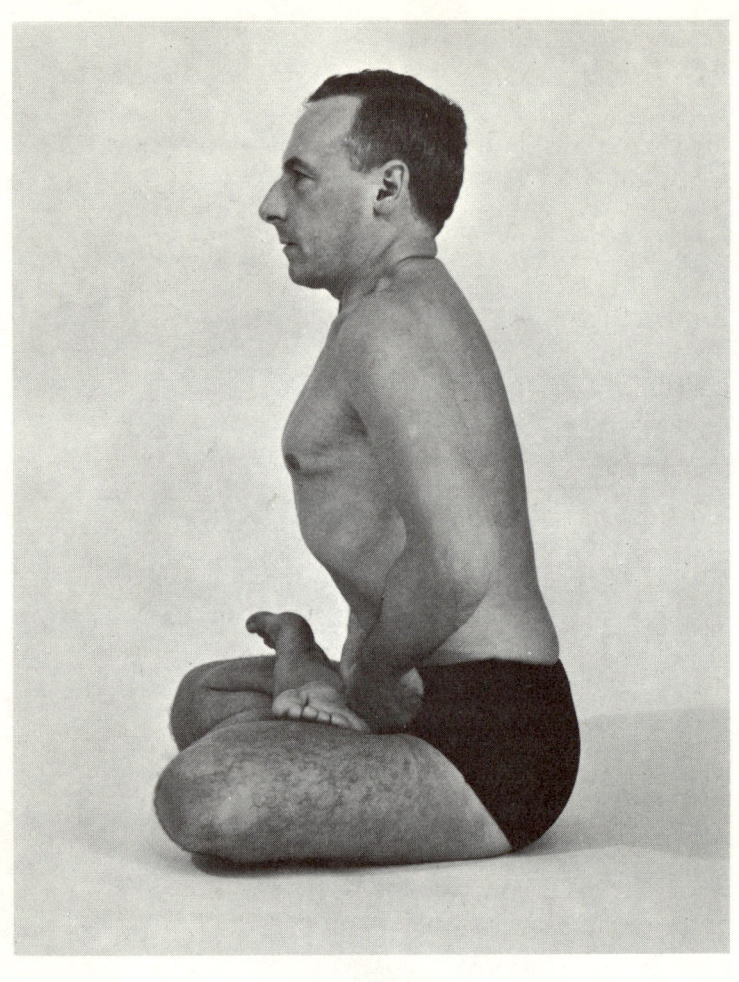

Ausgangsstellung, von der Seite gesehen: man beachte den durch die
tiefe Zwerchfelleinatmung geblähten Bauch.

Endphase: zuerst hat die Stirn den Boden berührt, jetzt setzt das Kinn dort auf.

Diese Abb. zeigt, in welchem Ausmaß der Rücken während der Endphase gestreckt und gedehnt wird.

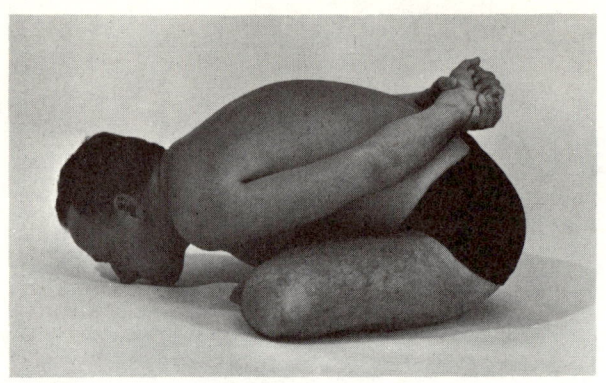

Seitenansicht.

Variante des Yoga Mudra.

Geistiger Yoga

KONZENTRATION

»Der Geist des gewöhnlichen Menschen ist mit unzähligen Gedanken angefüllt, die er nicht beherrscht, und diese haben daher keinerlei Wirkungskraft. Wenn es anstelle dieser Fülle von Ideen nur eine einzige gibt, die den ganzen Bereich der Aufmerksamkeit einnimmt, wird sie für sich ganz allein zu einer Macht und vermag einen sehr großen Einfluß auszuüben.«

Ramana Maharshi.

Der konzentrierte Gedanke ist eine Macht. Bei den Yogis wird er sogar zu einer *materiellen Kraft,* wie aus den folgenden Worten von Swami Sivananda hervorgeht.

»Die Gedanken sind lebendige Dinge. Ein Gedanke ist ebenso stofflich wie ein Kieselstein. Der Gedanke ist dynamisch. Er ist eine Kraft wie die Schwerkraft, die Kohäsion und der Magnetismus. Tatsächlich ist der Gedanke die größte Kraft der Welt. Der Gedanke ist im Arsenal des Yogi die mächtigste Waffe. Die äußersten Möglichkeiten dieser Kraft sind von den alten Weisen sehr genau erforscht und bis zur Vollkommenheit entwickelt worden, und das mit aller Klarheit.

Der Gedanke ist die erste treibende Kraft, die den Ursprung und den Hintergrund des ganzen sichtbaren Universums bildet. Mit dem Gedanken können Sie Wunder vollbringen. Lernen Sie die richtige Technik der Steuerung des Gedankens (Thought Power): um Ihr Schicksal zu erfüllen und in Ihrem Leben Erfolg zu haben, werden Sie niemals über ein Zuviel an Macht verfügen.«

Die auf den folgenden Seiten angegebenen Konzentrationsübungen gehören zu den wirkungsvollsten. Sie bieten den Vorteil, daß Sie Ihre Fortschritte feststellen, sie zeitlich genau messen können. Die die Konzentration begünstigenden äußeren Bedingungen decken sich mit denen der Meditation.*

KONZENTRATION AUF DIE UHR

Bei dieser Übung stellen Sie ungefähr 30 cm von Ihren Augen entfernt eine Uhr mit Sekundenzeiger auf ein Möbelstück. Dann richten Sie Ihre Aufmerksamkeit mit der gleichen Intensität wie ein Kind, das zum erstenmal eine Uhr anschaut, auf den Sekundenzeiger. Denken Sie an nichts anderes. Der Blick soll dem Weg des Zeigers auf dem Zifferblatt folgen, ohne sich um die Ziffern zu kümmern. Die Spitze des Zeigers – und sie allein – soll Blick und Aufmerksamkeit fesseln.

Beginnen Sie mit der Übung, sobald der Zeiger zum Beispiel die Ziffer 12 erreicht, um einen Anhaltspunkt für die Kontrolle der Dauer Ihrer Konzentration und Ihrer Fortschritte zu haben. Schließen Sie jeden von außen kommenden Gedanken aus, auch wenn er sich auf die Uhr bezieht, das heißt, auf ihre Geschichte, den Ort, an dem Sie sie gekauft haben, oder den Menschen, der sie Ihnen möglicherweise geschenkt hat. Nichts von all dem darf Ihren Geist beunruhigen, nicht einmal ein einziges Wort. Sobald eine Ablenkung eintritt – was unvermeidbar ist – notieren Sie, wieviel Zeit verstrichen ist. Anfänglich wird Ihr Geist bereits nach einigen Sekunden ausbrechen. Sie brauchen deswegen weder enttäuscht noch überrascht zu sein, denn das ist ganz normal. Fangen Sie unermüdlich von neuem an. Swami Sivananda hat gesagt: »Selbst wenn der Geist während der Konzentration entschlüpft, machen Sie sich deshalb keine Sorgen. Lassen Sie ihn laufen. Führen Sie ihn sanft zum Gegenstand der Konzentration zurück.«

KONZENTRATION AUF DAS INNERE BILD

Nachdem Sie mit einem gelassenen Blick den Zeiger und seine ruckweise, jedoch stetige Bewegung intensiv betrachtet haben, schließen Sie die Augen und stellen Sie sich im Geist das Zifferblatt und den Sekundenzeiger vor. Konzentrieren Sie sich auf diesen imaginären Zei-

*Vergl. »Einführung in den Raja-Yoga«, S. 320 ff.

ger. Das eigentliche Wesen der Übung ändert sich, wenn sie mit geschlossenen Augen ausgeführt wird. Wenn die Augen geöffnet sind, werden die Vorstellungen, die Ihren Geist beschäftigen, durch die sogenannte Außenwelt beeinflußt.

Sind die Augen geschlossen, so werden die in Ihrem Geist aufsteigenden Bilder durch die Tätigkeit Ihrer Psyche hervorgebracht; es handelt sich um freie Assoziationen, die Ihnen mehr oder weniger deutlich die verschiedensten Szenen vorführen. Die vorgeschlagene Übung verfolgt zwei Ziele:

a) ein mglichst klares geistiges Bild hervorzubringen, was manchen Menschen sehr leicht fällt, anderen jedoch unerreichbar ist. Sollte das letztere bei Ihnen der Fall sein, verzweifeln Sie nicht: die regelmäßige Übung wird diese dem Geist von der Natur verliehene Eigenschaft wieder hervorbringen;

b) noch wichtiger: kontrollieren Sie diese geistigen Vorstellungen, um die Herrschaft über Ihren Geist zu gewinnen, im Gegensatz zu dem gewöhnlichen Menschen, der seinen eigenen, vom Unbewußten erzeugten Vorstellungen unterworfen ist.

Sie bemühen sich also, sich auf den wirklichen Sekundenzeiger der Außenwelt zu konzentrieren, indem Sie ihm während 15–30 Sekunden oder länger mit den Blicken folgen, dann konzentrieren Sie sich mit geschlossenen Augen auf den imaginären Sekundenzeiger.

Bilden Sie sich nur nicht ein, daß die Möglichkeiten der Übung damit erschöpft wären! Jetzt beginnt ihr wirkungsvollster und sogar erregendster Teil!

Er besteht darin, den Weg des imaginären Zeigers mit dem des wirklichen Zeigers zu synchronisieren. Schließen Sie die Augen, sobald der »wirkliche« Sekundenzeiger die volle Minute anzeigt, und sobald der imaginäre Sekundenzeiger eine halbe Minute durchlaufen hat, öffnen Sie die Augen und stellen Sie die inzwischen eingetretene Differenz fest.

Wenn eine Differenz von nur einer bis zu zwei Sekunden (vor oder nach) gegenüber der wirklichen Uhr vorliegt, ist dies ein Zeichen für eine gute Konzentrationsfähigkeit, sonst kann nämlich die Differenz bis zu 30 oder 50 Prozent betragen. Wenn Sie die Augen gerade zu dem Zeitpunkt öffnen, an dem der imaginäre Zeiger die Ziffer 15 erreicht hat, während in Wirklichkeit nur 10 Sekunden verstrichen sind, so deutet dies auf eine dürftige Konzentrationsfähigkeit hin.

Beginnen Sie ganz bescheiden mit einer viertel Minute. Wenn Sie damit vollen Erfolg haben, das heißt, wenn die innere, imaginäre Uhr und die wirkliche Uhr auf die Sekunde genau synchronisiert sind, steigern Sie nach und nach die Dauer auf eine halbe Minute, auf eine dreiviertel und schließlich auf eine Minute. Nach kurzer Zeit werden Sie, wenn Sie Ihren »guten« Tag haben, die freudige Überraschung erleben, feststellen zu können, daß Sie die Augen ganz genau dann öffnen, wenn der wirkliche Zeiger die volle Minute erreicht hat. Ein wichtiger Hinweis: Sie dürfen nicht, so lange Sie die Augen geschlossen halten und dem imaginären Zeiger folgen, zählen. Damit würden Sie dieses Spiel verfälschen, und die Übung hätte dadurch sehr an Interesse verloren.

EINIGE EMPFEHLUNGEN

Seien Sie sich darüber im klaren, daß sich der Geist auflehnt, sobald man sich konzentrieren, das heißt, ihn beherrschen will. Er versucht mit allen Mitteln, jeden Zwang abzuschütteln. Das Ausbleiben jedes greifbaren Ergebnisses während einer ziemlich langen Zeit ist seine Lieblingswaffe. Häufig hat man sogar den Eindruck, Rückschläge zu erleiden. Verlieren Sie nicht den Mut. Geben Sie Ihre Übungen nicht auf. Ebenso wie der Samen in der Erde keimt, selbst wenn an der Oberfläche nichts sichtbar wird, werden doch, wenn die Zeit gekommen ist, die jungen Triebe, die die Ernte ankünden, hervorkommen. So keimen auch die Ergebnisse langsam aber sicher. Halten Sie durch! Ausdauer und Regelmäßigkeit sind wichtiger als die Länge der Übung. Es ist besser, täglich drei Minuten der Konzentration zu widmen (sogar auf drei Sitzungen von einer Minute verteilt), als zwei oder drei Wochen hindurch lange Übungen durchzuführen, um sie dann aufzugeben.

Der Weg, der zur Konzentration führt, ist lang, aber auch diese Wanderung beginnt mit einem ersten Schritt, und solange Sie dabei bleiben, kommt das Ziel näher, selbst wenn die Kurven Ihnen zuweilen den Horizont verbergen oder Sie vom eigentlichen Ziel wegzuführen scheinen. Am Ende werden Sie die völlige Herrschaft über Ihren Geist gewonnen und eine neue Art des Bewußtseins erworben haben, die Ihnen erlauben werden, Dinge zu vollbringen, die Ihnen heute unmöglich erscheinen, aber das Wichtigste ist, daß Sie von nun an das Leben in einem anderen Licht sehen. Die besten Voraussetzungen für Fortschritte sind gegeben, wenn Sie in aller Ruhe, fast von Gleichgültigkeit erfüllt, üben, ohne sich um Fehler oder Rückschläge zu kümmern.

RAJA-YOGA

>»Ohne Meditation gibt es keinen Frieden,
und ohne Frieden gibt es kein Glück.«

(Bhagavad-Gita)

EINFÜHRUNG IN DEN RAJA-YOGA

Weil der heutige Mensch die Verbindung zu seinem tieferen Selbst verloren hat, ist er unzufrieden, deprimiert und von Ängsten geplagt. Nur den – im Grunde recht begrenzten – Kräften seines Verstandes überlassen, setzt er sich in einem Meer von Schwierigkeiten zur Wehr und kommt sich wie ein von den Wellen mitgerissener Strohhalm vor.

In diesem Zeitalter der Kali (nach indischer Auffassung vom Zeitablauf ist die gegenwärtige Epoche das Zeitalter des Eisens, das Zeitalter der Kali, der kosmischen Zerstörerin) hat sich der Mensch zu einem reinen Extrovertierten entwickelt: die Außenwelt nimmt fast seine gesamte Tätigkeit in Anspruch. Er spannt alle seine Kräfte an, um materielle Güter in immer größeren Mengen zu erzeugen und aufzuhäufen, nicht etwa aus Habsucht, sondern weil er Materialist ist. Ich gebrauche diesen Begriff nicht in der Absicht, etwas Herabsetzendes zu sagen, und maße mir auch kein Urteil an: ich beschränke mich darauf, die Tatsache festzustellen, daß sich die menschliche Tätigkeit auf die Eroberung und den Besitz der Materie konzentriert.

Die Naturwissenschaft erforscht das materielle Universum, vom Atomkern bis zum Inneren eines Sterns, um die physikalischen Gesetze kennenzulernen, mit dem Ziel, die Macht über die äußere Welt zu erweitern und die Natur zu unterwerfen. Einseitig der Außenwelt zugewandt, sind wir davon überzeugt, dort das Glück zu finden. Hier liegt der Grundirrtum: das wahre Glück von den äußeren Umständen zu erwarten, während es doch nur die Folge einer inneren Einstellung sein kann. Wir halten es daher für unerläßlich, viel Geld zu verdienen, um uns bequeme, angenehme Wohnungen, einen Wagen, eine Jacht usw. leisten zu können, und wir glauben, daß wir damit, automatisch, die Bedingungen für das Glücklichsein schaffen. Die irdischen Güter sind nicht als solche schlecht: tatsächlich ist, absolut betrachtet, nichts gut oder schlecht, es gibt keine absolute Wahrheit und keinen integralen Irrtum.

Jedoch lenkt die ausschließliche Bemühung um materielle Güter den Menschen von seinem inneren Leben ab, unterbricht die Verbindung zu seinen tiefen Wurzeln und versperrt ihm den Weg zum Glück und zugleich zur Entwicklung der in ihm ruhenden verborgenen Kräfte.

Um den Frieden und das Glück zu finden, um aus der Fülle des Daseins zu leben und sogar um die Probleme der sogenannten Außenwelt zu lösen, muß der Mensch zunächst einmal die Verbindung zu seinem »Selbst« wiederherstellen, zur Quelle seines Seins zurückkehren. Um dies zu erreichen, muß er in die Tiefen des Unbewußten tauchen. Muß er nun, um dorthin zu gelangen, sich mysteriösen Praktiken hingeben, sich einer strengen Askese unterwerfen, seine Familie und seinen Besitz verlassen, um in den Dschungel oder in eine Höhle des Himalaja zu Füßen eines Weisen zu flüchten?

Muß er gelehrt sein, in Philosophie und Okkultismus beschlagen? Ganz und gar nicht! Die Methode ist – leider – so einfach, daß sie jedem zugänglich ist.

Leider! denn diese Einfachheit schadet ihrer Popularität, da die große Masse alles Geheimnisvolle, Fremdartige und Außergewöhnliche liebt. Wir alle möchten gern glücklich sein, dynamische Persönlichkeiten, und unsere schlummernden Kräfte entwickeln; wir wären so gern optimistisch und fröhlich und würden so gern unsere Schwierigkeiten spielend überwinden. Dieses Kapitel öffnet einen Zugangsweg zur Welt unseres Inneren mit ihren unendlichen Reichtümern und allen Kräften, die in ihr schlummern; es führt uns in den Raja-Yoga ein. Es ist recht interessant festzustellen, daß der westliche Mensch so stark extrovertiert ist, daß er, selbst wenn er ein Innenleben entwickeln möchte, das Heil von außen erwartet und es der Hilfe eines Meisters unterstellt. Er ist davon überzeugt, daß, würde er seinem Meister begegnen, auf einen Schlag alle seine Probleme gelöst wären. Aber wenn auch der Meister uns den Weg zeigen kann, so vermag er doch nicht, an unserer Stelle unsere Arbeit zu tun: es liegt an dem Schüler, sich zu erheben und zu gehen. In Ermangelung einer Hilfe von außen, müssen Sie sich darüber im klaren sein, daß Sie in sich selber einen unfehlbaren Führer haben, Ihr eigenes Selbst.

Üben Sie sich in Meditation, kehren Sie zur Quelle zurück, zu dem Selbst – das Ihr wahres Ich ist – und Ihre Schwierigkeiten werden auf allen Gebieten verschwinden.

Werden Sie von einer Fülle dringender Aufgaben bedrängt? Ertrinken Sie in Ihrer Arbeit und in Ihren Problemen? Wie dringend die Aufgabe auch sein mag, so ist es doch unerläßlich, zu meditieren, um die verborgenen Kräfte freizusetzen, die es Ihnen ermöglichen, sich der Situation zu stellen. Beobachten Sie Ihre Umgebung: es sind stets die gleichen Menschen, die ihre Probleme leicht und mit durchschlagendem Erfolg lösen. Es sind leider auch immer die gleichen, die sich in ausweglosen Situationen abrackern und sich immer tiefer in sie verstricken. Es mag so aussehen, als ob Sie durch die Meditation einen Teil Ihrer so kostbaren Zeit verlören, aber handelt es sich wirklich um einen Zeitverlust? Betrachten Sie zwei Schnitter. Der eine arbeitet pausenlos und verbissen. Sein Körper ist von Schweiß bedeckt, er nimmt sich kaum die Zeit zum Essen, und wenn er den Kopf hebt, dann nur, um festzustellen, wieviel ihm noch zu mähen bleibt. Schon zur Mittagsstunde schmerzen seine Muskeln, sein Gesicht ist verzerrt, er wird nicht durchhalten und noch vor Anbruch des Abends zusammenbrechen.

Sein Nachbar hingegen mäht geruhsam und ohne sich zu beeilen. Er hält häufig inne, holt seinen Wetzstein hervor und beginnt langsam aber sorgfältig die Schneide seiner Sense zu schärfen. Sein erfahrener Daumen berührt die Schneide, und wenn sie gut geschärft ist, macht sich der Mann mit einer weit ausholenden, selbstsicheren Bewegung wieder an die Arbeit. Mit einem Laut, der an knitternden Stoff erinnert, bahnt sich, einem Schiffsbug in den Fluten ähnlich, die Sense ihren Weg, und das Gras legt sich zu Boden. Der Arm, der sie führt, hat sich während des Wetzens ausgeruht, und trotz häufiger Pausen wird dieser Schnitter noch vor Anbruch der Nacht das Doppelte von dem seines Nachbarn geschafft haben. Am Abend wird ihn nach seiner Tagesarbeit eine gesunde Müdigkeit überkommen.

Hören Sie auf, dieser Schnitter »um jeden Preis« zu sein, der sich nicht einmal die Zeit gönnt, seine Sense zu wetzen. Wetzen Sie jeden Tag Ihre geistige Sense mit Hilfe der Meditation. Seien Sie davon überzeugt, daß sie im Bereich aller liegt, und vor allem jener vielbeschäftigten Menschen.

Im geistigen Yoga besteht, ebenso wie beim körperlichen Yoga, die wesentliche und fast einzige Voraussetzung für den Erfolg in der Regelmäßigkeit. Sie müssen in Ihrem Stundenplan einen bestimmten Zeitpunkt für Ihre Meditation vorsehen und jeden Tag, wenn möglich zur gleichen Stunde, üben.

Wie macht man es? Wo? Wann? Wie? Jeder stille Ort ist geeignet, selbst wenn es nur ein Winkel in Ihrem Schlafzimmer ist.

Ideal wäre es, für die Meditation ein Zimmer zur Verfügung zu haben, das nur Sie allein betreten. Aber wenn das nicht möglich ist ...
Was die Stellung betrifft, so wäre eine Asana der Meditation empfehlenswert – Lotos oder Siddhasana – aber das ist nicht unbedingt erforderlich. Im Westen genügt auch eine Sitzhaltung auf einem Stuhl, denn wesentlich ist lediglich, eine sehr gerade, senkrechte Wirbelsäule zu haben. Nehmen Sie einen niedrigen Stuhl, um die Füße flach auf dem Boden aufsetzen zu können, die Knie im rechten Winkel, die Hände im Schoß, die rechte auf der linken, die Handflächen nach oben gekehrt oder ganz einfach flach auf den Schenkeln ruhend, nach Art ägyptischer Statuen.

Den Kopf auf der Höhe der Wirbelsäule im Gleichgewicht halten, um die Halsmuskeln entspannen zu können.

Bevor Sie mit der eigentlichen Meditation beginnen, denken Sie daran, daß in diesem Augenblick außer der Meditation nichts weiter mehr für Sie existiert: während Sie Ihre Sense wetzen, vergessen Sie die Wiese, vergessen Sie Ihre Probleme und Ihre Sorgen, Sie werden sie nachher schon wiederfinden. Nur durch Entspannung gelangt man in die innere Welt. Richten Sie Ihre Aufmerksamkeit auf die Füße und entspannen Sie sie: Zehen, Spann, Ferse, Knöchel. Dann entspannen Sie Waden, Schenkel und Gesäß. Lassen Sie auch die Kniekehlen nicht aus. Entspannen Sie Bauchwand und Brust. Denken Sie dann an Ihre Wirbelsäule, diesen Pfeiler Ihres Körpers, und lassen Sie Ihre Aufmerksamkeit Ihre Wirbelsäule entlang hinaufsteigen, von unten nach oben. Nehmen Sie alle Empfindungen in sich auf, die Sie möglicherweise dort verspüren. In Gedanken steigen Sie mehrmals vom Kreuzbein bis zur Schädelbasis hinauf und entspannen Sie die Rückenmuskeln. Suchen Sie eine ausgewogene Haltung, die es Ihnen ermöglicht, während der ganzen Dauer der Meditation bewegungslos und entspannt zu bleiben. Auf diese Weise werden Sie die Bedeutung des körperlichen Yoga ermessen, der Sie die Kunst der Entspannung lehrt. Nur ein geschmeidiger Rücken ist imstande, bewegungslos und aufrecht zu verharren. Entspannen Sie sorgfältig Schultern und Gesicht (Wangen, Lippen, Augen und Stirn).

Entspannen Sie auch das Gehirn.* Konzentrieren Sie sich auf das Innere Ihres Schädels. Werden Sie sich des Daseins einer zuckenden Masse bewußt: das ist Ihr Gehirn! Wir haben so viele interzerebrale Kontraktionen, vor allem Gefäßverkrampfungen, die die gute Durchblutung des Gehirns behindern, das doch das wesentlichste Instrument Ihres geistigen Yoga darstellt. Sie muß man beheben. Denken Sie also: »Mein Gehirn entspannt sich, es wird reichlich durchblutet . . . Ich bin ruhig und entspannt . . .« Entspannen Sie auch den Bereich der Schläfen; alles übrige geschieht von allein.

Eine weitere Voraussetzung für den Erfolg: absolute Bewegungslosigkeit! Nachdem Sie Ihre Muskeln entspannt und eine ausgewogene Haltung um Ihren in der Mitte des Bauches gelegenen Schwerpunkt gefunden haben, dort, wo sich Ihre Atmung spontan einstellt, verwandeln Sie sich in eine lebende Statue. Rühren Sie sich nicht mehr! Bewegen Sie nicht einmal mehr den kleinen Finger! Furchen Sie nicht mehr die Stirn. Das ist wesentlich. Es genügt im übrigen der Entschluß, nun bewegungslos zu verharren, damit Sie sogleich Juckreize empfinden, zum Beispiel im Gesicht. Widerstehen Sie dem Verlangen, sich zu kratzen, bleiben Sie ebenso bewegungslos, ebenso gelassen wie ein Horse-Guard vor dem Buckingham-Palast, und innerhalb weniger Sekunden wird auch dieses Verlangen verschwunden sein. Jetzt beginnt die eigentliche Meditation.

Denken Sie: »Ich lebe . . .«

Betrachten Sie voller Verwunderung Ihr Leben!

Verweilen Sie bei diesem Gedanken. In der Gestalt dieses menschli-

---

*Vergl. Kap. »Schnelle Entspannung«, insbesondere »Entspannung des Gehirns«. S. 111 und 113 chen Körpers haben Sie das Leben von Ihren Eltern empfangen, die es von Ihren Großeltern ererbt hatten und so weiter. Das Leben ist ohne Unterbrechung seit seinem Ursprung auf der Erde vor Millionen Jahren und durch die ganze Entwicklungsreihe hindurch bis zu Ihnen gelangt. Niemals hat es eine Unterbrechung der Kontinuität, niemals eine Zäsur gegeben, sonst wären Sie nicht da.

Betrachten Sie also, mitten im 20. Jahrhundert, in diesem Jahrhundert der Raserei und der Unruhe, das Leben, das aus der Tiefe der Zeiten aufgetaucht ist und in Ihnen pulsiert. Lassen Sie sich von dieser Wahrheit durchdringen.

Nun stellen Sie sich Ihre Lieblingsblume vor.

Sehen Sie sie vor sich, strahlend im Licht der aufgehenden Sonne, mit Tautropfen geschmückt, vergänglichen Brillanten, die im irisierenden Licht funkeln. Empfinden Sie: »Die Blume lebt . . .« Denn die Blume ist, ebenso wie Sie, ein lebendes Wesen, ein kleines Universum. Spüren Sie dieses von Leben erfüllte Universum. Das Leben ist überall, es umgibt Sie, es durchdringt Sie.

Werden Sie sich seines Daseins in Ihnen wie um Sie herum bewußt: der Kosmos ist von Leben durchtränkt und wird es bis zur möglichen endgültigen Auflösung bleiben.

Denken Sie: »Ich bin das Leben . . .«

Denn darin liegt Ihr Wesen. Ihr »Selbst« ist »Jenes«, das Ihren Körper am Leben erhält, die Atome und Moleküle aneinanderfügt, um aus ihnen diesen materiellen Körper zu bilden. Sie sind Teil des Kosmischen Lebens: das ist keine Redensart, sondern eine grundlegende Tatsache. Denken Sie an Ihren Körper, zusammengesetzt aus Milliarden lebender Zellen, deren Herr Sie sind. Diese Zellen setzen sich ihrerseits aus Milliarden Atomen zusammen, die ebenso viele verdichtete Energieteilchen darstellen.

Denken Sie: »Ich bin Energie . . .«

Die Worte sind von geringer Bedeutung, die Empfindung ist es, auf die es ankommt! Sie sind das Zentrum dieses materiellen Universums, den Ihr Körper bildet. Richten Sie jetzt ohne Aufwand einer Willensanstrengung, jedoch voller Beharrlichkeit Ihre Aufmerksamkeit auf Atschna Tschakra, die Stelle, die in Ihrem materiellen Körper dem Raum zwischen den Augenbrauen entspricht. Richten Sie Ihre Augen auf diese Stelle, schielen Sie irgendwie, während Sie die Lider gesenkt halten, das muß ganz sacht vor sich gehen. Sie werden dabei keine besondere Empfindung verspüren, außer anfänglich der eines leichten Unbehagens, das bald verschwindet. Atschna Tschakra wenden sich die Augen des eingeschlafenen Kindes zu: wenn Sie seine Lider hochziehen, werden Sie feststellen, daß seine Augen nach oben verdreht sind. Machen Sie sich in Ihrem Innern diese Empfindungen bewußt: »Ich bin verdichtete Energie, ich bin sichtbar gewordenes Leben ...« Atmen Sie ganz ruhig; atmen Sie langsam ein, nicht zu tief, und konzentrieren Sie sich auf den Strom der belebenden Luft in Ihren Nasenlöchern. Blasen Sie sich nicht wie ein Fußball auf. Verspüren Sie die Lebenskraft des Kosmos, die in Sie eindringt. Sobald Ihre Lungen gefüllt sind, halten Sie, ohne sich Zwang anzutun, ohne ein jähes Aussetzen, einige Sekunden zu Anfang den Atem an und denken Sie dabei: »Ich halte die Energie in mir fest; ich speichere sie im Sonnengeflecht, von wo aus sie sich in meinem ganzen Körper verteilt.«

Atmen Sie langsam aus: das Ausatmen dauert zweimal so lang wie das Einatmen.

Stellen Sie sich vor: »Ich bin Jenes, das beobachtet.«

Stellen Sie sich vor, daß Sie der in Ihrem Körper verborgene Zuschauer und zugleich der Schauspieler sind; daß Sie nicht auf Ihr kleines, persönliches Bewußtsein beschränkt sind; daß Sie frei und unzerstörbar sind. Meiden Sie jedes Gefühl des Besitzes gegenüber dem, was Sie umgibt, selbst gegenüber den Ihren. Lieben Sie Ihren Ehepartner, Ihre Kinder, aber nicht mit dem Anspruch des Besitzens. Fühlen Sie, wie in ihnen, ebenso wie in Ihnen selber, das gleiche Leben pulsiert, und verspüren Sie Ihr Einssein mit allem, was lebt; überschreiten Sie damit die Grenzen Ihrer zeitlich beschränkten Individualität. Wünschen Sie allem, was im Kosmos belebt ist, Glück, allem, was gelebt hat, allem, was noch leben wird.

In kosmischen Maßstäben betrachtet werden Ihre Sorgen Ihnen weniger bedrohlich erscheinen als unter dem engen Winkel Ihrer begrenzten Persönlichkeit.

Wenn Ihnen bewußt wird, daß Sie in Wirklichkeit die stets erneuerte Offenbarung des unendlichen Lebens sind, wird nichts mehr Sie erschrecken können. Keine Sorge vermag dieser Wahrheit zu widerstehen, und Sie werden sich als eine unerschöpfliche Quelle von Energie und Dynamik empfinden, mit der Fähigkeit ausgestattet, auf die anderen auszustrahlen und ihnen zu helfen. Sobald Sie die Verbindung mit Ihrem eigenen Zentrum wiederhergestellt haben, werden Sie Freude,

Glück und Frieden kennenlernen, und jene Heiterkeit, die Ihnen kein Vermögen der Welt zu verschaffen und zu ersetzen vermag. Selbstverständlich werden Ihnen Ihre Meditationen nicht von Anfang an zur Vollkommenheit gelingen. Ihr Geist wird sich ablenken lassen. Das aber soll Sie nicht beunruhigen. In diesem Bereich ist es, ebenso wie beim körperlichen Yoga, die Ausdauer, die den Erfolg sichert. Wenn im Verlauf Ihrer Meditation Ihr Geist umherwandert, führen Sie ihn freundlich zu der Stelle zurück, an der er sich Ihrem Willen gemäß befinden soll. Seien Sie von diesen Ablenkungen nicht überrascht: nur den Yogis gelingt es, sich ohne jede Ablenkung Minuten lang zu konzentrieren. Jedoch werden Sie schon von den ersten Versuchen an wohltuende Ergebnisse in Gestalt einer gesteigerten Ruhe den ganzen Tag hindurch verspüren, in Form des Beginns eines Friedens. Sie müssen voller Gleichgültigkeit gegenüber den Ergebnissen üben: zur gegebenen Zeit werden Sie die Ernte einbringen.

Die Qualität der Meditationen ist von einem Tag zum anderen starken Schwankungen unterworfen: das ist ganz normal. Nur auf das Üben allein kommt es an: »Ein Gramm Praxis ist mehr wert als Tonnen der Theorie.« Nach und nach werden Sie von Heiterkeit durchdrungen sein und werden die folgenden Gedanken Nietzsches (in: *Also sprach Zarathustra)* verstehen, denen zufolge die Heiterkeit die Grundlage jedes wirksamen Handelns, die Grundlage des Glücks ist.

Diese Heiterkeit ist dem Menschen eigen, bei dem das »Ich« dem »Selbst« gewichen ist. Die Furcht ist das Los jener, die nur ihr kleines, schwaches und begrenztes »Ich« kennen, das, dem grausamen Spiel der Außenwelt überantwortet, wehrlos den Katastrophen und Schwierigkeiten und den Sorgen ausgeliefert wird.

»Werk- und Spielzeuge sind Sinn und Geist: hinter ihnen liegt noch das Selbst. Das Selbst sucht auch mit den Augen der Sinne, es horcht auch mit den Ohren des Geistes.

Immer horcht das Selbst und sucht: es vergleicht, bezwingt, erobert, zerstört. Es herrscht und ist auch des Ichs Beherrscher.

Hinter deinen Gedanken und Gefühlen, mein Bruder, steht ein mächtiger Gebieter, ein unbekannter Weiser – der heißt Selbst. In deinem Leibe wohnt er, dein Leib ist er.«

BEVOR WIR UNS TRENNEN...

Dieses Buch hat Ihnen die Techniken des Yoga geliefert, die erforderlich sind, um über einen verjüngten, geschmeidigen und widerstandsfähigen Körper zu verfügen.

Dank den Asanas kreist ein durch die yogische Atmung gut mit Sauerstoff versorgtes Blut ohne Behinderungen durch Ihren Körper, der von seinen Giften befreit und durch die Dhautis und Schank Prakschalana gereinigt wurde. Die Anwendung der Grundsätze einer richtigen Diät ermöglicht es Ihnen, sich gesund zu ernähren, ohne Sie dadurch zu einem Sklaven irgendeines Systems zu machen. Mit Hilfe von Kaya Kalpa und der Dhautis haben Sie den Verdauungstrakt und Ihre inneren Organe entschlackt; Ihre Zellen finden Ihre Lebenskraft wieder, und Sie haben die Vorbedingung für eine echte Verjüngung geschaffen. Die Kunst der Entspannung, verbunden mit der, nach Belieben und tief zu schlafen, bildet für Ihre Nervenzellen ein tägliches Verjüngungsbad. Ihr Körper ist für Sie keine Behinderung mehr, und Sie spüren, wie in Ihnen ein Gefühl der Lebensfülle, des Friedens und der Heiterkeit erwacht.

Jedoch müssen Sie wissen, daß sich Ihnen von jetzt ab ein faszinierender Weg eröffnet.

Tatsächlich beruhen die Yoga-Techniken auf einer tausendjährigen Wissenschaft, die unsere eigene Naturwissenschaft im Verlauf ihrer Entdeckungen bestätigt.

Einer der Pfeiler dieser Wissenschaft des Integralen Yoga ist das Wissen um Prana, die universelle kosmische Energie, die sich in jedem von uns in Form pranischer Energie offenbart. Die Luft, die wir atmen, enthält ein nicht-chemisches Element, eine feinstoffliche Energie,

Prana genannt, die die eigentliche Grundlage unseres Lebens bildet: sie ist der Motor unserer Lebenskraft. Dank der Raumforschung beginnt unsere Naturwissenschaft diesen Faktor zu entdecken. Obwohl die Kosmonauten einer scharfen Auslese unterworfen werden, ermüden diese Männer, die sich in ausgezeichnetem körperlichen und geistigen Zustand befinden und gut trainiert sind, in ihrer Raumkapsel doch anomal schnell, sogar am Boden. Warum? Der Schleier, der dieses Geheimnis verhüllt (jedenfalls für die Wissenschaftler des Westens), beginnt sich langsam zu heben ... Ein Yogi hätte sogleich erklärt: »Diese Männer *müssen* sehr schnell ermüden, weil es in ihrer Raumkapsel keinen Prana gibt; da sie nicht länger an den kosmischen Dynamo angeschlossen sind, werden ihre Energiebatterien völlig von Prana entleert und sind daher so schnell erschöpft.« Sehr schwierige Untersuchungen haben die Biophysiker dazu geführt, den gewaltigen Einfluß des positiven elektrischen Feldes und der negativen freien Ionen auf den Menschen zu entdecken, und es ihnen ermöglicht, Abhilfe in dieser Lage zu schaffen. Tatsächlich stellen die Raumkapseln ideale Faradaysche Käfige dar, in denen das elektrische Potential gleich Null ist. Aus diesem Grund werden jetzt in den Raumkapseln das elektrische Feld und der Ionenstrom, die in freier Luft ungehindert wirken, in der der Mensch seit Hunderttausenden von Jahren lebt, künstlich erzeugt oder richtiger erneut erzeugt. Mit anderen Worten, man hat in den Raumkapseln Pranageneratoren montiert, und damit ist die physische und nervliche Ermüdung, unter denen die Kosmonauten litten, verschwunden.

Das haben also die Yogis bereits seit Jahrtausenden gewußt. Sie kannten nicht nur diese Energie (und gleichermaßen andere Formen der Energie), sondern sie haben auch die Gesetze und die Methoden entdeckt, die es ermöglichen, sich ihrer ganz bewußt zu bedienen und sie nach dem eigenen Willen zu steuern. Sie haben auch die Eintrittspunkte dieser Energien in unserem Organismus festgestellt, die Zentren der Anhäufung, des Austausches und der Umwandlung, die Zirkulationsbahnen des Prana in unserem Körper, und dort entdecken wir eine seltsame Übereinstimmung mit den Meridianen der Akupunktur. Vor allem haben die Yogis die in der Praxis anwendbaren Methoden, die genauen Techniken entdeckt, die es erlauben, eine größere Menge dieser Energie zu speichern, sie in gewissen Zentren anzusammeln, um sie dann dort, wo es notwendig ist, durch den ganzen Körper zu verteilen. Viele Krankheiten sind auf Störungen in der Verteilung des Prana im Körper zurückzuführen. Das wesentliche Ziel der Asanas liegt im übrigen nicht allein darin, den Körper geschmeidiger zu machen, sondern auch den freien Fluß und den Austausch der pranischen Energie zu ermöglichen.

Im Verlauf von Jahrtausenden hat sich diese Wissenschaft allmählich entwickelt, Produkt der genialen Intuition großer Rishis und der beharrlichen Versuche Hunderter von Generationen erleuchteter Eingeweihter. Sie nennt sich Pranayama, die Wissenschaft des Prana und seiner Beherrschung; sie dringt zu den eigentlichen Grenzen des Lebens vor. Mit Hilfe von Pranayama, der im wesentlichen auf sehr genauen Methoden der Beherrschung des Atems beruht, lenkt der Eingeweihte die Lebenskraft in seinem Körper, wohin er will. Aus anderen Untersuchungen in jüngster Zeit ergibt sich die Existenz eines tatsächlichen Metabolismus der Elektrizität in unserem Organismus; es wurde festgestellt, daß er alle lebenswichtigen Erscheinungen steuert: eine tote Zelle besitzt keine elektrische Aktivität mehr.

Mit Hilfe von Pranayama dynamisiert der Eingeweihte ganz nach seinem Belieben sein Nervensystem und jede seiner Zellen, steigert in einem bisher unvorstellbaren Grad seine Lebenskraft und verfügt dabei über unerschöpfliche Kraftreserven.

Pranayama ist ein integraler Bestandteil sowohl des Hatha-Yoga wie des Raja-Yoga, denn er begrenzt sein Wirken nicht auf die physische Ebene. Er öffnet den Zugang zu subtileren Bereichen des Daseins und ermöglicht es dem Eingeweihten, sich zu einer magnetisch wirkenden, dynamischen, gesunden und glücklichen Persönlichkeit zu entwickeln.

Jedoch erfordern diese Techniken des Pranayama, noch mehr als die Asanas, ein vollkommenes Begreifen und eine genaue Kenntnis der Bedingungen, die zum Gelingen führen.

Dies alles stellt das Thema meines Buches *Pranayama – Die große Kraft des Atems** dar, das für alle interessant ist, die im Yoga etwas anderes erblicken als eine hygienische Super-Gymnastik.

*1972 erschienen im Otto Wilhelm Barth Verlag.

Vom selben Autor ist erschienen:

ANDRÉ VAN LYSEBETH

DIE GROSSE KRAFT DES ATEMS

Die Atemschule des Pranayama
288 S. – 34 z. T. gzs. Abb.
Ln. DM 34.80

Der große Yoga-Lehrer André van Lysebeth, der in Indien in die Lehre und Praxis der Atemschulung eingeführt wurde, schildert klar und eingehend Theorie und praktische Anwendung des Pranayama. Er vermittelt uns ein fruchtbares Konzept von Prana – dem Ursprung aller Energien des Universums, die auch den Menschen erfüllen und seine Lebenskraft steigern. Meisterhaft versteht er es, Licht in teilweise bisher völlig unbekannte, dynamische Prozesse des Austausches und der bewußten Lenkung der Lebensenergien zu bringen. Jahrtausende alte Yogi-Erfahrungen und -Erkenntnisse zeigt er dabei auf und weist Phänomene nach, die in ihrer Wirkung zwar bekannt waren, jedoch noch nie belegt und bewiesen werden konnten.

Der Leser, der diesen spannenden Darstellungen van Lysebeths folgt, ist tiefen Geheimnissen des Lebens, wie beispielsweise dem elektrischen Metabolismus, dem Ionenaustausch im Blut, den Einwirkungen der Atmung auf den Verlauf seelischer und geistiger Prozesse, auf der Spur. Die ausführlichen Übungen dieses oft humorvoll, immer verantwortungsbewußt gehaltenen Buches können zur Belebung der Chakras, zu Entspannung, Harmonie und geistiger Entwicklung, schließlich zur Beherrschung der physischen und geistigen Kräfte führen.

ANDRE VAN LYSEBETH ist einer der führenden Wegbereiter des Yoga im Westen. Er zählt zu den besten heutigen Spezialisten in dieser Disziplin, die er seit mehr als zwanzig Jahren praktiziert und in der er eine lange Erfahrung im Lehren hat. Er lebte jahrelang mit einem indischen Meister zusammen und durchstreifte dann Indien, um seine Ausbildung zu vervollständigen. In der Yoga Vedanta Forest Academy von Rishikesh (Himalaja) hat ihm Swami Sivananda das Diplom in Hatha-Yoga zuerkannt. Im Jahr 1967 zog er kreuz und quer durch Südindien, um sich in die besonderen Yoga-Techniken des indischen Subkontinents einweihen zu lassen.